기독교를 떠나는 시대
그리스도인들에게

기독교를 떠나는 시대
그리스도인들에게

ⓒ **생명의말씀사** 2023

2023년 10월 30일 1판 1쇄 발행

펴낸이 | 김창영
펴낸곳 | 생명의말씀사

등록 | 1962. 1. 10. No.300-1962-1
주소 | 서울시 종로구 경희궁1길 6 (03176)
전화 | 02)738-6555(본사) · 02)3159-7979(영업)
팩스 | 02)739-3824(본사) · 080-022-8585(영업)

지은이 | 박순용

기획편집 | 서정희, 장주연
디자인 | 조현진
인쇄 | 영진문원
제본 | 다온바인텍

ISBN 978-89-04-16854-5 (03230)

저작권자의 허락없이 이 책의 일부 또는 전체를
무단 복제, 전재, 발췌하면 저작권법에 의해 처벌을 받습니다.

기독교를 떠나는 시대 그리스도인들에게

"이 세상의 모든 그리스도인은 배교의 위험 속에서 구원의 여정을 지나간다"

박순용 지음

생명의말씀사

추천사

박순용 목사님의 『기독교를 떠나는 시대 그리스도인들에게』가 출간된 것을 참으로 기쁘게 생각합니다. 박 목사님의 귀한 연구와 묵상을 통해 우리는 히브리서가 가르치는 "배교"라는 주제를 더욱 잘 이해하게 되었습니다. 그리고 히브리서의 말씀을 오늘날 한국 교회와 개별 신자에게 주는 살아 있는 경고로 진지하게 받아들일 수 있게 되었습니다. 본서가 주는 많은 유익과 장점 가운데 몇 가지만 언급하자면 다음과 같습니다.

첫째, 히브리서의 말씀 가운데 오늘날 설교자들이 종종 회피하거나 신학자들이 까다롭게 느끼는 구절들을 중점적으로 다루고 있습니다. 본서를 진지하게 읽고 숙고한 후에 모든 독자는 본서의 주제가 한국 교회에서 결코 간과될 것이 아니라, 오히려 모든 강단에서 시급하게 선포되어야 할 핵심적인 메시지라는 사실에 마음 깊이 동의할 수 있을 것입니다.

둘째, 청교도적 설교의 좋은 모범을 제시하고 있습니다. 저자가 자주 인용하는 존 오웬을 비롯한 청교도 설교가들은 성경적이고, 교리적이며, 경험적이고, 현실에 적실성 있는 설교를 추구한 것으로 잘 알려져 있습니다. 저자의 논리를 따라가다 보면 독자들은 배교를 비롯하여 이와 관련된 죄와 회개, 믿음과 순종, 그리고 성화 등의 주제에 관한 바른 성경 해석과 건전한 교리에 자연스럽게 설득됩니다. 또한 각성한 마음으로 현실을 직시하게 되고, 영적 성장과 영적인 싸움을 수행하고자 하는 열의를 갖게 될 것입니다. 수년 전 필자의 학교에서 개최한 행사에서 조엘 비키 교수님이 "오늘날 청교도처럼 설교하려면"이라는 주제로 강연한 일이 있습니다. 이 강연에서 그분이 제시했던 청교도 설교의 이상적 모델을 본서를 읽으며 새롭게 발견했다는 확신이 들었습니다.

셋째, 본서에서 저자는 독자들의 최종적인 시선을 예수 그리스도께로 이끌고 있습니다. 마치 종교 개혁자들이 강조한 '율법과 복음'의 논리가 복음을 지향하듯이 본서에서 저자가 선포하는 배교에 대한 경종은 신자를 낙담시키는 것이 아니라 참 소망이신 오직 그리스도를 향하도록 독려합니다. 우리를 위한 대제사장이신 그리스도만이 믿음의 창시자요 모델이요 완성자이시기 때문입니다.

저자가 옳게 지적하듯이 히브리서의 경종에는 히브리서 기자의 '목회적인 애절함'이 절절하게 배어 있습니다. 『기독교를 떠나는 시대 그리스도인들에게』를 읽는 독자들 역시 동일한 '목회적인 애절함'을 느낄 수 있을 것입니다. 아무쪼록 본서를 통해 한국 교회가 배교의 위험성에 대한 히브리서의 경고와 권면에 귀를 기울이고 각성하여 새롭게 되기를 기원합니다. 그리하여 한국 교회가 더욱 건강한 교회로 세워지기를 간절히 소원합니다.

_ **안상혁**(합동신학대학원대학교 역사신학 교수)

본서는 요즘 유행하는 신앙 서적과 결을 달리하고 있습니다. 독자들의 흥미를 유발하는 예화나 그들의 취향을 달래 주는 달콤한 언어보다는 진리에 대한 깊은 사색과 통찰로 성경의 진리를 정교하게 제시합니다. 공식적으로 가나안 성도가 200만 명을 육박하는 한국 교회, 십자가 복음의 매력을 점점 상실하고 세상을 기웃거리며 방황하는 그리스도인들, 신앙의 연륜과 봉사를 자랑하나 아직도 초보적 믿음에 머물고 있는 신자들. 저자는 이러한 한국 교회의 현실을 바라보며 그 이유를 진단하고 목회적 대안과 적용점을 구체적으로 소개합니다.

저자가 본서를 풀어 가는 핵심 키워드는 '배교자'(헬. 아포스타시아)이며 이에 대항하는 '영적 싸움'입니다. 책의 중심을 이루는 핵심 용어가 강합니다. 기존 신자들에게는 심지어 불편함을 주는 단어입니다. 하지만 저자는 이 용어 이외에는 오늘날 한국 교회를 진단할 수 없다고 말합니다. 박순용 목사님은 목회자적인 간절함과 학자적인 냉철함으로 히브리서를 통해 배교의 문제를 풀어 가고 있습니다. 히브리서가 기록된 당시 교회의 상황 속에서 본문을 해석하고 오늘날 한국 교회의 현실에 본문의 의미를 예리한 통찰력으로 연결시킵니다. 나아가 목회적인 상황 속에서 성도들이 어떻게 살아가야 하는지에 대한 구체적인 지침까지 제시합니다. 본서는 한국 교회의 모든 목회자, 신학생, 평신도들이 반드시 읽어야 하는 필독서라 생각합니다. 우리 자신과 공동체가 영적 각성과 성숙으로 나아가는 데 좋은 안내서가 될 것을 의심하지 않습니다.

_ 이희성(총신대학교 신학대학원 구약신학 교수)

배교(背敎)는 믿고 있는 종교를 배반하는 것을 일컫습니다. 현대 그리스도인들은 스스로 이 표현과 전혀 상관없는 존재라고 생각할 수 있습니다. 그러나 작금의 현실은 배교의 과정을 보여 주는 듯합니다. 지난 일을 회상해 보면, 팬데믹 기간에 그리스도인들은 함께 모일 수 없는 상황에 놓여 있었습니다. 신앙을 위해 최소한의 환경을 모색하여, 공식화된 온라인 모임으로 그나마 그리스도인의 정체성을 지탱했습니다. 그러나 이러한 분위기는 팬데믹의 종식이 선언된 이후 곧 그리스도인들 모두에게 큰 위기로 다가왔습니다. 이제 많은 그리스도인이 신앙의 나태함을 넘어 영적인 방종에 이르고, 결국에는 기독교를 떠나기까지 합니다.

이러한 상황에서 본서의 저자는 배교의 갈림길에 서 있었던, 그리고 현재 서 있는 두 독자를 염두에 둡니다. 바로 히브리서의 수신자와 오늘날의 그리스도인입니다. 1세기에 다양한 시련에 맞닥뜨려야 했던 그리스도인이 그 시련을 피해 유대교로의 회귀를 생각했다면, 요즈음 그리스도인은 영적인 도전을 피해 세상으로의 회귀를 모색합니다. 또한 옳고 그름의 상황이 더 이상 중요한 문제가 아니라고 주장하는 포스트모던의 영향으로 신앙을 멈추거나 이단과 사이비 종교로 빠지기까지 합니다.

본서는 히브리서를 통하여 신앙의 심각한 위기 상황에 놓인 그리스도인들에게 절실하고도 꼭 필요한 해답을 내놓고 있습니다. 저자는 히브리서 기자가 독자들에게 배교하지 않도록 하는 경고와 권면을 오늘날의 그리스도인들에게 적용합니다. 본서를 통한 저자의 외침은 한국 기독교 안에 자리 잡은 영적 나태함을 물리치고, 기독교를 공격하는 여러 철학과 문화 및 이단의 도전에 맞서도록 할 것입니다. 이 시대 온전한 믿음의 삶을 갈구하는 모든 사람에게 본서는 계시의 말씀을 근간으로 정확한 방향과 삶의 모습에 이르도록 하는 경각의 메시지이자 회복을 위한 안내서가 될 것임을 믿어 의심치 않습니다.

_ **조호형**(총신대학교 신학대학원 신약신학 교수)

   이 책은 히브리서를 오늘의 상황에 비추어 해설한 책입니다. 박순용 목사님은 오늘의 시대를 '그 어느 때보다 배교의 그림자가 짙게 드리우고 있는' 시대라고 진단합니다. 히브리서 기록 당대의 1세기 공동체가 밖으로는 이방 세계의 물리적 박해와 조롱의 도전 때문에, 안으로는 영적 성숙을 향해 나가지 못하는 나태함 때문에 배교의 위험에 놓여 있었던 것처럼, 오늘의 한국 교회 역시 양면적 도전에 직면해 있습니다. 밖으로는 반기독교 운동의 적대시 현상이 어느 때보다 심해져 있고, 안으로는 도의 초보를 벗어나지 못하는 영적 미성숙이 갈수록 심해지고 있습니다.
   배교의 분위기가 짙어지고 있는 이런 시점에 저자는 매우 시기적절한 도전의 메시지를 던집니다. '설마 내가 배교의 경고를 들어야 할 사람인가?'라고 묻기 전에, 내가 '복음의 진리를 매우 단편적으로 알면서도 복음에 대해 더 알고 싶어 하지 않는 사람'에 속하지 않는지, 복음이 나에게 그것을 실제적으로 무시해도 될 정도로 무가치하게 되어 있지는 않은지, 복음에 대한 싫증이 일어나고 있지는 않은지, 내가 '거짓 안정감'에 빠져 있지 않은지를 물어야 합니다.

경고의 메시지와 더불어 우리는 또한 확신의 메시지를 들어야 합니다. 히브리서는 의외로 확신 용어를 자주 사용합니다. '담대함'[헬. 파레시아, "확신"(3:6), "담대히"(4:16), "담력"(10:19), "담대함"(10:35)]이나 '충만한 확신'[헬. 플레로포리아, "온전한 믿음"(10:22)], '확신'[헬. 휘포스타시스, "확신한 것"(3:14), "실상"(11:1)] 같은 용어가 다 여기에 속합니다. 우리가 누리는 이 확신은 우리를 돕기 위해 이 세상에 오시고 아버지의 뜻을 따라 자기 몸을 순종의 제물로 드리신 예수 그리스도의 온전한 제물 되심에 근거합니다. 이것이 가지는 의미를 우리는 더 깊이 배우고 더 온전히 우리에게 적용해야 합니다. 그러할 때 우리는 '예수님의 온전함 안에서 우리의 온전'을 도모하는 영적 성숙을 이룰 수 있고, 이것이 배교의 시대를 이기는 유일한 해결책입니다. 오늘의 교회가 나아가야 할 방향타를 바르게 제시하는 이 책을 많은 분들이 함께 읽기를 권합니다.

_ **최승락**(고려신학대학원 원장, 신약학 교수)

3년 반을 부교역자로 섬긴 하늘영광교회의 박순용 목사님은 저에게 유일한 '담임목사님'이십니다. 마음 깊이 존경하는 분의 최신간을 먼저 읽어 볼 수 있는 특권을 누리게 된 것은 저에게 큰 기쁨이었습니다.

박순용 목사님은 히브리서 5-6, 10, 12장 등에 나타나는 중요 본문들을 중심으로, 이 시대의 그리스도인들이 간과하기 쉬운, 그러나 그들의 영혼에 독약과도 같은 '배교'의 문제를 심도 있게 다룹니다. 저자는 『기독교 세상의 함정에 빠지다』를 통해 배교의 종말론적인 측면을 다루면서, 한국 교회 성도 일반에게 경종을 울린 바가 있습니다. 본서에서 저자는 임박한 종말의 시대를 살아가는 신자들이 마주하게 되는 '개인적 배교'의 문제로 저자의 문제의식을 확장하고 있습니다.

성경이 그토록 서슬 퍼렇게 강조하는 '배교'의 문제는 그 말의 어감을 애써 누그러뜨리려는 세속화의 물결 속에서 이 시대 많은 교회에서 잊혀 간 단어가 되었습니다. 저자는 배교의 현상이 우리 시대에 얼마나 선명하게 목격되고 있는지 우리를 다시 일깨웁니다. 또한 저자는 이 날 선 표현을 다시 생생하게 각인시키며 우리 시대의 현실에 주목하게 만듭니다. 저자는 신자에게 배교가 얼마나 무서운 일인지, 그리고 그것에 대해 신자가 신앙생활에서 얼마나 경계하며 깨어 있어야 하는지 설득력 있게 제시합니다. 그렇게 영적 경각심을 굳게 세워 두고 나서, 저자는 배교의 시대를 넘어설 수 있는 실천적인 신앙적 방법들을 설명하고, 신자들에게 이것을 적극적으로 선택해야 한다며 다독이고 격려합니다.

구약의 관점에서 배교는 이스라엘의 우상 숭배와 그로 인한 하나님의 심판으로 묘사된다 할 수 있습니다. 하나님 나라 백성의 역사 내내 배교는 일상적인 신앙의 문제일 뿐만 아니라 거시적인 종말론의 문제이기도 했습니다. 하나님의 자애로우심이 아니었다면, 숱한 역사의 순간들 속에서 개별 신자들과 전체로서의 하나님 백성은 이미 우주의 먼지가 되어 버렸을 것입니다. 하나님의 은혜를 오용하고 오해하는 시대 가운데, 본서가 잠자는 성도들의 의식을 일깨우고 참된 신앙의 열심을 회복하게 하리라고 믿습니다.

_ **최지승**(횃불트리니티대학원대학교 구약학 초빙교수)

서문

배교의 구름 아래 울리는 참 은혜의 외침

시대를 뒤덮은 어두운 구름 아래서

예수 믿는 우리는 이 땅에서 순탄하거나 편안하기만 한 신앙의 여정을 기대할 수 없습니다. 우리가 사는 땅에는 지금까지도 세상과 육신과 마귀의 거센 유혹이 있습니다. 더구나 우리는 죄와 악이 얽혀 있는 다양한 환경과 상황 속에서 그와 같은 유혹을 마주합니다. 이것이 우리에게 치열한 영적 싸움이 없을 수 없는 이유입니다. 중요한 것은 현재 우리가 그러한 싸움에 어떻게 임하고 있는가 하는 것입니다. 우리는 흔히 우리가 처한 환경과 상황에 대한 반응으로써 우리 신앙의 성숙도를 드러냅니다. 심지어 어떤 사람은 신앙의 진정성 여부를 드러내기도 합니다. 얼마 전 겪었던 팬데믹 시기를 지나면서 다시 한 번 그 사실을 확인할 수 있었습니다.

전 세계가 전염병의 심각한 위협에 노출되어 있는 동안 사회 전반에 미래에 대한 불안과 죽음에 대한 두려움의 그늘이 짙게 드리웠고, 거기에 국가적인 압력까지 더해지며 교회 안에 있는 많은 사람이 신앙의 시험을 받았습니다. 그리고 그 시험은 전염병이 비교적 잠잠해지고 보통의 일상으로 돌아온 지금까지도 계속되고 있습니다.

  이 시대의 그러한 모습은 히브리서의 간절하고 다급한 메시지를 떠올리게 합니다. 히브리서 기자는 당시 여러 가지 시련 속에서 신앙의 시험을 받고 있던 편지의 수신자들의 현실을 보면서 매우 강력하게 그들이 처한 배교의 위험을 경고했습니다. 특히 히브리서 기자는 1세기 성도들이 자신의 삶의 조건에서 편안하게 신앙생활 하고픈 유혹을 받고 영적인 나태함에 빠져서 더 이상 영적 진보가 없는 것을 날카롭게 지적합니다.

  그는 이미 배교한 자들을 향해 그런 말을 한 것이 아닙니다. 오히려 배교의 위험한 상태에 놓인 성도들을 보며 그들 앞에 있는 위험의 심각성을 경고합니다. 더 나아가 그는 영적인 나태함에서 벗어나 성숙으로 나아가도록 권합니다. 그리고 그것을 위해 우리가 언제든 시선을 향해야 할 예수 그리스도를 거듭 강조하며, 다양한 목회적 권면을 더합니다.

  이러한 히브리서 기자의 목회적 경고와 권면은 오늘날 교회의 현실에

도 절실하게 필요합니다. 팬데믹도 우리에게 큰 시험이 되었지만, 그 이전부터 한국 교회 안에서 소위 '가나안 성도'(교회 다니다가 안 나가는 사람)라고 일컬어지는 결코 적지 않은 수의 사람들이 교회를 등지거나 아예 신앙을 저버리는 현상이 점차 가속화되고 있었습니다. 이런 현실을 보며 제 마음에는 오랫동안 히브리서의 배교 위험에 대한 경고와 권면이 절실한 이 시대에 대한 부담이 가실 줄 몰랐습니다.

어둡고 위험한 지경에서도 부인할 수 없는 성도의 소망

하지만 그와 함께 또 한 가지 부인할 수 없는 사실이 있었습니다. 그것은 오늘날 교회 안에도 개인적 배교의 위험을 경고하고 권면하는 이와 같은 말씀이 전해질 때 성령이 귀 있는 자들로 하여금 자신의 말씀을 들게 하신다는 것입니다. 물론 교회 안에 있는 사람들 다수는 자신이 배교 위험 상태에 있다고 생각하진 않을 것입니다. 그것은 이미 교회를 떠난 사람들이나 이단에 빠진 사람들에게나 해당되는 내용이라고 생각하기 쉽습니다. 그러나 히브리서 기자가 배교 위험 경고를 한 대상은 분명 "큰 구원"(히 2:3)을 받은 자들입니다. 히브리서는 그 큰 구원의 은혜에도 불구하고 영적 성숙으로 나아가지 않고, 나태함 속에서 편하게 살고자 옛 생활을 그리워하는 유대 그리스도인들을 향한 메시지입니다(히 5:11-6:2, 10:32-34).

성령은 이와 같은 말씀을 오늘날 교회 안에 있는 자기 백성들에게도 다시 들리게 하시어 우리가 처한 배교 위험을 자각하게 하시고 참된 길로 우리를 이끄십니다. 저는 목회 현장에서 그와 같은 성령의 역사를 보아 왔습니다. 성령이 이와 같은 말씀의 경고와 권면을 통해 자기 백성들이 현실의 만만치 않은 시련과 시험 속에서도 그리스도를 아는 데서 자라게 하시며 온전한 데로 나아가게 하는 일을 행하시는 것입니다.

기독교 복음이 전해진 이래로 지난 150여 년 동안 한국 교회 안에는 이와 같은 성령의 역사하심이 있었고, 그로 인해 한때 한국 교회는 신앙의 중흥기를 경험하기도 했습니다. 물론 앞서 말했듯 현재 한국 교회 안에는 그 어느 때보다 배교의 그림자가 짙게 드리우고 있는 것 역시 사실입니다. 그러나 일찍이 성경은 장차 주님이 다시 오시기 전에 대단위의 배교(살후 2:3)가 있을 것을 말하였고, 성령은 이와 같은 말씀을 가지고 이 시대의 자기 백성들을 깨우시고 돌이키시며 이끄십니다.

우리는 오늘날 성경이 말한 '그 배교'로 나아가는 과정 속에서 교회 안에 있는 사람들의 개인적인 배교를 보기도 하고, 기존 신자들 또한 여러 가지 유혹과 시련 속에서 시험을 받는 것을 목격하며 경험하기도 합니다. 하지만 성령은 그러한 현실 속에서도 말씀을 통하여 자기 백성들을 위한 은혜로운 일을 이루어 가십니다.

그러니 모쪼록 이 힘한 시대 속에서 치열한 싸움을 싸우는 동료 그리스도인들이 성령이 하시는 말씀을 '나와는 상관없는 말씀'으로 치부하지 않기를 소망합니다. 오히려 성령이 1세기부터 지금까지 위험 가운데 있는 자기 백성들을 돌보시고 붙드시고 안전한 길로 이끄시기 위해 전해지게 하신 생생하고 신실한 경고와 권면에 한마음으로 귀를 기울일 수 있기를 간절히 소망합니다. 은혜로우신 우리 주님이 배교 위험의 그늘 아래서도 자기 백성들과 자기 교회들을 온전한 데로 나아가게 해주시길 간구합니다.

박순용 목사

목차

추천사 4
서문 배교의 구름 아래 울리는 참 은혜의 외침 12

1부 누가(Who) 그리스도를 떠나는가?
'나는 절대 배교자가 아니다'라고 생각한다면, 바로 나의 이야기

1장	배교 위험 경고에 귀를 기울여야 하는 이유	25
2장	자신의 영적 상태를 점검하라	45
3장	우리를 향한, 우리를 위한 경고의 메시지	66

2부 왜(Why) 그리스도를 떠나는가?

배교 위험 경고를 알리는 5가지 자가 진단 질문

4장	지금 정체되어 있는가?	91
5장	배교 위험 경고는 나와 무관하다고 생각하는가?	107
6장	그리스도를 믿고 따르는 삶에 마음이 식었는가?	125
7장	하나님의 은혜와 그리스도의 십자가 대속의 효력이 별 의미 없어 보이는가?	142
8장	복음이 한때 좋았다가 지금은 싫증이 났는가?	160

3부 어떻게(How) 배교에서 자신을 지킬 수 있는가?

끝까지! 믿음의 선한 싸움을 싸우라

9장	지키라_ 세상과 사탄과 육체로부터 믿음을 끝까지	185
10장	민감하라_ 배교의 징조가 될 죄에 대하여	207
11장	나아가라_ 큰 대제사장이신 예수를 힘입어 성숙으로	227
12장	순종하라_ 예수님을 바라보며 지속적인 믿음으로	247
13장	경주하라_ 최종 구원에 이르기까지 인내로	265
14장	바라라_ 하나님이 약속하신 상 주심을	288
15장	소망하라_ 영원한 하나님의 안식을	305
16장	돌아보라_ 그날이 가까울수록 더욱 서로를	324

결론	이 시대를 분별하며, 영적 어린아이를 벗어 버리자	342
주		364

1부

누가(Who) 그리스도를 떠나는가?

'나는 절대 배교자가 아니다'라고 생각한다면,
바로 나의 이야기

"[자신의 상태에 대해] 망각이 계속되면 거부감을 불러오고,
거부감이 계속되면 비위가 거슬려 냉담한 태도를 보이게 되고,
그 냉담함이 계속되면 불신앙에 빠지게 된다."
_ 아더 핑크(Arthur Pink)

1장

배교 위험 경고에 귀를 기울여야 하는 이유[1]

멜기세덱에 관하여는 우리가 할 말이 많으나 너희가 듣는 것이 둔하므로 설명하기 어려우니라
때가 오래되었으므로 너희가 마땅히 선생이 되었을 터인데
너희가 다시 하나님의 말씀의 초보에 대하여 누구에게서 가르침을 받아야 할 처지이니
단단한 음식은 못 먹고 젖이나 먹어야 할 자가 되었도다 이는 젖을 먹는 자마다 어린아이니
의의 말씀을 경험하지 못한 자요 단단한 음식은 장성한 자의 것이니
그들은 지각을 사용함으로 연단을 받아 선악을 분별하는 자들이니라
그러므로 우리가 그리스도의 도의 초보를 버리고 죽은 행실을 회개함과 하나님께 대한 신앙과
세례들과 안수와 죽은 자의 부활과 영원한 심판에 관한 교훈의 터를 다시 닦지 말고
완전한 데로 나아갈지니라

히 5:11-6:2

성경은 경종을 울린다

저는 오래전 『기독교 세상의 함정에 빠지다』라는 책에서 종말론적 대단위의 배교에 대해 다룬 적이 있습니다. 그러나 본서에서는 그것과 조금 다른 차원인 개인적인 배교에 초점을 두고 배교 문제를 다루고자 합니다.

히브리서 기자는 당시 유대 그리스도인들이 처한 상황과 그 가운데서 그들이 보인 모습을 보면서 목회적인 마음으로 개인적인 배교 문제를 경고하고 교훈합니다. 바로 그와 같은 취지에서 저는 오늘날 우리에게도 보이는 그때와 유사한 배교적인 모습과 그 위험성에 대해 다루고자 합니다. 히브리서 기자가 당시 유대 그리스도인 공동체에서 보았던 것과 유사한 배교적인 모습과 위험을 말입니다.

오늘날 한국 교회 안에는 이단에 넘어가거나 타 종교로 개종한 사람 또는 교회를 다니다가 안 나가거나 아예 떠난 사람들이 점점 더 많아지고 있습니다. 이처럼 교회 안에는 개인적인 배교의 위험에 처해 있거나 그럴 가능성이 있는 사람들이 상당히 많습니다. 본문에서 말한 것처럼, 단단한 음식을 먹을 줄 모르는 사람들이 부지기수입니다.

물론 배교는 어느 한 시점만의 문제로 국한해서 말할 수 있는 것은 아닙니다. 그 일은 1세기 이후로부터 주님 오실 때까지 계속될 것이기 때문입니다. 성경이 그때가 가까울수록 '그 배교'[2]로 말하는 종말론적 대단위의 배교가 있을 것이라고 말하듯이, 배교는 더욱더 증가할 것입니다.

오랫동안 지속되어 온 문제

탁월한 청교도 존 오웬(John Owen)은 이미 자신의 시대에서 이러한 배교의 위험을 간파하고, 히브리서 6장을 본문으로 배교의 문제를 다루었습니다. 외적으로는 하나님을 믿는다고 하면서도 복음의 진리는 변질되고,

복음적인 예배는 사라지며, 복음의 거룩함이 드러나기보다 오히려 더 심각하게 부패해 가는 것을 영국 교회 안에서 보았습니다. 당시 교회 안에는 '오직 성경'(Sola Scriptura) 교리가 부정되고, 왜곡된 성경 이해가 싹트기 시작했습니다. 또 그리스도의 구속의 진리를 부정하고 이성주의에 바탕을 둔 소위 '소시니안주의'(Socinianism)와 같은 이단들의 공격과 '아르미니우스주의', '아리우스주의', '펠라기우스주의'와 같은 반성경적 사상들이 잡다하게 교회 안에 유입되고 있었습니다.

당시 청교도 목회자들이 바른 말씀을 전하며 왕성하게 사역하고 있었음에도 불구하고, 교회가 이처럼 반성경적인 사상들의 공격을 받으면서 신자들이 신학적으로나 신앙적으로 그들로부터 영향을 받을 수 있었기 때문에 오웬은 배교 문제를 심각하게 다루었던 것입니다. 이와 같이 배교 위험은 말씀을 잘 전했던 청교도 시대뿐만 아니라 어느 시대를 막론하고 항상 있어 온 문제입니다.

한 가지 놀라운 점은 배교 위험은 기독교 신앙의 체계와 분위기가 어느 정도 무르익은 상황에서 제기된다는 사실입니다. 오늘날 우리나라도 마찬가지입니다. 그동안 우리나라의 기독교는 상당히 융성해졌습니다. 그러한 상황에서 신천지와 같은 이단이나 다른 종교로 가는 사람들도 많아졌습니다. 그들 중 다수가 기존 교회를 다니던 사람들이라는 것은 너무나도 안타까운 사실입니다. 게다가 이단으로 옮기지는 않더라도 교회를 떠나는 사람들이 계속 늘고 있다는 것은 더욱 안타까운 사실이 아닐 수 없습니다. 이처럼 우리는 '배교'라는 용어를 어렵지 않게 말할 수 있는 시대에 살고 있습니다.

모든 신자에게 필요한 경종

많은 사람이 배교는 교회를 완전히 떠난 사람에게나 해당되는 것으로 생각하는 경향이 있습니다. 그러나 성경은 배교의 개념을 그런 사람들을 지칭하기 위한 용도로만 사용하지 않습니다. 성경이 배교에 관하여 언급하는 것은 무엇보다 예수 그리스도를 믿는 자들에게 경고하고 교훈하기 위함입니다. 다시 말해, 예수 그리스도로 말미암아 놀라운 구원을 얻고 복음의 복됨을 아는 그리스도인들에게 바로 이 말을 하고 있다는 것입니다. 그런 점에서 교회 안에 있는 우리는 배교 위험에 대한 말씀을 우리를 위한 말씀으로 들을 필요가 있습니다.

예수님도 제자들에게 끝까지 믿음을 지키라는 말씀을 경고 속에서 하셨습니다. 끝까지 견디는 자가 구원을 얻는다고 말입니다(마 24:13). 마찬가지로 히브리서 기자도 그런 맥락에서 당시 그리스도인들에게 배교 말씀을 전합니다. 히브리서 기자는 배교 문제를 마치 학술적인 문제를 다루듯이 하지 않고, 목회적인 마음으로 다룹니다. 히브리서의 표현과 내용 속에는 목회적인 강렬함이 담겨 있습니다. 이 책에서도 그와 동일하게 단 한 사람이라도 배교 위험에 빠지지 않기를 바라는 간절한 목회적인 마음으로 배교 위험에 대해 말하고자 합니다.

그럼 '왜 배교에 관한 이야기인가?'에 대해 구체적으로 생각해 봅시다. '예수 믿은 지 오래되었고 교회 직분자로 섬기고 있는데 무슨 배교 이야기인가?'라고 생각하는 사람이 있을지 모릅니다. 또 배교에 대해 생각해 본 적은 있으나 두루뭉술하게 넘어간 사람도 많을 것입니다. 사실 우리가 가진 기본적인 성향은 배교에 관한 내용보다는 마음을 위로해 주거나 미래에 대해 소망을 품고 긍정적인 전망을 갖게 하는 내용을 더 듣고 싶어 합니다. 하지만 성경은 하나님이 우리에게 베푸시는 복과 위로만 말하지 않습니다. 그와 더불어 우리를 경성하게 하는 말씀도 병행해서 이야기합니다.

특별히 마태복음 24-25장에서 예수님은 구원과 관련해서 제자들이 들어야 할 경고를 많이 말씀하셨습니다. 예수님이 제자들을 떠나시기 전 그들에게 반드시 말해 주어야 할 바를 경고하신 것입니다. 뿐만 아니라 사도 바울의 서신과 베드로후서, 야고보서, 요한서신, 유다서, 요한계시록에도 그러한 내용들이 많이 등장합니다. 이것은 모두 우리가 구원의 여정을 마칠 때까지 배교하지 않고 경성하도록 권면하고 경고하는 말씀들입니다.

그렇다면 신약성경의 많은 부분에서 이러한 내용을 중대하고 강렬하게 말하는 이유는 무엇일까요? 그것은 바로 배교 위험이 우리의 신앙 여정 속에 항상 있기 때문입니다. 또 가시적인 교회 안에는 얼마 동안 함께 있다가 배교하는 사람들이 실제로 있기 때문입니다.

우리는 현실과는 별개인 신앙생활을 생각할 수 없습니다. 우리는 죄의 유혹이 끊이지 않고 우리의 믿음을 흔드는 세상 유혹이 있는 현실 속에서 살아갑니다. 가끔 목회자나 교회 안에 있는 사람들은 기독교의 적극적인 진리, 특히 복음의 풍성함을 알면 배교 문제는 걱정하지 않아도 된다고 말합니다. 그러나 히브리서 기자는 예수 그리스도를 매우 비중 있게 말하면서도 동시에 배교 위험을 굉장히 강조하며 다룹니다. 우리는 며칠이나 몇 년이 아닌 평생토록 우리의 믿음을 흔드는 이 세상 속에 살면서 씨름하며 신앙 여정을 가야 하기 때문입니다.

히브리서는 1세기 당시 유대교에서 회심한 그리스도인들에게 보낸 편지입니다. 특히 이 장 본문에서 히브리서 기자는 배교와 관련된 염려를 드러냅니다. 단단한 음식을 못 먹고 젖을 먹는 어린아이와 같은 유대 그리스도인들의 모습과 상태를 보면서, 단단한 음식을 먹을 수 있는 장성한 자가 되기를 바라며 6장 1절 이하에서 초보를 버리고 완전한 데로 나아가라고 말한 것도 그런 의미에서 하는 말입니다.

여기서 '도의 초보', 곧 기독교의 기초적인 가르침으로 말하는 것은 죽은 행실의 회개와 하나님께 대한 신앙, 세례에 대한 가르침, 안수, 그리고 죽은 자의 부활과 영원한 심판에 관한 교훈입니다. 오늘날 교회 안에는 이러한 기초조차 제대로 안 된 사람들이 제법 많습니다. 본문은 바로 그런 자들에게 기초적인 가르침에서 벗어나 완전한 데로 나아가라고 말하는 것입니다.

그런데 더 놀라운 것은 6장 4-6절의 내용입니다. 여기서 말하는 것은 모두 부정적인 것, 즉 배교에 관한 것입니다.

"한 번 빛을 받고 하늘의 은사를 맛보고 성령에 참여한 바 되고 하나님의 선한 말씀과 내세의 능력을 맛보고도 타락한 자들은 다시 새롭게 하여 회개하게 할 수 없나니 이는 그들이 하나님의 아들을 다시 십자가에 못 박아 드러내 놓고 욕되게 함이라"(히 6:4-6).

이어서 히브리서 기자는 예수님이 열매로 그들을 안다고 말씀하신 것과 같은 내용을 언급합니다.

"땅이 그 위에 자주 내리는 비를 흡수하여 밭 가는 자들이 쓰기에 합당한 채소를 내면 하나님께 복을 받고 만일 가시와 엉겅퀴를 내면 버림을 당하고 저주함에 가까워 그 마지막은 불사름이 되리라"(히 6:7-8).

이것은 당시 그리스도인들이 주의해야 할 배교 위험에 대한 경고입니다.

참된 신자에게는 정말 불필요한가?

어떤 면에서 이러한 내용은 그리스도인들에게 불필요한 것처럼 보이기도 합니다. 그러나 본문은 당시 그리스도인들에게 분명히 경고하고 있습니다. 어떤 사람은 자신이 예수 그리스도 안에 있는 구원의 복됨과 영광과 복음을 확고히 믿고 있기 때문에 이런 내용은 자신에게는 필요 없다고 생각할지도 모르겠습니다. 그러나 그것은 성경이 이런 말을 하는 이유를 모르고 취하는 태도입니다.

히브리서 기자는 이어지는 9절에서 유대 그리스도인들을 향해 "사랑하는 자들아"라고 부르며 "너희에게는 이보다 더 좋은 것, 곧 구원에 속한 것이 있음을 확신하노라"라고 말합니다. 흥미로운 사실은, 히브리서 기자가 그들에게는 구원에 속한 것이 있음을 확신한다고 말하면서도 동시에 배교 문제를 말하고 있다는 점입니다. 그것은 본문 5장 11절 이하에서 말하는 것과 같이, 그들이 배교 위험을 경고해야만 할 정도로 위험한 상태에 있었기 때문입니다. 즉 그리스도인이 되는 것의 어떠함을 알고 또 그것을 갖고 있음에도 불구하고, 그들은 완전한 데로 나아가지 않고 어린아이와 같은 모습과 상태에 있었기 때문입니다.

우리는 이 세대를 놓고 바로 이 문제를 고민해야 합니다. 예수를 믿는다고 해서 우리가 언제나 좋은 상태로 있는 것은 아닙니다. 우리는 경고를 들어야 할 모습과 상태를 갖고 있거나 가질 수 있습니다. 그 때문에 성경의 모든 경고가 있는 것입니다. 저는 이러한 위험을 이 시대 교회의 현실 속에서 보게 됩니다. 이러한 이유로 저는 앞서 출간한 『이 세대를 아는 지식』에서 다룬 내용과 연결해서 개인적 배교의 위험을 다루려고 하는 것입니다. 코로나 이전부터 이러한 생각을 가졌던 저는 코로나를 거치면서 그 필요성을 더욱 절감하게 되었습니다.

우리는 먼저 히브리서 수신자들처럼 어린아이와 같은 상태에 머묾으로써 경고를 들어야 할 상태에 있지는 않은지, 심지어 기독교의 모든 것을 맛보고도 타락하는 자는 아닌지 생각해 봐야 합니다. 구원받은 자일수록 히브리서의 위험 경고를 더욱 귀담아들어야만 합니다.

반복되는 경고의 이유

히브리서 기자가 계속해서 배교를 경고하는 이유를 보면, 우리는 왜 배교에 대해 이야기해야만 하는지를 쉽게 알 수 있습니다. 히브리서 기자는 이렇게 말합니다.

"그러므로 우리는 들은 것에 더욱 유념함으로 우리가 흘러 떠내려가지 않도록 함이 마땅하니라 천사들을 통하여 하신 말씀이 견고하게 되어 모든 범죄함과 순종하지 아니함이 공정한 보응을 받았거든 우리가 이같이 큰 구원을 등한히 여기면 어찌 그 보응을 피하리요 이 구원은 처음에 주로 말씀하신 바요 들은 자들이 우리에게 확증한 바니 하나님도 표적들과 기사들과 여러 가지 능력과 및 자기의 뜻을 따라 성령이 나누어 주신 것으로써 그들과 함께 증언하셨느니라"(히 2:1-4).

여기서 그리스도인들에게 흘러 떠내려가지 않도록 하라고 말하는 이유는 그들 중 이같이 큰 구원을 등한히 여기는 모습이 있었기 때문입니다. 계속해서 히브리서 기자는 다음과 같이 말합니다.

"형제들아 너희는 삼가 혹 너희 중에 누가 믿지 아니하는 악한 마음을 품고 살아 계신 하나님에게서 떨어질까 조심할 것이요 오직 오늘이라 일컫는 동안에 매일 피차 권면하여 너희 중에 누구든지 죄의 유혹으로 완고하게 되지 않도록 하라 우리가 시작할 때에 확신한 것을 끝까지 견고히 잡고 있으면 그리스도와 함께 참여한 자가 되리라 성경에 일렀으되 오늘 너희가 그의 음성을 듣거든 격노하시게 하던 것같이 너희 마음을 완고하게 하지 말라 하였으니 듣고 격노하시게 하던 자가 누구냐 모세를 따라 애굽에서 나온 모든 사람이 아니냐 또 하나님이 사십 년 동안 누구에게 노하셨느냐 그들의 시체가 광야에 엎드러진 범죄한 자들에게가 아니냐 또 하나님이 누구에게 맹세하사 그의 안식에 들어오지 못하리라 하셨느냐 곧 순종하지 아니하던 자들에게가 아니냐 이로 보건대 그들이 믿지 아니하므로 능히 들어가지 못한 것이라 그러므로 우리는 두려워할지니 그의 안식에 들어갈 약속이 남아 있을지라도 너희 중에는 혹 이르지 못할 자가 있을까 함이라 그들과 같이 우리도 복음 전함을 받은 자이나 들은 바 그 말씀이 그들에게 유익하지 못한 것은 듣는 자가 믿음과 결부시키지 아니함이라"(히 3:12-4:2).

여기서 히브리서 기자는 예수 믿는 형제들에게 누가 믿지 아니하는 악한 마음을 품고 살아 계신 하나님에게서 떨어질까 조심하라고 말하고 있습니다(히 3:12). 또 오늘이라 일컫는 동안에 누구든지 죄의 유혹으로 완고하게 되지 않도록 하라고도 말합니다(히 3:13). 이것은 하루하루의 삶 속에서 죄의 유혹으로 완고하게 되는 일이 있을 수 있다는 의미입니다.

사실 이러한 모습은 출애굽한 이스라엘 백성이 광야에서 보였던 모습입니다. 그래서 히브리서 기자는 광야에서 범죄한 자들을 생각하며 이스라엘 백성 가운데 믿지 아니하므로 순종하지 않은 그들이 결국 안식에 들어가지 못했던 사실을 상기시키고 있습니다. 히브리서 기자는 바로 그러한 위험을 생각하며 히브리서 수신자들에게 경고한 것입니다. 그는 자신을 포함해서 "그러므로 우리는 두려워할지니 그의 안식에 들어갈 약속이 남아 있을지라도"(히 4:1상)라고 말했습니다.

약속이 남아 있으면 당연히 들어가는 것이 아닐까요? 그럼에도 그는

"너희 중에는 혹 이르지 못할 자가 있을까 함이라"(히 4:1하)라고 말했습니다. 그는 분명 "사랑하는 자들아…너희에게는 이보다 더 좋은 것 곧 구원에 속한 것이 있음을 확신하노라"(히 6:9)라고 말했습니다. 그럼에도 그런 경고의 말을 했습니다.

구원의 복됨과 배교 위험 경고를 함께 말하는 성경

우리는 복음의 부유함, 곧 예수 그리스도의 구속의 은혜의 풍성함과 확실함을 아는 그리스도인들에게 이렇게 말하는 것을 다소 의아하게 생각할 수 있습니다. 그러나 이것은 분명 이 땅을 사는 우리 그리스도인들에게 말하는 내용입니다.

성경은 구원의 복됨만을 말하지 않습니다. 오늘날 설교자들로부터 시작해서 교회 안에 있는 많은 사람이 구원의 복됨과 배교의 위험에 대한 경고 중 하나에만 치우쳐서 말하거나 들으려고 합니다. 아닙니다! 우리는 반드시 성경이 말하는 균형을 가져야 합니다. 둘 중 하나만 취하면 균형을 잃고 치우치게 됩니다. 죄의 유혹이 있는 이 세상을 사는 한 두 가지 측면에 대한 말씀 모두 필요합니다.

그런데 히브리서 기자는 여기서 멈추지 않습니다. 그는 4장까지 배교에 대해 계속 경고한 다음, 5장 11절부터 6장 12절에서 또다시 배교의 위험을 길게 경고합니다. 특히 여기서는 좀 더 강하게 경고합니다. 이어서 10장 18절까지는 하나님이 그리스도 안에서 약속하시고 성취하신 것, 즉 구원에 속한 것의 실체를 길게 말합니다. 그런 후에 또다시 배교의 위험을 매우 강렬한 어조로 말합니다.

"우리가 진리를 아는 지식을 받은 후 짐짓 죄를 범한즉 다시 속죄하는 제사가 없고 오직 무서운 마음으로 심판을 기다리는 것과 대적하는 자를 태울 맹렬한 불만 있으리라 모세의 법을 폐한 자도 두세 증인으로 말미암아 불쌍히 여김을 받지 못하고 죽었거든 하물며 하나님의 아들을 짓밟고 자기를 거룩하게 한 언약의 피를 부정한 것으로 여기고 은혜의 성령을 욕되게 하는 자가 당연히 받을 형벌은 얼마나 더 무겁겠느냐 너희는 생각하라 원수 갚는 것이 내게 있으니 내가 갚으리라 하시고 또다시 주께서 그의 백성을 심판하리라 말씀하신 것을 우리가 아노니 살아 계신 하나님의 손에 빠져 들어가는 것이 무서울진저"(히 10:26-31).

사실 히브리서 기자는 10장에서 "그러므로 형제들아 우리가 예수의 피를 힘입어 성소에 들어갈 담력을 얻었나니"(히 10:19)라고 말했고, "우리가…맑은 물로 씻음을 받았으니"(히 10:22)라고 말했습니다. 그러면서 39절에서는 "우리는 뒤로 물러가 멸망할 자가 아니요 오직 영혼을 구원함에 이르는 믿음을 가진 자니라"라고 했습니다. 그런데 이 같은 경고의 말을 덧붙인 것입니다.

배교에 대해 이처럼 강렬하게 경고하는 것에 대해 불편하게 생각하는 사람이 있을 수 있습니다. 특별히 예수 그리스도 안에서 자신의 구원이 확실하다고만 생각했던 사람들은 이러한 내용을 달리 해석하고 싶거나 자신과는 무관한 내용으로 생각하고 싶을지도 모릅니다. 그것은 자신이 아닌 거짓된 신자들에게나 해당되는 내용이라고 흘려듣는 것입니다. 그러나 히브리서 기자가 이러한 내용을 말할 때 자신을 포함해서 '우리'로 말하고 있다는 사실에 주목해야 합니다. 다시 말해, 배교 위험에 대한 경고를 우리 모두에게 하고 있기 때문에 우리는 누구도 예외 없이 이 경고를 들어야 합니다. 그것 없이 신앙의 여정을 갈 수 있는 그리스도인은 아무도 없기 때문입니다. 이것은 우리 자신을 보면 금방 간파할 수 있는 내용입니다.

히브리서 기자는 여기서 멈추지 않고 편지를 끝내기 전에 한 번 더 배교 위험을 경고합니다. 즉 10장에서 배교를 경고한 다음, 11장에서는 배교 위험을 다각적으로 부딪히며 살았던 믿음의 선진들을 열거합니다. 그러면서 12장에서 예수님의 모범까지 연결한 후 또다시 배교 위험을 경고합니다.

"너희는 삼가 말씀하신 이를 거역하지 말라 땅에서 경고하신 이를 거역한 그들이 피하지 못하였거든 하물며 하늘로부터 경고하신 이를 배반하는 우리일까 보냐 그때에는 그 소리가 땅을 진동하였거니와 이제는 약속하여 이르시되 내가 또 한 번 땅만 아니라 하늘도 진동하리라 하셨느니라 이 또 한 번이라 하심은 진동하지 아니하는 것을 영존하게 하기 위하여 진동할 것들 곧 만드신 것들이 변동될 것을 나타내심이라 그러므로 우리가 흔들리지 않는 나라를 받았은즉 은혜를 받자 이로 말미암아 경건함과 두려움으로 하나님을 기쁘시게 섬길지니 우리 하나님은 소멸하는 불이심이라"(히 12:25-29).

여기서도 동일하게 구원의 복됨을 말함과 동시에 배교 위험을 경고합니다. 히브리서의 수신자들이 살아 계신 하나님의 도성인 하늘의 예루살렘에 이르렀다는 것(히 12:22)과 그들이 새 언약의 중보자이신 예수 그리스도의 피가 말하는 증거를 가진 자들(히 12:24)이라고 말합니다. 28절에서는 흔들리지 않는 나라를 받았다고 말하기도 합니다. 그런데 25절 이하에서는 자신을 포함해서 배교 위험을 경고하고 있는 것입니다.

히브리서 기자는 당시 그리스도인들에게 이토록 반복하여 배교의 위험을 경고했습니다. 한두 번 간단하게 말하는 것이 아니라, 히브리서 전체를 통해 그리스도 안에서 성취된 구원의 놀라운 내용을 말하면서도 시종일관 배교 위험을 반복하여 경고합니다. 그것은 히브리서 수신자들인 유대 그리스도인들이 처한 특별한 상황과 경험 때문입니다.

그러나 이것은 또한 이 땅을 사는 모든 그리스도인에게 주어진 말씀이기도 합니다. 즉 이 세상을 사는 우리도 그들과 마찬가지로 수용해야 할 내용이 있음을 의미합니다. 히브리서 수신자들이 살았던 1세기나 지금이나 예수 믿는 자들에게는 배교 위험이 항상 있다는 것입니다. 안타깝게도 오늘날 교회 다니는 사람들은 이러한 내용을 대수롭지 않게 듣습니다. 많은 사람이 착각하고 있는 것입니다. 신천지와 같은 이단에 빠진 사람들이 얼마나 확신에 차 있습니까. 그들은 이런 경고를 듣지 않습니다. 오히려 우리가 들어야 한다고 말하면서 이런 경고를 자기 밖으로 던져 버립니다.

히브리서 수신자들은 분명 배교 위험에 처해 있었습니다. 그 위험이 교회 밖에 있는 사람들이 아닌 교회 안에 있는 사람들에게 있었습니다.

이것은 1세기 유대 그리스도인들이나 그 이후 모든 그리스도인이 동일하게 가진 조건입니다. 이 세상에 살았던 모든 그리스도인은 배교 위험 속에서 구원의 여정을 지나간다는 사실입니다. 우리는 우리가 가진 삶의 환경에도 이와 동일한 사실, 즉 배교 위험이 있다는 것을 기억해야 합니다. 지상 교회에 속한 신자의 조건이 그러합니다. 그런 점에서 예수 믿는 우리는 모두 히브리서가 말하는 배교 위험에 대한 경고를 듣고 명확하게 주지해야 합니다.

이 사실을 자신에게 적용하지 않는 사람은 이후로 다루게 될 내용이 모두 자신과는 무관하게 됨으로써, 결국 히브리서를 통해 주신 하나님 말씀에서 제외되는 사람이 될 것입니다. 하지만 이러한 경고의 말씀을 듣지 않아도 될 사람은 아무도 없습니다. 만일 자신은 그럴 필요성을 못 느끼고 있다면 그는 이미 착각에 빠져 잘못된 자기 확신을 가지고 성경을 떠난 곁길로 가고 있는 것입니다.

배교를 부추기는 다양한 원인들

배교 위험은 다양한 이유에서 찾아올 수 있습니다. 일반적으로는 시련과 박해, 이 세대와 이 세상의 유혹, 교회 안에 있는 사람들이 만든 분위기, 육체의 소욕을 따라 행하는 것 속에서 올 수 있습니다. 히브리서의 수신자들 역시 그들의 믿음을 흔드는 시련과 박해를 받으면서 배교 위험에 처했던 것으로 보입니다. 예를 들어, 히브리서 10장 32-34절은 그들이 믿음 때문에 비방과 환난을 받고 사람들의 구경거리가 되었다고 말합니다. 예수 믿는 자들이 함께 어울리고 교제하는 모습이 다른 사람에게는 조롱거리가 되었던 것입니다. 게다가 자신들의 소유를 빼앗기는 일까지 있었습니다. 예수 믿는 것으로 인해 삶의 기반까지 흔들리는 경험을 했던 것입니다.

믿음 때문에 경제적인 손실을 입고 조롱과 박해를 받는다는 것을 한번 생각해 보십시오. 그런 조건에서 유대 그리스도인 중 어떤 사람들은 처음 신앙에서 더 나아가기를 주저했습니다. 어떤 사람들은 타협적인 태도를 보이기도 했습니다. 심지어 예수 그리스도에 대한 헌신을 철회하고 싶은 유혹도 받았습니다. 특별히 본문은 바로 그런 모습을 잘 보여 줍니다. 그들은 그런 상황 속에서 유대교로 돌아가고 싶은 유혹을 강하게 받았던 것입니다. 당시 유대주의의 유혹은 유대 그리스도인들뿐만 아니라 이방인 그리스도인들에게도 강력한 유혹이었습니다. 그런 가운데 유대 그리스도인들은 다시 유대교로 돌아가기만 한다면 기독교 신앙으로 인해 받게 된 수치와 괴롭힘, 경제적인 어려움을 당하지 않을 수 있었습니다. 여러 주석가들이 말하듯이, 그들 중에는 실제로 기독교에 발을 들여놓았다가 결국 떠나는 사람들도 있었던 것으로 보입니다.

이러한 모습은 오늘날 교회 안에서도 찾아볼 수 있습니다. 예수 믿는 것으로 인해 많은 것을 잃는다고 생각하는 사람들이 있습니다. 그들은 마치 세상과 신앙 사이에서 양다리를 걸치고 있다가 다시 세상으로 돌아가거나 또는 오랫동안 양다리를 걸친 상태에 머물고 있습니다. 처음 신앙에서 더 나아가기를 주저하고 타협적인 태도를 보이거나 아예 신앙을 철회하고 교회를 떠나는 일이 있는 것입니다. 이것은 이 세대의 사고방식과 생활 방식의 유혹, 예수 믿는 것을 비방하고 조롱하는 분위기, 거짓된 가르침과 배교적인 모습을 쉽게 드러내는 오늘날 교회의 분위기 속에서도 발생합니다. 더군다나 코로나를 겪으면서 배교 위험을 스스로 용인하고 있는 사람들이 상당히 많이 생겨났습니다. 이러한 분위기 속에서 경제적인 손실로 인해 삶이 힘들어질 뿐만 아니라 박해까지 있게 되면 어떻게 될까요? 1세기 당시 유대 그리스도인들과 별반 다르지 않은 유혹을 받을 것입니다. 히브리서 기자는 바로 그러한 모습을 보면서 배교 위험을 강력하게 경고하는 것입니다.

그런 점에서 오늘날 우리의 현실도 히브리서 수신자들이 가진 상태와 동일하다고 보입니다. 배교 위험의 상태와 배교는 갑자기 만들어지는 것이 아닙니다. 거기에는 그렇게 되는 과정들이 분명히 있습니다. 환경의 영향이나 이 세상 정신의 영향이든 또는 잘못된 가르침의 영향이나 교회에서 상처받거나 실족하면서 만들어 낸 분위기든 혹은 육체의 소욕에 의해서든 우리의 생각과 감정이 동요하는 과정을 거치면서 한 걸음, 한 걸음 뒤로 물러나는 일이 있게 됩니다.

교회 안에 있는 배교의 위험

지상 교회 안에는 참된 신자들만 있는 것은 아닙니다. 거짓된 신자와 회심하지 않은 사람이 함께 있습니다. 이 속에서 우리는 서로에게 영향을 주고받으면서 배교 위험에 노출되기도 합니다. 특히 배교적인 생각과 정서를 공감하거나 공유하는 일이 발생할 수 있습니다. 그래서 배교 위험은 교회 밖에서 만들어지는 것이 아니라 교회 안에서 만들어집니다. 물론 교회 밖의 영향으로도 그런 일이 발생할 수는 있지만, 그러한 영향을 통해 결국 배교 위험을 노출하게 되는 현장은 교회 공동체입니다. 히브리서 기자가 배교 위험을 유대 그리스도인 공동체에게 경고하는 이유도 바로 그 때문입니다.

사실 우리는 결과를 보기 전까지는 누가 배교자인지 알 수 없습니다. 예수님의 제자들도 가룟 유다의 배신은 생각하지 못했습니다. 그런데 히브리서 기자는 그런 식으로 배교하는 사람들에게는 관심이 없습니다. 그는 결론적으로 배교할 사람들을 색출하고 분별하기 위해 이러한 내용을 말하는 것이 아닙니다. 그는 예수 믿는 사람들이 가진 배교의 위험에 관심을 두고 말하고 있습니다.

물론 믿는 자에게 배교 위험을 경고하기 위해서는 히브리서 기자처럼 배교자의 모습을 말할 수밖에 없습니다. 왜냐하면 가짜를 옆에 놓아야 진짜를 선명하게 분별할 수 있기 때문입니다. 그래서 히브리서 기자는 배교자의 모습을 말하면서도 배교의 위험에 경성하도록 하는 목적에 초점을 두고 있습니다. 그들이 더욱 확고한 구원과 신앙과 삶으로 나아가도록 하기 위한 차원에서 경고하는 것입니다. 이것이 바로 히브리서를 통해 말하려는 바이고, 우리가 본문을 통해 생각해야 할 내용입니다. 그러므로 우리는 이러한 경고를 흘려듣지 말아야 합니다.

예수 믿고 나서 처음 신앙에서 더 나아가지 않거나 더 이상 성장하지 않고 어린아이와 같은 수준에 머물러 있는 사람들, 기독교 진리를 배워서 아는 것은 많으나 그 진리로 인한 움직임 없이 나태하고 게으른 사람들, 예수 믿는 것으로 인한 어려움을 피하려고 타협적인 태도를 취하는 사람들, 심지어 예수 그리스도에 대한 헌신을 철회하고 싶은 유혹으로 갈등하는 사람들은 이 같은 경고의 말씀을 더더욱 들어야 합니다. 또 이 세대를 본받고 있는 사람들, 잘못된 가르침으로 은근히 자기를 포장하고 방어하는 사람들도 이러한 경고를 들어야 합니다. 그런 사람들은 히브리서 기자가 배교의 위험을 말할 정도로 위험한 상태에 있습니다.

진리에 닻을 내린 성숙한 신앙으로 나아가라

그런 점에서 여러분은 그리스도의 초보에서 완전한 데로 나아가고 있습니까? 우리는 성령 하나님이 히브리서 기자를 통해 1세기 이후 오고 오는 모든 그리스도인에게 하신 경고를 들어야 합니다. 우리는 히브리서 기자의 말처럼, 진리의 항구에서 흘러 떠내려가지 않도록 신앙의 닻을 내려야 합니다(히 2:1). 또 예수 그리스도에 대해 확신하고 성숙한 신앙으로 나아가야 합니다.

아무리 세상이 바뀌고 믿음의 환경이 어려워진다 해도, 또 코로나보다 더한 것이 오거나, 심지어 예수 믿는 것으로 인해 경제적인 손실을 보면서 박해까지 받는다고 할지라도 우리는 히브리서 기자의 경고가 담긴 교훈을 따라야 합니다. 뒤로 물러가거나 그리스도를 저버리지 말고, 오히려 그리스도에 대해 확신하며 성숙한 신앙으로 나아가야 합니다. 정녕 예수 믿는 자라면 그리해야 합니다.

이러한 경고에 대한 반응을 통해 우리는 자신이 어떠한 자인지를 드러내고 증거하게 될 것입니다. 우리 중 어떤 사람은 배교 위험 경고를 통해 경성하여 성숙과 온전한 데로 나아갈 것입니다. 그러나 어떤 사람은 그렇지 않을 수도 있습니다.

히브리서 11장에 나오는 믿음의 사람들에게는 한 가지 공통점이 있습니다. 그들은 모두 배교 위험이 있는 신앙 여정 속에서 믿음을 지켰습니다. 온전한 신앙과 삶을 가지고 성숙으로 나아갔던 것입니다. 그러므로 자신만의 논리로 이러한 경고에 대해 방어적인 자세를 취하지 마십시오. 눈을 떠서 계시의 말씀을 통해 이 세대의 신앙 분위기가 어떠한지, 그리고 자신의 신앙은 어떠한지 비추어 보십시오. 하나님은 우리가 구원받은 이후로 멈추어 있으라고 말씀하지 않으셨습니다. 오히려 온전한 데로 나아가라고 말씀하셨습니다. 우리 모두 그러한 말씀을 따라 배교 위험을 넘어 성숙한 데로 나아갈 수 있기를 소망합니다.

2장

자신의 영적 상태를 점검하라

멜기세덱에 관하여는 우리가 할 말이 많으나 너희가 듣는 것이 둔하므로 설명하기 어려우니라
때가 오래되었으므로 너희가 마땅히 선생이 되었을 터인데
너희가 다시 하나님의 말씀의 초보에 대하여 누구에게서 가르침을 받아야 할 처지이니
단단한 음식은 못 먹고 젖이나 먹어야 할 자가 되었도다 이는 젖을 먹는 자마다 어린아이니
의의 말씀을 경험하지 못한 자요 단단한 음식은 장성한 자의 것이니
그들은 지각을 사용함으로 연단을 받아 선악을 분별하는 자들이니라
그러므로 우리가 그리스도의 도의 초보를 버리고 죽은 행실을 회개함과 하나님께 대한 신앙과
세례들과 안수와 죽은 자의 부활과 영원한 심판에 관한 교훈의 터를 다시 닦지 말고
완전한 데로 나아갈지니라 하나님께서 허락하시면 우리가 이것을 하리라
한 번 빛을 받고 하늘의 은사를 맛보고 성령에 참여한 바 되고
하나님의 선한 말씀과 내세의 능력을 맛보고도 타락한 자들은
다시 새롭게 하여 회개하게 할 수 없나니
이는 그들이 하나님의 아들을 다시 십자가에 못 박아 드러내 놓고 욕되게 함이라
땅이 그 위에 자주 내리는 비를 흡수하여 밭 가는 자들이 쓰기에 합당한 채소를 내면
하나님께 복을 받고 만일 가시와 엉겅퀴를 내면 버림을 당하고 저주함에 가까워
그 마지막은 불사름이 되리라

히 5:11-6:8

공동체의 문제요 또한 개인의 문제로 여겨져야 할 배교의 위험

히브리서를 통해 보는 배교 위험은 오늘날 많은 어려움을 겪고 있는 우리 한국 교회에도 적용할 수 있는 말씀입니다. 우리가 현실의 어려움을 지날 때 우리에게 필요한 것은 위로만이 아닙니다. 현실의 어려움은 우리의 신앙을 흔들고 배교를 부추기기도 합니다. 그런 현실 가운데서 배교 문제에 대한 이해와 공감을 갖는 것은 꼭 필요한 일입니다. 성경은 우리 앞에 있는 배교의 위험을 경고하며 그것을 우리의 공동체와 그 가운데 속한 개개인들에게 적용하도록 하고 있습니다. 예를 들어 히브리서 기자는 이렇게 말합니다.

"형제들아 너희는 삼가 혹 너희 중에 누가 믿지 아니하는 악한 마음을 품고 살아 계신 하나님에게서 떨어질까 조심할 것이요"(히 3:12).

여기서 히브리서 기자는 "형제들아 너희는"이라고 공동체를 향해 말하면서도 "혹 너희 중에 누가"라고 개개인에게도 말합니다. 또 "우리는 두려워할지니 그의 안식에 들어갈 약속이 남아 있을지라도 너희 중에는"(히 4:1상)이라고 공동체를 말하면서도 "혹 이르지 못할 자가 있을까 함이라"(히 4:1하)라고 하면서 개개인에게 다시 연결시킵니다. 마찬가지로 10장 25절에서도 "모이기를 폐하는 어떤 사람들의 습관과 같이 하지 말고 오직 권하여 그날이 가까움을 볼수록 더욱 그리하자"라고 말하면서 교회 공동체적인 권면을 개개인들에게까지 적용합니다.

이치럼 히브리서의 배교 위험에 대한 경고는 교회 공동체를 향한 말씀일 뿐만 아니라 그 공동체 속의 개개인에게도 적용됩니다. 이는 영적으로 둔감해진 신앙 풍조와 이 세대의 가치관과 생활 방식과 잡다한 가르침이 뒤섞여 타협적인 분위기를 가진 교회 공동체에도 해당되지만, 동시에 그런 영적 분위기 속에서 살아 계신 하나님에게서 떨어질까 조심해야 하는 모습과 상태를 가진 개개인에게도 적용해야 할 말씀입니다. 다시 말해, 아직 안식에 들어갈 약속이 남아 있음에도 타협적인 모습을 드러내는 사람들, 믿음으로 행하지 않고 말씀대로 순종하지 않는 사람들, 모이기를 싫어하고 폐하는 각 사람들을 향한 말씀이라는 것입니다. 히브리서 본문의 표현을 따라 말하면, 이 말씀은 성숙으로 나아가지 않고 그리스도의 도의 초보에 계속 머무르는 사람들, 여전히 어린아이 같은 모습을 가진 사람들, 영적으로 게으르고 나태한 사람들에게 전해지고 있는 것입니다.

히브리서 기자는 예수 그리스도를 완전히 등지고 교회를 떠난 사람들에게 경고하고 있는 것이 아닙니다. 교회 안에서 현재 그런 모습을 갖고 있거나 또는 미래에 그런 위험에 처할 수 있는 모든 신자에게 경고하는 것입니다. 비록 지금은 그런 모습과 상태가 아니라 할지라도 우리는 자신의 미래에 있을 유혹을 경계해야 합니다. 특히 자신이 속한 교회 공동체와 주변 분위기를 경계해야 합니다. 왜냐하면 우리는 다른 사람들과 엮여 있기 때문입니다.

교회 공동체의 한 사람으로서 자신은 온전하다고 생각할지라도 주변 분위기가 배교적인 모습을 갖고 있으면 자신도 그와 무관할 수 없습니다. 그러한 이유로 우리는 두 가지 측면에서 배교 위험 경고를 들어야 합니다.

나 한 사람의 중요성

히브리서 기자는 배교 위험을 경고할 때 분명 공동체 전체를 향해 말하지만, 그 가운데서도 더 특별히 염두에 둔 사람들이 있었습니다. 공동체 가운데 건강하고 온전한 모습을 가진 사람들보다 현재적으로 더욱 위험한 상태를 가지고 있는 사람들을 본 것입니다.

그럼에도 이 말씀은 결코 그런 사람들만을 위하여 전해졌다고 할 수는 없습니다. 왜냐하면 그러한 사람들이 하나둘씩 늘어나면서 교회가 공동체적으로 배교의 모습을 갖게 되는 것이 일반적이기 때문입니다. 우리는 공동체와 개인, 양면을 모두 생각하면서 이 말씀을 상고해야 합니다.

오늘날 교회의 분위기와 모습은 어떠합니까? 본문과 같은 모습과 상태는 이미 오래전부터 우리의 현실 속에서도 흔하게 발견되는 모습입니다. 역사를 보면, 교회가 먼저 배교하는 가운데 거기에 속한 개개인이 배교한 것이 아니라, 반대로 배교적인 모습과 상태를 가진 사람들이 교회 공동체 안에 점점 늘어나면서 결국 공동체가 쇠하거나 배교하는 것을 보게 됩니다. 예를 들어, 요한계시록에 나오는 일곱 교회들 중에는 교회 안에 있는 몇 명으로부터 시작된 문제로 인해 교회 전체가 쇠할 위험에 처한 교회들이 있는 것을 보게 됩니다. 그래서 예수님이 교회 전체의 촛대를 옮기는 문제까지 거론하실 정도로 위험이 심각했던 것입니다.

그러므로 배교에 관해 우리가 주목해야 할 사실은 우리 가운데 한 사람, 한 사람입니다. 공동체에 대해 말하더라도 결국은 한 사람, 한 사람입니다. 따라서 히브리서 기자는 유대 그리스도인 공동체 가운데 어떤 사람들이 위험한 모습과 상태를 가지고 있는 것을 교회적인 문제로 심각하게 언급하며, 개개인의 변화와 성숙을 권하고 촉구합니다.

큰 구원을 등한히 여기는 영적인 느슨함

히브리서의 수신자들이 특별히 더 문제 있는 사람들이었던 것은 아닙니다. 그들도 모두 예수 그리스도의 복음을 듣고 기독교의 복된 것들을 맛보고 누린 사람들이었습니다. 그들은 예수님께 직접 복음을 들었던 사람들로부터 복음을 전해 들었고, 그런 가운데 믿음에 이른 복된 자들이었습니다.

> "우리가 이같이 큰 구원을 등한히 여기면 어찌 그 보응을 피하리요 이 구원은 처음에 주로 말씀하신 바요 들은 자들이 우리에게 확증한 바니"(히 2:3).

그들은 구원의 복음을 듣고 큰 구원을 얻은 사람들입니다. 그러나 지금 그들 중에는 그 큰 구원을 등한히 여기는 모습이 있었습니다. 그러면서 자신이 들었던 복음을 유념치 않고 흘러 떠내려가는 듯한 모습을 보였던 것입니다. 한마디로, 복음에 대한 헌신이 약화되고 큰 구원도 그들에게는 더 이상 놀라움이 되지 않았던 것입니다.

이러한 모습은 오늘날 교회와 우리 가운데서도 발견됩니다. 자신이 받은 크고 놀라운 구원을 등한히 여기는 것입니다. 그런데 히브리서 기자는 '구원'이라는 단어 앞에 '큰'이라는 수식어를 붙일 만큼 구원이 크고 위대하다고 말합니다. 그래서 이 구원을 결코 등한히 여길 수 없고 또 여겨서도 안 된다고 말합니다. 그렇습니다. 우리가 받은 구원의 내막을 알게 되면 그렇게 말할 수밖에 없습니다. 이 세상 역사의 가장 큰 분기점이 될 만큼 큰 구원을 하나님이 그리스도 안에서 행하셨습니다. 하나님이 직접 오셔서 그 큰 구원을 이루신 것입니다.

그런데 그 큰 구원을 가볍게 여기는 모습을 히브리서 수신자들뿐만 아니라 우리 가운데서도 쉽게 보게 됩니다. 작은 유혹과 시련에도 큰 구원의 복음에 대해 얼마든지 타협이 가능한 것처럼 뒤로 물러가는 모습을 보게 됩니다. 특히 우리가 근래에 코로나로 인해 어려움을 겪거나 기타 사회적, 개인적 어려움을 지나는 기간에 큰 구원을 더 별것 아닌 것처럼 여기는 모습을 더욱 많이 드러내기도 했고, 계속 그런 모습을 보이고 있습니다. 복음이 자신에게는 더 이상 감격스러운 것이 되지 않고, 자신의 존재와 삶에 최고의 가치로 여겨지지 않는 모습도 흔하게 보입니다. 심지어 큰 구원의 가치와 복됨과 생명을 알지 못한 채 오랫동안 교회를 오고 가기만 하는 사람들도 제법 있습니다.

히브리서 기자는 히브리서 수신자들 중에 이렇게 하나님으로부터 돌아서고 구원의 길에서 떨어져 나갈 위기에 처해 있는 사람들을 보았던 것입니다. 그래서 그들의 현재 위험에 대해 계속 말합니다. "흘러 떠내려 가지 않도록"(히 2:1) 하라고 말하고는, 뒤에 "믿지 아니하는 악한 마음을 품고 살아 계신 하나님에게서 떨어질까 조심"(히 3:12)하고, "누구든지 죄의 유혹으로 완고하게 되지 않도록 하라"(히 3:13)고 말합니다. 히브리서 기자는 "그의 안식에 들어갈 약속이 남아 있을지라도 너희 중에는 혹 이르지 못할 자가 있을까 함이라"(히 4:1)라고 말할 정도의 위험을 본 것입니다. 히브리서 4장 11절에서는 안식에 들어가지 못한 사람들의 본, 곧 "저 순종하지 아니하는 본에 빠지지 않게 하려 함이라"라고 권면합니다. 이런 말이 필요할 정도로 그들 안에 현재 순종하지 아니함으로써 안식에 들어가지 못한 과거의 사람들과 비슷한 모습이 드러나고 있었던 것입니다.

히브리서 기자는 그들에게 "너희 각 사람이 동일한 부지런함을 나타내어 끝까지 소망의 풍성함에 이르러"(히 6:11)야 한다고 말할 필요성을 느꼈습니다. 영적인 게으름으로 인해 소망의 풍성함에 이르지 못할 위험을 감지한 것입니다. 12장 15절에서는 "너희는 하나님의 은혜에 이르지 못하는 자가 없도록 하고"라고 경고합니다. 그들에게 하나님의 은혜에 이르지 못할 위험이 있었기 때문입니다.

이처럼 히브리서 기자는 큰 구원을 얻고도 현재 죄의 유혹 앞에서 흔들리고 넘어지는 모습, 자기 앞에 있는 소망을 바라면서 믿음으로 행하는 대신 주저하며 순종하지 않는 모습을 보면서 배교 위험을 경고합니다. 히브리서 기자가 지적한 내용은 한두 가지 행동을 말하는 것이 아닙니다. 그가 지적하는 것은 마음의 중심과 신앙적인 태도의 문제입니다.

느슨함을 정당화하는 치우친 확신

우리가 여기서 주목할 것은 히브리서 기자가 지적한 이러한 내용들이 하나님으로부터 돌아서고 구원의 길에서 떨어져 나갈 모습으로 보고 경고한 것이라는 사실입니다. 우리가 대수롭지 않게 여기는 모습과 상태를 히브리서 기자는 배교의 위험으로 말한 것입니다. 우리의 현실을 놓고 보면 이것은 매우 충격적인 내용입니다. 히브리서 기자의 시각에서 보면 배교 위험으로 경고한 모습들은 오늘날 교회 안에서도 흔히 보이는 모습이기 때문입니다.

성경은 구원을 하나님이 그리스도 안에서 이루신 흔들릴 수 없는 것으로 말합니다. 하지만 현실에서는 이렇게 확실한 구원을 등한히 여기는 일이 있습니다. 그렇기 때문에 우리는 히브리서 기자가 이러한 경고를 하고 있다는 점을 생각해 봐야 합니다.

우리는 히브리서 기자가 말하는 배교 위험의 경고에 대해 '내가 지금 확신하는 구원에 대해 괜히 예민하게 생각하고 있는 것은 아닐까? 하나님이 나를 사랑하시는데 배교라니, 그럴 리 없을 거야'라고 하면서 이런 말씀을 흘려들으려고 해서는 안 됩니다.

우리는 그 확실한 구원이 나에게 정말로 흔들리지 않는 실체로 소유되고 있는지 생각해 보아야 합니다. 히브리서 기자는 구원의 확신을 마음의 위안용으로만 삼고 상태의 변화는 가지지 않으려는 모습이 위험하다고 말하는 것입니다. '배교에 관해 이야기하니까 나와 상관은 없겠지만, 그저 한번 들어 보자' 할 것이 아닙니다. 우리는 이런 말씀에 우리 자신을 실제로 비추어 보아야 합니다.

히브리서 기자가 수신자들에게 배교의 경종을 울리는 것은 극단적으로 변절한 모습에 대해서만이 아닙니다. 예를 들어, 데살로니가후서 2장 3절에서 '배교'라는 단어를 사용했을 때, 그것은 종말론적으로 그리스도로부터 돌아서는 것을 두고 말한 것입니다. 하지만 히브리서 기자는 배교를 영적으로 위험한 상태와 연결해서 말합니다.

히브리서 수신자들은 그들의 행위와 하나님의 이름을 위하여 나타낸 사랑으로 성도를 섬겼고, 지금도 그러하고 있었습니다(히 6:10). 이것은 굉장한 것입니다. 그들에게는 수고와 섬김의 활동이 있었습니다. 그리고 빛을 받은 후, 곧 처음 복음을 듣고 예수를 믿고 난 후부터 있었던 고난의 큰 싸움도 견뎌 냈습니다(히 10:32). 또 자신들보다 더 큰 고난을 당한 자들, 곧 감옥에 갇힌 자들을 동정하고 자신들의 재산이 빼앗긴 것도 기꺼이 감당했습니다(히 10:34). 이처럼 놀라운 신앙 경력을 갖고 있었음에도 그들에게는 본문에서 말하는 배교 위험 경고가 필요했습니다.

오늘날 한국 교회는 사회적, 개인적 어려움에 처한 사람들을 위로하는 것에만 관심과 사역의 비중을 두는 경우가 많습니다. 물론 어려운 상황과 형편에서 하나님께 의지하고 기도하는 것은 우리의 신앙에 없어서는 안 되는 부분입니다. 그러나 성도가 어려운 상황을 지날 때, 그에 못지않게 중요한 것이 이와 같은 말씀입니다. 성경은 우리에게 위로의 메시지만 열거하지 않습니다. 우리 앞에 있는 위험을 보도록 경종을 울리기도 합니다.

작아 보이는 문제가 정말 작은 일인지 다시 보라

그렇다면 우리가 심각하게 생각해 봐야 할 내용은 무엇일까요? 그것은 누군가 예수를 완전히 떠났다고 할 정도의 거창한 이야기가 아닙니다. 본문은 영적으로 둔감한 상태를 말합니다. 다시 말해, 복음의 진리에 대해 더 이상 열의도 없고 멜기세덱에 관한 가르침을 말해도 못 알아듣는 상태, 즉 초보를 못 넘어선 상태를 말하는 것입니다.

본문 5장 11절에서 "너희가 듣는 것이 둔하므로"라고 말할 때 '둔하다'는 말은 달리 말해 게으르다는 의미입니다. 구약성경을 헬라어로 번역한 70인역은 이 단어를 '조금만 힘들어도 덤비기 싫어하고 하지 않으려는 나태한 사람'을 가리킬 때 사용했습니다. 히브리서 6장 12절에서는 이 단어를 아예 '게으르다'라는 말로 표현했습니다. 결국 게으르게 신앙생활 하는 사람을 두고 둔하다고 말한 것입니다.

우리는 히브리서 수신자들이 가진 영적으로 무디고 둔하며 게으른 모습을 배교 위험에 처한 상태라고 잘 생각하지 않습니다. 그러나 히브리서 기자는 분명 영적인 둔감함을 보며 배교 위험을 경고하고 있습니다. 하나님과 복음과 신앙에 대하여 열의나 의욕도 없이 게으름과 나태함 속에 있는 모습을 배교 위험에 빠진 것으로 말하고 있다는 것입니다.

이에 대해 어떤 사람은 너무 사소한 것을 가지고 배교 위험으로 말한 것은 아니냐고 이야기할지 모릅니다. 하지만 연결된 내용을 보면 영적으로 게으른 것은 결코 사소한 일이 아닙니다. 영적인 둔감함은 그것으로 끝나지 않기 때문입니다. 본문에서 말한 바대로 그것은 영적인 무능으로 이어집니다. 마땅히 선생이 되어야 할 정도로 오랜 신앙 경력을 갖고 있으면서도 영적인 둔감함 속에서 어린아이 같은 모습과 상태를 갖고 있었기 때문입니다. 또 의의 말씀을 경험하지 못한 자로 말할 정도로 그들은 초보적인 단계에 계속 머물러 있었습니다.

시간이 지나도 단단한 음식을 먹지 못하는 영적인 무능과 무기력

오늘날 우리는 교회를 오래 다니고 다양한 봉사 경력과 직분을 가진 것을 마치 영적인 성숙으로 생각하는 것에 익숙해 있습니다. 물론 영적으로 성숙해서 그런 모습과 직분을 가질 수 있습니다. 그러나 히브리서 기자는 아무리 때가 오래되어도 멜기세덱에 관해서 못 알아듣는 수준, 곧 단단한 음식을 못 먹는 영적인 무능의 원인을 영적인 둔감함으로 말하고 있습니다. 이러한 영적 무능함은 복음의 진리에 대해 열의가 없고, 단단한 음식에 해당하는 하나님의 진리도 알지 못하고 또 알려고도 하지 않는 게으르고 나태한 영적 상태에서 나온 무능함을 말합니다.

이 말씀에 비추어 오늘날 교회들을 한번 보십시오. 그리고 우리 자신을 돌아보십시오. 그리스도의 도의 초보에 대해서도 명확하지 않은 사람들이 많습니다. 죽은 행실의 회개함조차 제대로 안 되는 사람들도 있습니다. 예를 들어, 하나님이 육신을 입으심으로써 신인 양성을 가지신 것, 빌립보서 2장 말씀처럼 그리스도가 자신을 비워 종의 형체를 취하신 것, 거기서 더 나아가 그리스도께는 죄를 전가하시고 우리에게는 의를 전가해 주시는 그리스도의 인격과 사역에 대해서 조금만 깊이 말하면 못 알아듣고 어렵다고 여기는 사람들이 많습니다. 교회 다니는 사람 중에 '칭의'나 '전가'와 같은 교리를 처음 들어 봤다고 말하는 사람들도 꽤 많습니다. '회심'이나 '거듭남'에 대해서도 마찬가지입니다. 이처럼 초보에서 벗어나지 못한 상태는 오늘날 교회 안에서 흔히 볼 수 있는 현실입니다.

이러한 모습을 히브리서 기자는 단단한 음식을 못 먹고 젖이나 먹어야 할 어린아이, 의의 말씀을 경험하지 못한 자로 말하고 있습니다. 그런 무능한 상태에서 나타나는 현상은 자신의 앞가림도 못하는 것입니다. 신자 됨의 모습을 지키는 것조차 하지 못하는 것입니다. 누군가를 선도하고 영적으로 세우는 일과 같이 남들을 온전히 돕는 일에는 전혀 동참하지 못하는 것입니다. 물론 박애 정신을 갖고 남들을 섬기고 사랑할 수는 있습니다. 그러나 진리 안에서 누군가를 바르게 세우고 성숙으로 나아가는 데 도움을 주는 일은 하지 못하는 것입니다.

고난이 우리를 속이지 못하게 하라

앞에서 언급한 대로 히브리서 수신자들의 신앙 경력은 화려합니다. 그러나 그들은 배교 위험을 말해야 할 정도로 뒤로 물러나 있었습니다. 그들의 영적인 둔감함과 게으름은 일시적인 육체의 소욕에 따른 것이 아니었습니다. 놀랍게도 그들의 마음을 빼앗은 것은 고난에 대한 두려움과 유대교의 유혹이었습니다. 예수 믿는 것으로 인해 삶이 어려워지고 계속해서 더 큰 고난을 겪게 될 것이라는 두려움이 크게 한몫을 했습니다. 유혹과 압박이 계속되는 현실이, 앞으로도 크게 나아질 것 같지 않은 삶을 살 것이라는 두려움이 힘든 일에 뛰어들지 않으려는 나태함으로 연결되었던 것입니다. 한마디로, 그렇게 신앙생활 하고 싶지 않은 것입니다. 그것이 복음의 진리에 대한 게으름으로 나타났고, 결국 어린아이 같은 수준에 계속 머무르는 영적인 무능으로 남게 된 것입니다.

히브리서 기자는 10장에서 그들이 겪은 고난을 말하면서 곧이어 "그러므로 너희 담대함을 버리지 말라"(히 10:35)라고 말합니다. 이것은 그들이 고난에 대한 두려움으로 인해 담대함을 갖지 못하고 흔들리고 있었음을 의미합니다. 담대함을 버리지 말라고 말해야 할 상태를 가지고 있었던 것입니다. 그런 가운데 유대교가 큰 유혹으로 다가온 것입니다. 왜냐하면 유대교가 그들에게는 쉽고 편한 길로 보였기 때문입니다.

그들이 만일 유대교로 간다면 예수 믿는 것으로 인한 고난은 사라질 것입니다. 유대교는 당시 로마 제국 안에서는 용인된 종교였습니다. 그래서 유대인들로부터 왕따나 적대를 당하지 않을 수도 있었습니다. 특히 유대교의 신앙생활 방식이 그들에게는 익숙했던 것이기 때문에 더 큰 유혹이 되었을 것입니다.

그래서 이러한 배교 위험 상태에 있었던 유대 그리스도인들에게 히브리서 기자는 하나님의 아들 예수 그리스도를 크게 강조한 것입니다. 히브리서 1장부터 4장(4장 13절)까지는 천사나 모세보다 뛰어나신 하나님의 아들을 말하고, 4장 14절부터 10장까지는 우리의 대제사장이신 예수 그리스도를 말합니다. 멜기세덱과 같은 대제사장으로서 우리를 대속하신 중보자요, 영원한 대제사장으로 사역하고 계신 그분을 말입니다. 그런 후에 13장 8-9절에서 예수 그리스도는 어제나 오늘이나 영원토록 동일하시다고 말하면서 여러 가지 다른 교훈에 끌리지 말 것을 덧붙입니다.

결국 그들이 화려한 신앙 경력을 갖고도 배교 위험에 처한 이유는 삶의 현실 속에서 부딪히는 어려움과 심한 고난으로 인해 쉽고 편한 유대교에 복귀하는 쪽으로 마음이 끌렸던 것입니다. 이것을 오늘날 우리의 경험으로 말하면, 예수 믿는 것이 갈수록 어렵고 지치는 조건에서, 굳이 열심히 신앙생활 하며 예수 믿는 자라는 것을 드러내며 살지 않는다면 신앙생활이 편해지고 세상에서 크게 걱정할 것이 없어질 것이라는 유혹입니다.

주님을 바라보며 편한 길을 거부하라

히브리서 기자는 그들이 죄와 싸우되 아직 피 흘리기까지 싸우고 있지는 않다고 말합니다(히 12:4). 아직 순교할 정도의 고난은 받고 있지 않다는 말입니다. 그들은 자신의 믿음을 흔드는 유혹, 특히 현실의 위협이 줄어들지 않고 오히려 더해지는 듯한 조건 속에서 더 이상 어려운 길을 가고 싶지 않았습니다. 굳이 애써 그리스도께 헌신하고자 하는 모습을 갖지 않았습니다. 그러면서 쉽고 편한 길을 가고자 했습니다. 그런 모습에 대해 히브리서 기자는 계속해서 경고하다가 이렇게 덧붙입니다.

"너희에게 인내가 필요함은 너희가 하나님의 뜻을 행한 후에 약속하신 것을 받기 위함이라"(히 10:36).

이것이 바로 배교 위험을 경고함으로써 그들을 바르게 이끌고자 했던 히브리서 기자의 목회적인 마음과 권면입니다. 그는 예수님의 모범까지 들면서 "너희가 피곤하여 낙심하지 않기 위하여 죄인들이 이같이 자기에게 거역한 일을 참으신 이를 생각하라"(히 12:3)라고 말합니다. 이것은 고난으로 힘들고 피곤해도 낙심하지 말고, 자기를 거역한 자들을 참으신 예수님을 생각하며 인내해야 한다는 의미입니다. 실제로 그들은 구약의 제사 제도와 음식법까지 수용하려고 했습니다(히 13:7-9). 고난을 피하기 위해 쉽고 편한 길을 택함으로써 복음을 헛되게 하려는 데까지 나아갔던 것입니다. 그러면서 교회 공동체의 모임에는 참여하지 않으려고 했습니다.

여러분, 지금까지 살펴본 히브리서 수신자들의 상태를 잘 생각해 보십시오. 그들이 가진 영적인 둔함과 게으름은 결국 고난에 대한 두려움을 피하기 위해 유대교라는 쉬운 길로 가려는 유혹으로 연결되었다는 것을 알 수 있습니다. 큰 구원을 얻게 한 복음을 뒤로한 채 유대교로 다시 돌아가려는 데까지 나아간 것입니다. 쉽게 말해, 예수 믿는 것이 너무 힘들고 삶의 환경도 달라지지 않는 것으로 인해 세상으로 다시 돌아가려고 하는 것과 같은 모습입니다. 복음으로 인한 큰 구원에 감격했음에도 불구하고 옛 생활로 돌아가려고 하는 것입니다.

경고의 말씀에 대한 선입견을 넘어

당시 유대 그리스도인들은 외적으로 완전히 변절한 모습은 아니었습니다. 하지만 그들은 복음으로부터 서서히 멀어졌습니다. 유대교에는 다시 관심을 가지면서도 복음의 진리를 아는 데는 마음이 식었습니다. 복음에 대해 더 알고자 하는 열심이 없었던 것입니다. 그래서 히브리서 기자는 멜기세덱에 관한 내용조차 말할 수 없었던 것입니다. 복음으로 인한 신앙적인 경험과 화려한 경력을 가지고도 그들은 그렇게 되었던 것입니다. 히브리서 기자는 그들의 이런 부정적인 변화와 퇴보를 결국 영적인 둔감함과 무능함으로 말했습니다. 그리고 그들이 배교 위험에 빠진 것으로 경고했습니다.

여러분, 우리에게 이러한 모습은 없는지 돌아봅시다. 앞 장에서 말한 내용과 연결해서 배교 위험에 대해 말하는 것은 우리가 이 같은 내용에 대해 선입견을 갖고 반응하기 때문입니다. 다시 말해, 히브리서 기자가 말하는 시각에서 배교 위험을 생각하지 않고, 배교는 그저 그리스도를 부인하고 교회를 떠나는 극단적인 사람들에게나 해당되는 것이라고 생각하기 때문입니다.

오늘날 교회 안에 있는 많은 사람과 소위 가나안 성도들까지 배교라는 말에 대해서는 거부감을 크게 드러냅니다. 그러나 우리는 기독교에서 완전히 변절해서 불교나 다른 종교로 간 것만 가지고 배교를 말할 것이 아니라 히브리서가 경고한 것에서부터 생각해야 합니다. 히브리서는 교회 밖에 있는 사람들이 아닌 교회 안에 있는 사람들에게 경고합니다. 다시 말해, 예수 그리스도를 믿는 사람들에게 배교 위험을 경고하는 것입니다.

어떤 사람은 '내가 히브리서의 배교 위험 경고를 들어야 할 상태에 있다는 말인가? 나는 그 정도는 아니지…'라고 생각할지도 모르겠습니다. 물론 억지로 그렇게 생각하라는 말은 아닙니다. 다만 우리가 배교에 대해 너무 쉽게 생각하는 것에 대해 문제를 제기하는 것입니다. 우리 자신과 주변을 한번 돌아보십시오. 영적으로 둔감한 사람들이 제법 많습니다. 세월이 지나도 영적인 어린아이 수준에 머물러 있으면서 기독교의 초보적인 가르침에서 벗어나지 못하는 사람들이 많다는 것입니다. 복음의 진리를 매우 단편적으로 알면서도 복음에 대해 더 알고 싶어 하지 않는 사람들이 많습니다. 오히려 화려한 교회 경력으로 신앙의 맥을 유지하려고 하면서 말입니다.

물론 그러한 모습을 갖게 된 배경에는 히브리서 수신자들처럼 다양한 유혹이 있을 것입니다. 환경의 어려움이든 이 세대의 영향이든 또는 잘못된 가르침이든 육체의 소욕이든 예수 믿는 것으로 인한 불편함과 손실, 힘든 고난 등이 있을 것입니다. 그러나 어떤 이유에서든 복음을 듣고 예수 그리스도를 만남으로써 얻은 큰 구원을 등한히 여기는 것은 그 자체로서 경계할 일입니다. 복음의 진리에 대해서는 더 이상 열의도 없이 타협적인 신앙 태도를 갖고, 자기 나름의 신앙생활을 하는 것은 위험한 일입니다.

히브리서 수신자들이 멜기세덱에 관한 이야기를 알아듣지 못하는 것은 단지 그들의 지성이 부족해서가 아닙니다. 그들은 영적으로 둔해서 복음의 진리에 소극적이었습니다. 바로 그런 배경 속에서 히브리서 기자는 배교 위험을 경고한 것입니다. 그러므로 예수 믿은 지 오래되었음에도 조금만 내용이 어려운 듯하면 못 알아듣거나 거기에 대해 별로 알고 싶어 하지 않는 사람은 배교 위험 경고가 필요한 상태에 있다는 사실을 생각하십시오.

자신의 영적인 상태를 돌아보고 점검하라

지난 코로나 팬데믹 동안 많은 사람이 신앙생활을 기피하거나 신앙에서 멀어지는 모습을 보였습니다. 이러한 현실을 보면서 어떤 사람은 그 시기가 지나고 모든 것이 안정되어 교회를 자유롭게 올 수 있게 되면 기독교인 숫자가 많이 줄어들 것이라고 말했습니다. 지금 기독교인 수가 850만 명이라는 통계가 있는데, 500-600만 명으로 줄어들 것이라고 말하는 사람도 있었습니다.

우리는 외적으로 드러나는 현상만으로 앞으로 어떤 일이 일어날지 단정할 수는 없지만, 히브리서가 말하는 배교 위험 상태에 놓이게 되는 사람들이 이전보다는 많아질 것으로 보입니다. 그렇게 배교의 위험은 오늘날 교회 안에서 제법 흔한 모습으로 나타나고 있습니다. 그런데 그것이 우리의 현실임에도 우리는 히브리서 기자처럼 그 위험을 크게 경고하지 않습니다. 그저 교회에서 봉사하고 충성하도록 만들면서 신앙의 명맥을 유지하도록 하는 데 집중하는 것으로 보입니다.

우리는 배교 위험을 자신만의 기준으로 생각하면서 현재의 상태에 안주해서는 안 됩니다. 오히려 히브리서의 배교 위험 경고에 비추어 우리를 보고 진지하게 반응해야 합니다. 거듭 언급하지만 배교 위험 경고에 대해 반응하는 모습으로 우리는 자신이 어떤 사람인지를 드러내게 될 것입니다.

우리는 영적으로 무디고 게으른 상태에서 속히 깨어나야 합니다. 히브리서의 경고를 통해 이 세대의 영향을 받는 모습에서 깨어나야만 합니다. 뿐만 아니라 타협적인 신앙의 분위기 속에서 배교 위험을 감지해야 합니다. 어떤 이유로든 예수 그리스도로 말미암아 얻게 된 큰 구원을 등한히 여기거나 그 구원이 더 이상 기쁨이 되지 않는다면 그는 배교 위험에 있음을 알아야 합니다. 만일 자신이 받은 큰 구원 안에서 자신의 존재와 삶의 가치, 그리고 장래의 소망을 보는 대신 다른 것에 마음을 빼앗겨 타협적인 모습을 취하거나 다시 옛 생활로 돌아간다면 그는 분명 배교의 위험에 있는 것입니다.

혹시 복음의 진리에 열의가 없습니까? 시간이 지나도 성장하지 않고 계속 어린아이와 같은 상태에 머물러 있습니까? 과거에는 자신이 얻은 큰 구원에 대한 감격이 있었지만 지금은 사라졌습니까? 예수 그리스도를 아는 일에는 마음이 식어 있고 대신 자신에게 손실이 없는 신앙생활과 편안한 삶에 마음이 기울어져 있습니까? 이 세상의 즐거움이 은근히 좋아지고, 예수 그리스도에 대한 믿음은 감추고 싶은 상태에 이르렀습니까?

여러분, 배교의 위험을 잘 감지하십시오. 자신이 생각하거나 우리가 만든 기독교 분위기 속에서 말하는 배교 위험이 아닌, 히브리서가 말하는 배교 위험 경고에 자신을 비추어 보십시오. 오늘날 우리가 생각하는 기준에 안주하지 마십시오. 먼저 자신에게 영적으로 무디고 둔한 것은 없는지 보십시오. 그 가운데 만년 어린아이와 같은 영적 무능함이 있는지 보십시오. 과거의 신앙 경력이나 직분으로 말하지 말고, 현재 자신의 모습과 상태를 본문에 비추어 살펴보십시오. 그리하여 배교 위험 경고를 따라 온전한 데로 나아가고자 하십시오.

그리스도 안에 있는 큰 구원을 생각하라

세상이 아무리 어떠하다 해도 우리는 예수 그리스도 안에서 얻은 큰 구원을 결코 등한히 여겨서는 안 됩니다. 하나님이 육신을 입고 친히 이 땅에 오셔서 십자가에 달려 죽으시고 부활하심으로 죄와 사망을 해결하신 이 큰 구원을 정녕 아는 사람이라면 이 큰 구원을 결코 등한히 여길 수 없습니다. 아무리 이 세상과 자신의 현실 속에 매력적인 유혹이 있다 할지라도 말입니다. 우리는 이 놀라운 구원에 대한 믿음과 담대함을 버려서는 안 됩니다. 그 담대함을 버리지 마십시오. 이 큰 구원을 소홀히 여기지 말고 끝까지 붙드십시오. 그렇게 하는 자가 참된 신자입니다.

우리의 삶과 신앙생활은 결코 쉽지 않습니다. 그렇다고 배교 위험에 빠져 점점 뒤로 물러가는 일이 있어서는 안 됩니다. 영적으로 둔해져서는 안 된다는 것입니다. 우리가 얻은 구원은 그 정도로 가벼운 것이 아닙니다. 예수 믿는 자에게 주어진 구원은 큰 구원입니다. 영원한 가치가 있는 구원입니다. 영원하신 하나님이 관여된 구원입니다. 우리의 짧은 인생 속에서 경험한 것으로 흔들거나 바꿀 수 있는 구원이 아닙니다. 그러므로 그 큰 구원을 등한히 여기지 말고 그 큰 구원으로 인하여 오히려 온전한 데로 나아가십시오. 히브리서 11장에 나오는 믿음의 사람들처럼 모든 것을 이기면서 믿음으로 순례길을 마치는 신자의 여정을 가고자 하십시오.

3장

우리를 향한, 우리를 위한 경고의 메시지

한 번 빛을 받고 하늘의 은사를 맛보고 성령에 참여한 바 되고
하나님의 선한 말씀과 내세의 능력을 맛보고도 타락한 자들은
다시 새롭게 하여 회개하게 할 수 없나니
이는 그들이 하나님의 아들을 다시 십자가에 못 박아 드러내 놓고 욕되게 함이라

히 6:4-6

히브리서 기자가 말하는 '타락한 자들'이란?

오늘날 많은 사람이 주일에 한 번 교회에 나와 예배드리는 정도로 자신은 신앙생활을 잘하며 또 현상 유지를 잘하고 있다고 생각합니다. 그러나 히브리서 기자는 그런 태도를 배교로 나아가는 위험 상태로 말합니다. 히브리서 6장은 도의 초보에서 벗어나 완전한 데로 나아가라고 방향

을 제시하면서 경고의 내용을 덧붙입니다(히 6:4-6). 하지만 이 본문이 구체적으로 무엇을 의미하는지 파악하기란 쉽지 않습니다. 특히 배교에 해당하는 직접적인 진술을 담고 있는 히브리서 6장 6절은 배교 문제를 말할 때마다 항상 거론되지만, 지금까지도 많은 사람의 견해가 나뉘어 있을 정도로 쉽지 않은 내용입니다.

마틴 로이드 존스(Martyn Lloyd Jones) 목사는 성경 전체에서 히브리서 6장 4-8절만큼 사람들로 하여금 고통을 당하게 하고 영혼의 고뇌를 가지게 하는 구절은 없다고 했습니다.[3] 그럼에도 우리는 이러한 해석의 어려움을 피하거나 또는 그 의미를 대충 얼버무리는 식으로 본문이 말하는 배교 위험 경고를 지나쳐서는 안 됩니다. 히브리서 6장 4-8절은 히브리서 10장 26-29절과 함께 배교 위험을 가장 강렬하게 말하는 본문으로서 배교 위험 경고를 이해함에 있어서 정확하게 살펴볼 필요가 있는 말씀입니다.

먼저, 이 말씀의 문맥을 주목해 봅시다. 히브리서 5장 11절 이하에서 히브리서 기자는 히브리서 수신자들이 가진 영적으로 나태한 상태, 젖이나 먹는 유아적인 상태는 그리스도인에게 결코 중립적인 상태가 아님을 말합니다. 신자는 영적인 유아로만 사는 것이 아니라, 오히려 단단한 음식을 소화할 수 있을 때까지 자라 가야 합니다. 더 이상 초보적인 가르침을 되풀이하지 않도록 성숙과 완전한 데로 나아가야 한다는 것입니다(히 6:1-2). 그런 후에 본문의 내용이 이어집니다.

본문 4절은 헬라어 원문에서 '왜냐하면'이라는 단어로 시작합니다. 이것은 히브리서 수신자들이 왜 계속해서 성숙함과 온전한 데로 나아가야 하는지에 대한 이유를 말해 주는 것입니다. 그리스도인이 영적인 젖먹이에서 벗어나 반드시 성장에 진보가 있어야 하는 이유로, 배교 위험을 말한 것입니다.

신자는 과연 배교할 수 있는가?

여기서 관심을 기울여야 할 사실은 히브리서 수신자들은 유대교에서 개종한 그리스도인들이라는 것입니다. 즉 본문은 그리스도인들의 배교 위험에 대한 경고입니다. 결국 예수 믿는 우리에게도 해당되는 내용이라고 할 수 있습니다. 그렇다면 우리는 그리스도인들에게 타락하여 다시 새롭게 하여 회개할 수 없는 배교를 말하고 있다는 사실을 어떻게 받아들여야 할까요? 히브리서에서는 분명 그리스도인들이 더 좋은 언약, 즉 확고하고 끊을 수 없는 새 언약 가운데 있다고 말합니다. 따라서 신자임에도 다시 타락하여 새롭게 회개할 수 없는 배교 상태에 빠지게 된다는 것은 모순처럼 여겨질 수 있습니다. 따라서 히브리서 기자가 말하는 4-6절의 묘사가 과연 어떤 사람을 두고 말하는 것인지에 대한 의문도 자연스럽게 뒤따르게 됩니다. 이에 대한 다양한 해석들이 계속해서 나오게 된 것도 그런 이유에서입니다.

어떤 사람은 본문이 어떤 대상을 두고 말했는지에 대해 골몰하게 되면 본문이 말하는 바를 놓치게 된다고 말합니다. 다시 말해, 문맥에서 배교를 경고하는 것과 관련된 질문만 해야지, 본문은 과연 어떤 사람을 두고 말했는가와 같은 구원 문제와 결부시켜 생각하면 본문의 요점에서 벗어난 해석을 하게 된다는 것입니다. 실제로 구원 교리를 본문에 대입해서 해석함으로써 문맥이 고려되지 않은 해석과 결론을 말하는 일이 계속해서 있었습니다. 물론 우리는 그것을 경계해야 합니다.

그럼에도 우리는 다음과 같은 질문은 피할 수 없습니다. 즉 "본문을 과연 새 언약 백성인 그리스도인의 경험으로 말할 수 있는가?", "아니면 이것은 히브리서 기자가 가설로서 말하는 것인가?", "이것은 그리스도인은 아직 아니지만 그리스도인에 가까운 사람을 들어 경고한 것인가?"

게다가 우리가 경험하는 지상 교회 안에는 실제로 본문의 배교자의 모습과 상당히 일치하는 사람들이 있습니다. 실컷 교회를 경험하고 결국 교회를 떠나는 사람들이 많기 때문입니다. 요즘 우리나라에 소위 가나안 성도라고 하는 사람들이 100만 명이 넘는다고 합니다. 그러나 이러한 모습은 지금뿐만 아니라 지난 교회 역사 속에서 계속 있어 왔던 사실입니다. 이처럼 우리는 본문이 말하는 것을 외적으로 경험하면서 신앙생활을 하다가 결국 교회를 떠나는 사람들을 주변에서 흔하게 봅니다. 그래서 우리는 본문이 과연 어떤 대상에게 배교 위험을 경고했는지 자연스럽게 질문을 갖지 않을 수 없습니다.

이 질문에 대해 지금까지 교회 안에서 수용되고 있는 대답은 크게 네 가지입니다. 이 네 가지 해석은 모두 성경을 근거로 설명하기 때문에 나름의 설득력이 있습니다. 저는 이러한 해석의 다양성이 우리의 구원을 좌우할 정도의 문제는 아니라고 생각합니다. 단지 그중에 어떤 특정 해석을 따르게 되면 히브리서 기자의 의도가 제대로 반영되지 않는 신앙과 삶을 갖게 될 위험이 있기 때문에 본문에 대한 해석을 정리할 필요가 있습니다.

본문에 대한 다양한 해석들

그중 첫 번째는 본문에 해당하는 내용을 그리스도인의 경험으로 해석하는 것입니다. 이러한 해석에 따르면, 참 그리스도인이 되었다가도 6절과 같이 그리스도를 등지는 배교를 할 수도 있다는 말이 됩니다. 두 번째는 본문을 유대 그리스도인들과 연결해서 그리스도인의 경험으로 말하되, 특히 6절을 배교로 해석하지 않고 상급을 상실하는 것으로 해석하는 것입니다. 그리고 세 번째 해석은 개혁주의 전통 속에서 가장 많이 받아들여지는 것으로, 유사 그리스도인의 모습을 말한다는 것입니다. 교회 공동체에 함께 참여하고 4-5절에 해당하는 것을 경험했음에도 참된 신앙까지는 소유하지 않은 사람을 말한다는 것입니다. 다시 말해, 구원받은 자로서 경험한 것은 아닌 상태로 교회 내의 일원으로 있다가 타락해서 결국 그리스도를 등지는 결론에 이르는 것으로 보는 것입니다. 마지막으로 네 번째 해석은 히브리서 기자가 유대 그리스도인들에게 경고의 목적으로 가설적인 경우를 말한 것으로 보는 것입니다. 이러한 해석에 따르면, 6절에서 말하는 타락한 자는 실제가 아닌 가정적인 사실로 말하는 것이 됩니다.

이처럼 본문에 대한 해석이 나뉜다는 것은 우리가 본문을 아무리 상세하게 살핀다 할지라도 어떤 한계가 있음을 말해 줍니다. 그러므로 우리는 이러한 한계를 겸손히 인정하면서 본문 이해에 도움이 될 내용을 다른 해석을 통해서도 얻을 수 있다면 거기에 귀 기울일 필요가 있습니다.

참된 신자는 구원을 상실할 수 없다

그럼에도 첫 번째와 두 번째 해석은 성경의 다른 부분이나 본문 자체에서 거부되어야 할 해석입니다. 왜냐하면 첫 번째 해석은 성경의 다른 곳에서 정면으로 부정하고 있는 해석이기 때문입니다. 아르미니우스주의를 따르는 많은 사람이 첫 번째 해석을 받아들입니다. 오늘날 아르미니우스주의는 교단과 상관없을 만큼 많은 사람이 좋아하기 때문에 첫 번째 해석을 따르는 사람도 많습니다.

첫 번째 해석을 따르는 사람들은 4-5절의 내용을 참 그리스도인, 구원받은 자의 경험으로 말합니다. 그러면서도 6절을 근거로 참 그리스도인이었다가도 타락함으로써 배교하여 구원을 상실할 수 있다고 주장합니다. 거듭나고 그리스도인이 되었어도 자기가 하나님을 끝까지 붙들지 않으면 나중에 구원에서 떨어져 나간다고 해석하는 것입니다. 그들은 성경이 이러한 사실을 많이 증거한다고 말하면서 대표적인 예로 "끝까지 견디는 자는 구원을 얻으리라"(마 24:13)라는 구절을 듭니다. 거기서 예수님이 끝까지 견디는 조건으로 구원을 말씀하셨다는 것입니다. 그리고 히브리서 3장 14절에서 "끝까지 견고히 잡고 있으면 그리스도와 함께 참여한 자가 되리라"라고 약속한다는 것도 예로 듭니다. 또한 그리스도인이 되었다가 타락하여 배교한 것을 직접적으로 지지하는 구절로 히브리서 10장 26절을 말합니다.

"우리가 진리를 아는 지식을 받은 후 짐짓 죄를 범한즉 다시 속죄하는 제사가 없고"(히 10:26).

그러나 이런 말씀들은 경고를 통해 믿음의 인내를 하도록 하려는 취지에서 말한 것이기 때문에 그들의 해석과는 다르게 해석될 수 있습니다. 성경의 다른 부분들은 오히려 그들의 해석을 정면으로 부정합니다. 예를 들어, 예수님은 요한복음 5장에서 이렇게 말씀하셨습니다.

"내 말을 듣고 또 나 보내신 이를 믿는 자는 영생을 얻었고 심판에 이르지 아니하나니 사망에서 생명으로 옮겼느니라"(요 5:24).

또 요한복음 6장 37절에서도 예수님은 "내게 오는 자는 내가 결코 내쫓지 아니하리라"라고 하셨고, 10장 29절에서도 자신의 양에 대해 말씀하시면서 "아무도 아버지 손에서 빼앗을 수 없느니라"라고 말씀하셨습니다. 뿐만 아니라 로마서 8장은 그 어떤 것도 그리스도의 사랑에서 끊을 수 없다고 하면서 구원의 확실함을 강력하고 풍성하게 말합니다. 이외에도 성경에는 그와 같은 내용을 담은 말씀이 많습니다. 특히 경고의 메시지를 비중 있게 말하는 히브리서 본문의 문맥에서 이어지는 9절은 "너희에게는 이보다 더 좋은 것, 곧 구원에 속한 것이 있음을 확신하노라"라고 말합니다.

따라서 첫 번째 해석은 성경의 다른 부분과 일치되지 않기 때문에 받아들일 수 없습니다. 만일 첫 번째 해석이 옳다면, 앞에서 언급한 구절에서 강조되는 구원자 하나님은 실패하는 하나님이 되어 버립니다. 이것은 가장 치명적인 것으로, 용납할 수 없는 주장입니다. 이런 강력한 이유 때문에 첫 번째 해석은 사람들이 아무리 좋아해도 본문에 대한 바른 해석이라고 할 수 없습니다.

이 경고는 상급 상실에 대한 것이 아니다

마찬가지로 두 번째 해석도 받아들일 수 없는데 그 이유는 본문 자체가 그 해석을 허용하지 않기 때문입니다. 6절의 내용은 상급을 상실하는 정도를 말하는 것이 아님을 금방 알 수 있습니다. 이런 해석은 주로 은혜를 강조하는 사람들이 따르는 해석입니다. 그들은 무율법주의 또는 율법폐기주의를 불러일으킬 만큼 과도하게 은혜를 강조합니다. 그로 인해 본문에 대해 부담을 갖지 않으며 많은 사람이 호응하는 해석입니다.

그들은 히브리서 수신자들이 그리스도인이기 때문에 4-6절의 경험은 결국 그리스도인의 경험을 말한다고 주장합니다. 그러면서 그리스도인은 언약 백성으로서 이미 영원한 생명을 보증받았기 때문에 결코 구원을 상실할 수 없다는 논지를 폅니다. 따라서 6절의 타락한 자는 영원한 생명에 기초해서 주어지는 상급과 같은 축복과 특권을 상실하는 것이라고 해석합니다.

하나님의 은혜를 강조하는 이러한 해석은 듣기에는 너무 좋지만, 사실 6절의 표현은 상급을 상실한다는 정도의 가벼운 내용이 아닙니다. 하나님의 아들을 다시 십자가에 못 박는 심각하고 중대한 문제를 다루고 있기 때문입니다. 타락한 자들이 다시 구원을 받으려면 그리스도가 또다시 십자가에 못 박혀 죽으셔야만 하는데 그것은 불가능한 얘기입니다. 더욱이 6절과 유사한 내용을 말하는 히브리서 10장 26-27절은 타락한 자에 해당하는 자에 대해 상급의 상실 정도가 아닌 심판과 맹렬한 불이 있을 것이라고 말합니다. 그러므로 본문을 하나님의 은혜의 측면에서만 보고 해석하는 것은 올바른 해석이 아닙니다. 결론적으로, 첫 번째와 두 번째 해석은 성경과 동떨어진 해석이기 때문에 배제해야 합니다.

유사 그리스도인을 들어 하는 경고인가?

세 번째와 네 번째 해석은 본문을 각각 다르게 해석하지만, 성경 전체를 벗어나지 않는 해석을 하고 있습니다. 이 두 해석은 불완전하긴 하지만 주목해 볼 필요가 있습니다.

먼저 세 번째 해석은 그리스도인에 가까운 사람, 사실상 거듭나지 않은 사람을 말합니다. 전통적으로 종교개혁자 존 칼빈(John Calvin)이나 탁월한 청교도인 존 오웬(John Owen)을 위시하여 개혁주의 안에서도 이 해석을 받아들이는 사람들이 꾸준히 있어 왔습니다. 비교적 최근 설교자라고 할 수 있는 로이드 존스도 이 해석을 받아들입니다. 이들은 모두 6절의 결론을 갖는 사람은 하나님이 택하신 백성, 거듭난 사람일 수 없다고 생각합니다. 4-5절에서 '맛보다'라는 말이 반복되고 있는 것처럼 그야말로 기독교의 여러 가지를 맛보는 데서 끝난 사람이라고 해석합니다.

칼빈은 여기 언급된 '맛보다'라는 말은 단지 부분적인 경험일 뿐이라고 봅니다. 그래서 그들은 거기에 온전히 응답한 자들이 아니라고 해석합니다.[4] 따라서 세 번째 해석은 아직 참 그리스도인은 되지 않았지만 가장 좋게 볼 때 기독교적인 모든 것을 맛보고 누리는 사람, 심지어 기독교 신앙에 상당히 근접한 사람으로 이해합니다. 그렇게 보면 4-5절의 내용은 기독교 신앙의 상당 부분을 알 정도로 빛을 받았다 할지라도 그 지식이 구원으로 인도하는 것은 아니라는 말입니다. 또 하늘의 은사는 맛보았지만 그것을 자신의 소유로 삼지는 못한 것이 됩니다. 마찬가지로 성령과 영적 은사에 대한 경험도 있지만 성령이 그 사람 안에 거하시지 않은 것이 됩니다. 하나님의 말씀을 통해 유익과 기쁨도 맛보지만 그것으로 자신을 채우고 그것에 의해 사는 상태는 아닌 것입니다.

따라서 6절이 말하는 타락은 결국 자신이 참 신자가 아님을 드러내는 것이라고 말합니다. 아무리 4-5절의 경험을 가졌어도 믿음으로 반응하는 자, 소위 거듭난 사람이 아닌 것입니다. 그것을 6절과 같은 타락을 통해 증거한다는 것입니다. 결국 세 번째 해석은 4-6절의 진술을 그리스도인에 가까운 사람, 유사 그리스도인, 비그리스도인의 경험으로 설명합니다.

그들은 4-5절의 표현도 그러한 시각에서 해석합니다. 거기에는 하나님의 성령으로 거듭났다거나 참된 믿음의 반응과 같은 열매를 드러냈다는 내용은 조금도 담겨 있지 않고 대신 맛보기 체험을 중심으로 언급되어 있다는 사실을 비중 있게 강조합니다. 그러면서 본문의 진술을 예수님이 말씀하신 돌밭에 떨어진 씨앗으로 연결합니다. 돌밭에 떨어진 씨앗은 일시적으로 기뻐하다가 결국 아닌 것을 드러냅니다. 또 가룟 유다의 경우가 여기에 해당한다고 설명합니다. 특별히 히브리서의 문맥 속에서 보면 광야에서 불신앙했던 사람들이 이 경우에 해당된다고 말합니다.

이러한 해석은 1세기부터 지금까지 그런 사람들이 실제로 교회에 있었기 때문에 현실적으로 적실성이 있어서 지금까지 많은 지지를 받고 있습니다. 우리가 알다시피 1세기부터 지금까지 지상 교회 안에는 어려서부터 기독교적인 것을 함께 경험하면서 신앙생활 했지만 결국 유사 그리스도인으로 살아가는 사람들이 제법 있습니다. 그러다가 결국에는 하나님을 믿는 둥 마는 둥 하거나 심지어 교회를 떠나는 사람들도 있습니다.

창세전에 택한 자들을 구원하시는 하나님의 구원 사역의 확실함과 연관 지어 볼 때 6절은 분명 참된 그리스도인의 경험으로 말하기는 어렵습니다. 이 때문에 세 번째 해석은 그 대상을 유사 그리스도인으로 단정 짓습니다. 이러한 해석은 성경 전체의 가르침을 벗어나지 않는 장점이 분명히 있습니다.

그러나 여기에도 문제점은 있습니다. 먼저 "성령에 참여한 바 되고"(히 6:4)라는 말씀은 앞뒤에 있는 '맛보고'로 표현한 내용들과 연결해서 해석해야 합니다. 또 4-5절의 내용이 외면적인 것을 가리킨다면 그는 이미 타락한 사람일 텐데 6절에서 굳이 '타락한 자들'이라는 말을 사용할 필요가 있었겠는가 하는 점입니다. 무엇보다 이 해석이 가진 가장 큰 약점은 히브리서 기자가 전후 문맥에서 말하는 대상은 유대 그리스도인들인데, 그들이 아닌 유사 그리스도인의 경우를 들어서 그리스도인들을 경고한 것으로 봐야만 한다는 사실입니다. 물론 경고의 목적으로 실제 대상이 아닌 가상의 대상을 전제로 할 수는 있습니다. 그러나 그리스도인이 아닌 사람을 전제로 해서 그리스도인들에게 말하는 것은 최상의 방법은 아닙니다. 그래서 이러한 해석에도 한계와 어색함은 있습니다.

가상의 예를 들어 하는 경고인가?

마지막으로 네 번째 해석은 히브리서 기자가 경고의 목적을 이루기 위해 가설적인 내용을 말한다고 봅니다. 이 해석이 가진 장점은 성경 전체의 가르침을 벗어나지 않고 문맥을 가장 적절하게 반영하고 있다는 점입니다. 그리스도인이라면 6절과 같은 결론에 이를 자는 없다는 전제를 가지고 가설적인 내용을 말한다고 보는 것입니다. 다시 말해, 진정한 그리스도인이라면 그리스도를 완전히 등지는 타락은 하지 않는다는 것입니다. 이것은 분명 성경과 일치된 주장입니다. 그러므로 이 해석은 참된 그리스도인에게는 일어날 수 없는 가설적인 내용을 가지고 경고함으로써 그들이 믿음 안에서 인내하도록 하려는 히브리서 기자의 목적을 표현한 것으로 해석합니다. 구원받은 자들이 끝까지 보존되도록 하려는 목적으로 경고한 말씀으로 해석하는 것입니다.

예를 들면, 히브리서 기자가 그러한 목회적인 취지와 목적을 가지고 6장 3절까지는 '우리'로 말하다가 4-8절에서는 '그들'로 바뀌었고, 9절에서는 다시 '우리'로 바뀌었다는 사실을 강조합니다. 이런 식으로 히브리서 수신자들(우리)에게 가설적인 대상(그들)을 말했다고 보는 것입니다. 물론 '우리'에서 '그들'로 바뀌는 인칭의 변화는 세 번째 해석을 취하는 사람들도 똑같이 강조하는 내용입니다.

그러나 네 번째 해석은 목회적인 차원에서 그러한 표현을 쓰고 있음을 강조합니다. 특별히 킹제임스 성경(KJV)이 6절을 '만약'이라는 가정적인 의미를 가진 말로 번역했기 때문에, 청교도와 개혁주의 전통 속에 있는 사람들 중에는 이 해석을 따르는 사람들이 있습니다. 오늘날 영어 번역 성경 중 일부도 6절을 '만약'이라는 가설적인 의미로 번역합니다.

특별히 찰스 스펄전(Charles Spurgeon)은 세 번째 해석을 조심스럽게 거부하면서 네 번째 해석을 강하게 주장합니다. 최근 성경 주석가 중에도 네 번째 해석을 지지하는 사람이 상당히 많습니다. 그들은 본문에 배교했다는 암시가 없이 그저 강력한 경고를 이어 가고 있다고 주장합니다. 이 해석은 성경의 다른 구절들과 상반되지 않고, 성도의 견인 교리와도 상충되지 않기 때문에 꾸준히 지지를 받고 있습니다.

그러나 이 해석이 가진 가장 큰 약점은 6절 앞에 '만약'이라는 말을 인위적으로 삽입해서 해석해야 한다는 점입니다. 헬라어 원문에는 '만약'에 해당하는 단어가 없이 그저 '타락한 자'로 기술되어 있기 때문입니다. 그래서 네 번째 해석을 지지하기 위해서는 성경 원문을 바꿔야 한다는 약점이 있습니다. 그럼에도 스펄전은 본문에 대한 가설적 내용을 매우 설득력 있게 설명합니다.

"비록 실제로 존재하지 않지만 아이들에게 겁을 주기 위해서 귀신과 유령에 대해서 말하는 것처럼, 여러분에게 '만약'이라는 단어를 넣는다면 어떨까요? 나의 박식한 친구여! 누가 하나님께 항변할 수 있겠습니까? 만약 하나님이 '만약'이라는 단어를 넣으셨다면 사람들 역시 현명한 이유들과 훌륭한 목적들을 위해 그 단어를 넣을 것입니다. 나는 지금 그 이유를 설명할 것입니다.

오, 그리스도인들이여! 먼저 그 단어는 여러분이 타락하는 것을 막기 위해서 사용되었습니다. 하나님은 자신의 자녀들을 타락으로부터 보존하십니다. 그러나 그분은 수단을 사용하여서 그들을 지키십니다. 이것들 중 하나는 그들이 만일 믿음으로부터 돌아선다면 그들에게 일어나게 될 결과들을 보여 주면서 그들이 그렇게 하지 않도록 하는 것입니다. 예를 들면, 깊은 절벽이 있다고 합시다. 어떤 사람이 그 높은 절벽 위에서 떨어지지 않도록 하는 방법은 무엇일까요? 왜 우리는 최선을 다해 그 방법을 설명해야 할까요? 그것은 만일 그가 절벽에서 떨어진다면 그는 분명히 산산조각이 나고 말 것을 알고 있기 때문입니다.

몇몇 오래된 성에는 깊은 지하실이 있습니다. 아마 그 지하실에 내려가면 사람들에게 치명적인 해로운 가스가 많이 있을 것입니다. 공기 또한 부족할 것입니다. 그렇다면 성을 소개하는 안내 책자에는 무엇이 적혀 있을까요? '만약 당신이 내려간다면 당신은 결코 살아서 올라오지 못할 것입니다.' 이것을 읽는 사람들치고 누가 내려가는 것에 대해 생각하겠습니까? 그 안내 책자에 쓰인 바로 그 중요한 경고는 우리에게 어떠한 결과들이 일어날 것인지에 대해서 알려 주면서 우리가 그렇게 하지 못하도록 합니다.

우리의 친구는 살충제가 담긴 병을 우리가 마시지 못하도록 가능한 멀리 놓을 것입니다. 친구는 우리가 그것을 마시기를 원치 않기 때문에 다음과 같이 말할 것입니다. '만일 네가 그것을 마신다면 너는 반드시 죽을 거야.' 그렇게 말하는 친구는 우리가 그것을 마시도록 의도하고 있는 것입니까? 아닙니다. 친구는 우리에게 그 결과들을 알려 주면서 그것을 절대로 하지 않기를 바랄 것입니다. 하나님이 말씀하십니다. '나의 자녀여, 만일 네가 이 절벽 너머로 떨어진다면 너는 산산조각이 날 것이다.' 그렇다면 하나님의 자녀는 무엇이라고 대답할까요? 만약 자녀라면 분명히 다음과 같이 말할 것입니다. '아버지, 저를 지켜 주세요. 저를 굳게 붙잡아 주세요. 그러면 저는 안전할 것입니다.'

히브리서 6장의 경고들은 신자가 하나님께 더 많이 의지하며 거룩한 두려움을 갖고 조심하도록 이끕니다. 왜냐하면 신자는 자신이 타락하면 다시 새롭게 될 수 없다는 것을 알고 있고, 그 엄청나게 깊은 틈에서 빠져나올 수 없다는 것을 알기 때문입니다. 또한 신자가 그 갈라진 틈으로 떨어진다면 자신을 위한 그 어떤 구원도 없다는 것을 알기 때문입니다."[5]

이와 같이 6절을 '만약 그들이 타락한다면'으로 해석한다면, 문맥의 강조를 살릴 수 있는 장점은 분명히 있습니다. 그러나 로이드 존스는 한때 킹제임스 성경 번역을 따라서 6절을 '만약'으로 해석했다가 성경 원문에도 없는 '만약'이라는 단어를 넣고 임의적으로 해석할 수 없다고 여겨서 나중에는 세 번째 해석으로 바꾸었습니다.[6]

이 경고는 우리를 향한, 우리를 위한 경고다

이처럼 본문을 바르게 해석하는 것은 쉬운 일이 아닙니다. 그럼에도 우리는 히브리서 기자의 배교 위험 경고를 듣기 위해 본문을 가능한 정확히 해석해서 적용해야 합니다.

그렇다면 우리는 본문을 어떻게 이해해야 할까요? 앞서 언급한 대로 첫 번째와 두 번째 해석은 성경과 동떨어져 있기 때문에 거부해야 합니다. 그러나 세 번째와 네 번째 해석은 비록 해석의 약점은 가지고 있지만 둘 중에 하나를 택하고 하나를 거부하기는 어렵습니다. 저는 성경 전체를 벗어나지 않는 범주 안에서 그들 각각이 말한 본문 해석뿐만 아니라 오늘날 배교 현실과 연결된 적용적인 부분까지 최대한 활용하고자 합니다.

어떤 성경 주석가는 본문 해석에 대한 논쟁과 어려움을 피해서 "우리의 질문을 본문에 밀어붙이지 말고 오히려 본문을 통해 예리하고 불편한 질문을 저자가 우리에게 직접 던지도록 해야 한다"고 주장합니다.[7] 본문의 논조를 우리에게 비추어서 질문하도록 하는 방법을 취할 것을 권하는 것입니다. 이것은 성경 자체가 우리에게 말하도록 한다는 점에서 귀담아들을 만한 말입니다.

그럼에도 히브리서 기자가 배교 위험을 경고하는 가운데 말하는 본문은 5장 11절 이하에서 말하는 내용에 이어서 더욱 강력하게 강조하는 내용이기 때문에, 우리는 그의 어조와 강조, 취지와 목적을 가능한 정확하고 풍성하게 살펴서 적용하는 것이 바람직합니다. 특히 본문은 배교 위험과 관련해서 히브리서를 포함한 성경 전체에서 가장 강렬하고 중요하게 말하는 부분이기 때문입니다.

우리는 히브리서 기자가 배교 위험을 경고하는 맥락 속에서 세 번째와 네 번째 해석을 모두 활용하여 본문을 상세히 살펴야 합니다. 그리고 히브리서 기자가 말하고자 하는 배교 위험의 경고 메시지를 실제로 들어야 합니다. 그러나 그보다 더 중요한 것이 있습니다. 그것은 경고 메시지를 듣고 실제로 배교 위험에 반응하는 것입니다. 우리가 본문에 대한 다양한 해석을 살피는 이유도 바로 여기에 있습니다. 저의 목적은 단순히 지식을 전달하기 위함이 아닙니다. 설교자는 성경 본문을 왜곡되게 전해서도 안 되지만, 무엇보다도 본문에서 말하는 히브리서의 배교 위험 경고를 정확하게 파악해서 전해야 합니다. 뿐만 아니라 그것에 비추어 우리 자신을 정확히 보고, 실제로 배교 위험 경고에 따라 반응하도록 하는 것이 중요합니다.

어떤 사람은 히브리서 5장 11절에 말한 바와 같이 듣는 것이 둔한 영적 상태에 떨어져 있을지도 모릅니다. 그런 위험은 예수 믿는 자의 신앙 여정 속에서도 생길 수 있습니다. 지금까지는 그런 상태에 없었던 사람이라도 나이를 먹으면서 영적으로 나태해질 수 있습니다. 똑같은 얘기를 듣는 것처럼 여기면서 영적인 생기를 상실하면서 그러한 상태를 가질 수 있습니다. 중요한 것은 경고를 들을 상태에 있는 사람에게 경고가 실제로 울려서 그것에 반응하는 것입니다. 그렇게 함으로써 그 상태에서 구해 내는 것이 중요합니다.

영적인 둔감함, 거부감, 냉담함의 악순환을 거부하라

앞에서 살펴본 바와 같이 히브리서 수신자들은 배교 위험 경고를 들을 때 듣기에 둔한 상태에 있었습니다. 영적으로 게으르고 주저앉아 있는 나태한 모습이었습니다. 의의 말씀도 경험하지 못하고 단단한 음식을 섭취하지 못할 정도로 유아적인 모습과 상태를 가지고 있었습니다. 한마디로, 그들이 이전에 분명히 알았고 사랑했던 복음, 자신에게 감격이 되었던 그 복음이 이제는 별로 중요하지 않게 된 것입니다.

물론 다른 유대인들이 그들을 멸시하고 핍박하는 것으로 인해 마음의 어려움을 겪었던 것은 사실입니다. 믿음으로 인해 겪는 어려움 때문에 마음이 위축되어 주님과의 교제를 누리지 못하고 있었습니다. 당연히 이전과 같은 복음의 능력과 생기를 느끼지 못했고, 오히려 의심과 회의감에 젖어 들었습니다. 편하게 신앙생활 하고 싶은 욕구가 일어났던 것입니다. 그래서 히브리서 기자는 그들이 그러한 상태에 계속 머물러 있다면 아무리 기독교의 많은 것을 알고 경험했다 할지라도 배교로 나아가는 것 외에 다른 것은 생각할 수 없다고 보았습니다. 그래서 배교 위험에 대한 경고의 수위를 높여야만 했던 것입니다. 그것이 바로 본문의 내용입니다.

오늘날 교회 안의 사람들은 어지간해서는 하나님의 말씀에 반응하지 않습니다. 경고의 수위를 높여야만 할 정도로 우리 역시 그런 상태에 있다고 보입니다. 소위 가나안 성도가 100만 명이 넘는 현실 속에서 배교 위험을 말해도 자신은 그런 상태에 있지 않다고 여깁니다. 특히 히브리서 기자는 장성함의 진보 없이 그저 신앙의 맥을 유지하는 모습을 결코 중립적인 것으로 말하지 않습니다. 오히려 그것을 배교의 위험이 있는 모습으로 말합니다. 그럼에도 오늘날 신자들은 그에 대한 자각이 거의 없습니다.

아더 핑크(Arthur Pink)는 배교와 관련해서, 자신의 상태에 대해 "망각이 계속되면 거부감을 불러오고, 거부감이 계속되면 비위가 거슬려 냉담한 태도를 보이게 되고, 그 냉담함이 계속되면 불신앙에 빠지게 된다"라고 말했습니다.[8] 배교로 나아가는 사람들의 모습과 과정이 결국 그렇게 해서 일어난다는 것입니다. 그렇습니다. 듣기에 둔한 상태, 곧 영적으로 나태한 상태라고 아무리 말해도 그것을 듣고 금방 잊는 일을 반복하다 보면 그것은 어느새 거부감으로 이어집니다. 그리고 그 거부감이 계속되면 비위가 거슬려 냉담한 태도로 나아가게 되고, 그 냉담함은 거의 불신앙으로 이어집니다.

그런 점에서 여러분은 어떻습니까? 히브리서 11장에 나오는 사람들처럼 믿음으로 인내하며 사는 것이 불편해서 그렇게까지 예수 믿고 싶지는 않다고 생각합니까? 초보를 넘어선 좀 더 깊고 체계적인 하나님의 진리를 알고 배우는 것이 주저되거나 싫습니까? 그렇다면 히브리서 기자가 배교 위험 경고를 말하는 이들의 모습과 상태에 있는 것입니다. 자신의 신앙 연륜이나 직분과 상관없이 신앙의 성숙함으로 나아가거나 장성함의 진보가 없는 것을 히브리서 기자는 배교 위험으로 말하고 있습니다. 그는 아더 핑크가 말한 과정 가운데 있을 가능성이 매우 큽니다. 그렇다면 그는 그러한 상태에서 깨어나야만 합니다. 히브리서 11장에 나오는 사람들처럼 믿음으로 인내하면서 가야 합니다.

귀먹은 이 세대를 거슬러

우리의 신앙 여정 속에는 멈추고 싶은 수많은 유혹이 있습니다. 마음이 가라앉거나 뒤로 물러나고 싶은 유혹이 너무나도 많습니다. 히브리서의 수신자들의 인생 역시 결코 녹록하지 않았습니다. 그들은 수많은 유혹과 극도의 시련까지 겪었습니다. 히브리서 기자는 그들이 배교의 위험에 처해 있음을 보았습니다. 그래서 본문과 같은 내용을 말할 수밖에 없었습니다. 히브리서 기자가 말한 대로 우리는 장성함으로 나아가야 합니다. 초보에서 벗어나 온전함으로 나아가야만 합니다. 마냥 유아적인 상태에 머물러 있는 것은 결코 정상적인 상태라고 할 수 없습니다. 그것은 뒤로 물러나고 있는 상태이며, 배교로 나아가는 모습입니다. 그것이 바로 영적 세계입니다.

예수 그리스도를 자신의 기호에 맞게 믿지 마십시오. 마치 직장 생활이나 공부를 하듯이 세상에서 하던 방식으로 하지 마십시오. 그런 모습은 하나님을 잘못 알고 있고, 성령의 역사 속에서 있는 신앙의 여정을 모르기에 나타나는 것입니다. 그러한 상태에 있는 자는 깨어나야 합니다.

우리는 계속해서 성장해야 합니다. 하나님의 말씀을 더 알고자 갈망해야 합니다. 그렇게 함으로써 겉사람은 후패하나 속사람은 갈수록 새로워져야 합니다. 그것이 영적 세계의 비밀입니다. 우리는 본성의 소리를 듣고 따를 것이 아닙니다. 우리 주변의 분위기에 젖어서도 안 됩니다. 오히려 우리는 히브리서 말씀을 외쳐야 하고 또 들어야 할 시기에 와 있습니다.

이 시대는 자신의 상태에 대해 경성해야 함에도 불구하고 경고를 잘 듣지 않는 시대입니다. 어지간한 경고에는 놀라지도 않습니다. 그러한 주변 분위기에 휩쓸리지 말고, 부디 하나님의 말씀에 반응하기를 바랍니다. 주님 앞에 설 때까지 주님은 우리에게 기회를 주고 계십니다. 계시의 말씀을 통해 주님을 더욱 풍성히 알고 친밀해질 수 있는 기회를 말입니다. 그러므로 그러한 기회를 통해 우리 모두에게 영적인 진보가 꾸준히 있기를 소망합니다.

우리의 신앙 여정 속에는 멈추고 싶은 수많은 유혹이 있습니다.

마음이 가라앉거나 뒤로 물러나고 싶은 유혹이 너무나도 많습니다.

히브리서 기자가 말한 대로 우리는 장성함으로 나아가야 합니다.

초보에서 벗어나 온전함으로 나아가야만 합니다.

마냥 유아적인 상태에 머물러 있는 것은 결코 정상적인 상태라고 할 수 없습니다.

그것은 뒤로 물러나고 있는 상태이며, 배교로 나아가는 모습입니다.

2부

왜(Why) 그리스도를 떠나는가?
배교 위험 경고를 알리는 5가지 자가 진단 질문

"[복음의 배도를 막을 수 있는 유일한 길은 복음의 진리를]
가슴으로 사랑하며 그 진리의 능력을 체험하는 것이다."
_ 존 오웬(John Owen)

4장

지금 정체되어 있는가?

한 번 빛을 받고
하늘의 은사를 맛보고 성령에 참여한 바 되고

히 6:4[9]

건강하고 성숙한 신앙의 표지

만일 히브리서 수신자들이 신앙적으로 잘 성장하고 있었다면 히브리서 5장 11절부터 6장에 이르는 경고와 권면은 불필요했을 수도 있습니다. 그러나 그들은 정상적으로 잘 자라고 있지 않았고, 게으르고 나태한 상태에 있었습니다. 그로 인해 그들에게는 영적인 위험이 있었고, 그것이 바로 히브리서 기자가 5장 11절부터 6장까지의 말씀을 전한 배경입니다. 히브리서 기자는 앞에서 복음인 예수 그리스도에 대해 말하다가, 복음의 더 깊은 진리를 들을 수 없는 수신자들의 상태 때문에 이와 같은 말을 하게 된 것입니다.

히브리서 5장 10절에서 보듯이, 예수 그리스도를 좀 더 풍성하게 말하기 위해서 히브리서 기자는 멜기세덱의 반차를 따른 대제사장을 말해야 했습니다. 하지만 수신자들은 그것을 듣기 어려운 상태였습니다. 만일 그들이 정상적인 상태였다면 히브리서 기자는 5장 10절 이후 곧바로 멜기세덱에 관한 7장 1절의 내용을 전했을 것입니다. 이로 인해 많은 학자들은 5장 11절부터 6장 마지막까지를 일탈적인 삽입 단락, 즉 불필요하게 삽입된 내용이라고 말합니다. 실제로 그들이 멜기세덱에 대해 듣고 반응할 정도로 성숙해 있었다면 그 단락은 불필요했을 것입니다. 그러나 그들은 그러한 내용을 듣고 반응하지 못할 정도로 둔한 상태에 있었습니다.

이러한 모습은 오늘날 교회에서도 찾아볼 수 있습니다. 성경이 말하는 좀 더 깊고 풍성한 내용을 알아듣지 못하는 것입니다. 결국 히브리서 5장 11절부터 6장까지의 경고를 말해야 할 필요성이 절실한 현실입니다. 이것은 예수 믿기 시작해서 아직 성숙하지 못한 사람이 아닌, 믿은 지 좀 시간이 지나 성숙해야 함에도 불구하고 영적으로 게으르고 나태함으로써 성숙하지 못한 사람들이 있기 때문입니다. 히브리서 기자는 "멜기세덱의 반차를 따른 대제사장"(히 5:10)을 말함으로써, 결국 예수 그리스도를 더 풍성히 말함으로써 그리스도를 아는 데서 자라야 함에도 그러지 못한 상태를 심각하게 여기고 있습니다.

그리스도인의 신앙과 삶의 중심에는 그리스도를 아는 것이 있습니다. 이것이 그리스도인의 신앙의 성숙에 있어서 핵심입니다. 또 그리스도를 아는 지식에서 부요한지 여부는 한 사람의 신앙이 성숙한지에 대한 표지입니다. 안타깝게도 히브리서 수신자들은 그러한 상태에 있지 않았습니다. 오히려 그러한 지식에 관심과 열의가 없었습니다. 멜기세덱의 반차를 따른 대제사장과 같은 내용을 듣고 싶어 하지 않았던 것입니다. 우리는 히브리서 기자가 바로 이러한 배경 속에서 배교 위험을 경고했다는 점을 기억하고 6장 4절 이하의 내용을 봐야 합니다.

히브리서 기자가 6장 4절부터 8절까지 배교 위험을 가장 강렬하게 말한 것은 히브리서 수신자들의 영적 상태에 대한 염려가 컸기 때문입니다. 그들은 복음을 듣고 새 언약에 속하여 장래의 소망을 품고 사는 그리스도인들이었습니다. 그러나 그들은 마치 멈춘 시계처럼 영적인 유아 상태에 계속 머물러 있었습니다. 그리하여 대제사장 되신 예수 그리스도를 말할 수 없을 정도로 신앙의 진보가 없었던 것입니다. 결국 그런 모습을 지속한다는 것은 배교자와 별 다를 바 없는 모습이 되는 것이기 때문에 히브리서 기자는 적당하게 경고할 수 없었습니다.

목회적인 염려에 따른 경고

한편 이러한 경고에는 히브리서 수신자들의 최종적인 구원까지 생각하면서 그들을 세우려는 히브리서 기자의 목회적인 마음이 있습니다. 그들이 신앙의 여정을 끝까지 인내하며 최종적인 구원으로 나아갈 수 있도록 돕고자 했던 것입니다. 그런 맥락에서 히브리서 기자는 젖을 먹는 어린아이 상태, 곧 초보적인 상태에서 속히 벗어나 단단한 음식을 먹을 수 있는 장성한 자로 성장해 나가야 한다고 말합니다. 그런 후에 6장 4절부터 그들이 현재의 나태함을 버리지 않으면 매우 파괴적인 결론에 이를 것이라고 경고합니다.

우리말 성경에는 번역되지 않았지만, 헬라어 원문은 4절을 '왜냐하면'에 해당하는 말로 시작함으로써 4절 이하의 내용이 앞의 내용과 논리적으로 연결되어 있음을 표현합니다. 만일 히브리서 수신자들이 장성함에 이르도록 나아가지 않는다면 결국 6절과 같은 배교로 나아갈 위험에 처하게 될 것이라는 경고를 이어 가는 것입니다.

6절의 경고는 히브리서 수신자들뿐만 아니라 오늘날 그리스도인들이 듣기에도 너무 강렬한 내용입니다. 이것은 또한 성경의 다른 부분에서 자주 접하는 내용, 즉 하나님이 언약에 신실하시고 자기 백성을 끝까지 구원하신다는 것, 하나님의 구원은 그 무엇으로도 뒤엎을 수 없다는 말씀과도 상반되는 내용입니다. 그래서 이 내용은 우리에게 당혹스러움을 불러일으키기도 합니다.

그러나 히브리서 기자는 그들 중 누구라도 배교하면 다시 회개할 수 없다는 것을 말함으로써 그들의 상태가 얼마나 심각한지를 말하고 있습니다. 이러한 4절 이하의 내용이 경고를 위해 가설적으로 말한 것인지, 아니면 그들 중 실제로 그런 모습을 가진 사람을 염두에 두고 말한 것인지에 대해 의문이 제기될 수는 있습니다. 이미 살펴본 것처럼 많은 사람이 이 내용을 유사 그리스도인의 모습을 들어 히브리서 수신자들을 경고한 것으로 봅니다. 그런 해석처럼 그들 안에는 실제로 유사 그리스도인이 있었다고 생각할 수도 있습니다. 그것은 1세기부터 지금까지 지상에 있는 모든 교회가 가지고 있는 모습이기 때문에 얼마든지 그렇게 생각할 수 있습니다. 그래서 4절 이하의 경고가 유사 그리스도인에게 해당되는 것이라면, 6절의 '타락한 자'는 8절에서 말하는 "만일 가시와 엉겅퀴를 내면 버림을 당하고"라는 말씀과 연결됩니다.

그러나 이 내용이 유대 그리스도인들에게 해당된다면 현재 그들이 나태함을 지속한다는 것은 결국 배교하는 길과 다를 바 없다는 경고가 됩니다. 이러한 해석을 받아들일 수 있는 이유는 그런 의미의 배교적인 모습과 상태가 1세기부터 지금까지 지상 교회에 계속 있었기 때문입니다.

수신자들을 염려하면서도 아끼는 말씀

현대의 성경해석자들은 히브리서 기자가 계속해서 '우리'로 말하다가 갑자기 4절과 8절에서 '그들'로 말한 것은 히브리서 기자가 수신자들의 영적인 상태를 자세히 알고 목회적인 차원에서 그런 식으로 표현한 것이라고 해석합니다. 그들에게 경고하기 위해 가정적인 내용을 말한 것이지, 그것을 수신자들의 모습과 곧바로 동일시하고 싶어 하지는 않았다는 것입니다.

혹자는 이러한 내용을 굳이 알 필요 있냐고 반문할지도 모르겠습니다. 그러나 우리는 생각보다 주도면밀하지 않기 때문에 왜곡된 가르침을 분별하지 못하고 오히려 수용하는 일이 있습니다. 마음에 감동이 되고 기분만 좋으면 은혜를 받은 것으로 착각합니다.

그러나 성령 하나님이 하나님의 말씀과 일치되어 감동을 주실 때 그것이 참된 성령의 역사와 감동입니다. 하나님의 말씀과 일치되지 않음에도 자신이 감동받은 것으로 느낀다면 그것은 거짓된 것입니다.

그런 식의 신앙생활은 대단히 위험합니다. 그 사람은 언제든지 자기 주관에 따라 반응하며 변절할 수 있기 때문입니다. 곧 하나님의 말씀이 자신에게 감동이 되면 받아들이고, 마음에 들지 않으면 거부해 버리기 때문입니다. 이렇게 자기중심적으로 신앙생활 하는 사람이 결국 배교하게 됩니다. 우리는 배교 위험을 경고하는 말씀에 대해 지겨워하는 반응을 보여서는 안 됩니다. 그것은 듣기에 둔한 모습이요, 영적으로 나태한 모습입니다.

그렇다면 배교 위험을 경고하는 가운데 '우리'에서 '그들'로 바뀐 것은 결국 두 가지로 설명할 수 있습니다. 하나는 교회 공동체 안에서 신앙의 외형적인 모습은 가졌지만 참된 신앙이 없는 사람들을 말한 것으로 보는 것입니다. 또 다른 하나는 오랫동안 예수를 믿어 왔지만 어린아이와 같은 상태에 머물러 있으면서 더 이상 자라지 않는 사람들을 향해 경고하면서도, 그런 이들을 완전히 배교한 자들과 곧바로 동일시하지 않기 위해 구별하여 말한 것이라고 보는 것입니다.

본문을 완벽하게 해석하지 못하는 조건에서는 이 두 가지 해석 중 하나만 옳다고 여기기는 어렵습니다. 본문의 문맥이 성경 전체의 가르침을 거스르지 않는 한 두 가지 해석은 얼마든지 받아들일 수 있습니다. 분명한 것은 히브리서 기자가 수신자들에게 배교 위험을 경고하고 있다는 사실입니다. 그리고 그것이 이 말씀에서 가장 중요한 점입니다. 우리는 히브리서 기자가 목회적인 염려로 전한 이 말씀의 취지를 따라 이 말씀을 우리에게도 그대로 비추어 볼 필요가 있습니다. 이것은 지식의 문제가 아닙니다.

배교자들이 받았던 빛은 무엇인가?

히브리서 기자가 묘사하는 배교자의 구체적인 특징들은 한 번에 살피는 것이 적절하지만, 분량상 나누어 살피고자 합니다. 히브리서 기자는 배교 위험을 경고하기 위해 6장 4절과 5절에서 다섯 가지의 내용을 네 개의 동사로 묶어서 언급합니다.

> "한 번 빛을 받고 하늘의 은사를 맛보고 성령에 참여한 바 되고 하나님의 선한 말씀과 내세의 능력을 맛보고도"(히 6:4-5).

여기서 네 번째 동사인 '맛보고도'는 두 가지 내용, 즉 '선한 말씀'과 '내세의 능력'을 포함하고 있기 때문에 다섯 가지 내용이 네 개의 동사로 묶여 있다고 할 수 있습니다. 그리고 6절은 "타락한 자들은 다시 새롭게 하여 회개하게 할 수 없나니"라고 말합니다. 따라서 헬라어 원문 순서대로 말하면 다음과 같습니다.

"왜냐하면 불가능하기 때문이다. 한 번 비침을 받고 하늘의 은사를 맛보고 성령에 참여한 바 되고 하나님의 선한 말씀과 내세의 능력을 맛보고도 타락한 자는 다시 새롭게 하여 회개하는 것이…."

이처럼 헬라어 원문에는 할 수 없다는 말이 먼저 나옵니다. 즉 히브리서 기자는 4-5절에서 언급한 내용을 경험하고도 타락한 자들은 다시 새롭게 하여 회개할 수 없다고 경고합니다.

여기서 우리는 4-5절의 내용을 어떤 식으로 경험했든 그 경험 속에서 우리의 모습과 상태가 어떠한지를 살펴보는 것이 중요합니다. 만일 4-5절의 내용을 갖고도 뒤로 물러가서 타락한 자의 모습을 갖고 있다면 우리는 배교자의 모습을 갖고 있는 것입니다.

먼저 본문을 그리스도인의 경험으로 보는 사람들은 '한 번'이라는 말을 결정적인 회심 사건으로 봅니다. 즉 회심 때 빛을 받아 하나님을 아는 지식을 얻는 경험으로 해석하는 것입니다. 그렇게 볼 때 '빛을 받고'라는 말은 성령이 어두운 마음을 비추어 하나님을 알게 하는 역사를 갖게 하셨다는 말이 됩니다.

이것을 회심의 경험으로 보는 사람들은 히브리서 10장 32절의 "전날에 너희가 빛을 받은 후에"라는 말씀과 연결합니다. 그들은 유대 그리스도인들에게 말한 10장 32절 말씀에 6장 4절에서 사용한 단어와 동일한 단어를 사용했다는 것을 근거로 본문을 그리스도인의 경험으로 봅니다. 히브리서 10장 32절은 그들이 빛을 받은 후에 그리스도인으로서 고난의 큰 싸움을 견디어 냈다고 말하기 때문에, 빛을 받았다는 것은 회심의 경험을 뜻하게 됩니다. 또한 이것을 신자로서 고난의 큰 싸움을 견디기 전에 먼저 복음의 빛 또는 말씀의 빛을 받은 것으로 보면 신자의 경험을 묘사한 것이라고 할 수도 있습니다.

그러나 '한 번 빛을 받고'라는 말이 성경에서 반드시 회심 사건에만 사용된 것으로 볼 수는 없습니다. 본문의 경험이 유사 그리스도인에게 해당된다고 보는 사람들은 이러한 표현이 회심 사건에만 사용된 것은 아니고 다른 경우에도 사용되었다고 주장합니다. 그들은 "참 빛 곧 세상에 와서 각 사람에게 비추는 빛이 있었나니"(요 1:9)와 같은 구절을 예로 듭니다. 여기서는 참 빛이신 예수 그리스도가 세상을 비추시는 것에 이 단어가 사용되었습니다. 다시 말해서, 이 빛은 구원받은 사람들에게만 비친 것이 아니라, 그리스도가 오심으로써 이 세상을 비추신 사건을 말하기 위해 이 단어가 사용된 것입니다. 따라서 이 단어를 일반적인 비춤으로 설명할 수 있다는 것입니다. 마태복음 4장에서 말한 것과 같은 비춤입니다.

"흑암에 앉은 백성이 큰 빛을 보았고 사망의 땅과 그늘에 앉은 자들에게 빛이 비치었도다 하였느니라"(마 4:16).

이처럼 본문의 표현은 회심을 위한 비춤에만 한정 지을 수 없고, 예수 그리스도가 오셔서 모든 사람에게 빛을 비추시는 것에도 사용할 수 있다는 것입니다. 그들은 '빛을 비추다'라는 말을 오히려 더 포괄적으로 이해할 수 있다고 말합니다. 예를 들어, 교회에 처음 온 사람이 복음을 들을 때 그 사람에게 빛이 비추인 것과 같이 성령이 말씀으로 사람의 마음을 일반적으로 비추시는 것으로 이해할 수 있다는 것입니다. 실제로 예수님 당시에도 많은 사람이 예수님과 그분의 말씀을 통해 빛을 받았습니다.

그런데 그런 일반적인 비춤에서 더 나아가 실제로 그 비춤을 통해 예수 그리스도를 영접하는 사람들이 있습니다. 믿는 사람들이 있다는 것입니다. 많은 사람이 오병이어 사건을 통해 예수님을 왕으로 생각하고 따르겠다고 했지만 그들 중 예수 그리스도를 믿은 사람은 소수였습니다. 그런 사람들에게는 일반적인 비춤을 넘어선 일이 있었던 것입니다.

이런 식으로 보면 구약의 이스라엘 백성 모두가 하나님의 말씀을 통해 비춤을 받고 생명의 구원으로 이어진 것은 아니었습니다. 이처럼 하나님의 말씀을 통한 비춤은 일반적인 비춤으로부터 회심에 이르는 비춤까지 폭넓게 말할 수 있습니다. 구약 시대부터 예수님 당시, 그리고 오늘날 교회까지 연결해서 말할 수 있습니다.

'한때'의 경험보다 중요한 것

이러한 관점으로 볼 때 본문에서 '한 번'이라는 말은 하나님의 말씀으로 한때 빛이나 지식을 받았던 경험을 말한다고 볼 수 있습니다. 특히 '빛을 받고'라는 말이 수동태로 사용된 것은 그들이 복음의 교훈 또는 하나님의 말씀을 받아들이고 수긍했다는 것을 시사합니다. 이것은 히브리서 10장 26절에서 "우리가 진리를 아는 지식을 받은 후 짐짓 죄를 범한 즉 다시 속죄하는 제사가 없고"라고 했을 때와 같은 의미입니다. 한때 진리를 아는 지식을 받았지만 결국 배교했다는 것입니다. 즉 본문에서 말하는 한 번 비췸을 받고 타락한 자와 같은 경험을 시사합니다. 결국 복음의 빛으로 비췸을 받고 그것을 좋게 여기다가 그것으로부터 점점 멀어져 복음을 배반하는 모습을 말하는 것입니다. 그러한 모습은 예수님 당시부터 지금까지 우리의 현실 속에 끊임없이 계속되고 있습니다. 그러므로 히브리서 기자는 6장 4-5절의 내용을 경험하고도 결국 타락한 자들을 말하는 것입니다.

이것을 한 번 비췸을 얻은 경험과 연결해서 말하면, 하나님의 말씀 또는 복음으로 가르침을 받고 어떤 식으로 반응하든지 그것이 한때의 경험일 뿐 더 이상 성숙으로 나아가는 일이 없다면 그는 배교하는 자라고 말하는 것입니다. 달리 말해, 일반적인 비췸이든 회심으로 연결된 비췸이든 거기서 성숙으로 나아가는 것이 없다면 배교하는 자와 다를 바 없다는 것입니다.

어떤 사람은 이 내용을 히브리서 기자의 논지를 따라 적용하는 것이 아니라 교리적인 지식을 대입하여 해석하고 정리합니다. 그러나 우리는 히브리서 기자가 말하는 논지를 따라가야 합니다. "나는 예수 그리스도의 피로 구원받은 것이 확실하다. 그래서 나는 이런 내용에 대해 생각할 필요가 없다"라고 말하는 사람이 있다면 그 사람이야말로 이 경고를 주의 깊게 들어야 합니다. 왜냐하면 히브리서 기자는 다른 사람이 아닌 새 언약 가운데 있는 유대 그리스도인들에게 말하고 있기 때문입니다. 그러므로 자신이 정녕 새 언약 가운데 있는 사람이라면 이 말을 들어야 하는 것입니다.

여러분은 일반적인 비췸을 받았든 또는 회심으로 나아가는 비췸을 받았든 그 이후 성장으로 나아갔습니까? 이것은 교회 생활을 지속했는지를 묻는 것이 아닙니다. 단단한 음식을 먹고 반응하려는 영적 진보가 있었냐는 것입니다. 예배에 참여하는 사람 중 하나님의 말씀으로 비췸을 받고 마음에 감동을 경험하지 못한 사람은 거의 없을 것입니다. 처음으로 비췸을 받고 예수를 믿어야겠다는 마음을 가졌거나 또는 그런 경험을 반복적으로 하면서 제법 오랜 시간을 보낸 사람도 있을 것입니다. 어떤 사람은 복음의 비췸을 받고 신앙의 큰 전환, 다시 말해 회개하고 예수 그리스도를 믿는 변화까지 경험한 경우도 있을 것입니다. 그러나 히브리서 기자가 강조하는 것은 빛을 받은 그다음입니다. 비췸을 받고 난 이후 복음의 생기가 자신 안에서 멈추지 않고 계속됨으로써 장성함의 진보가 있느냐는 것입니다.

히브리서 수신자들도 복음의 빛으로 비췸을 받았던 것은 분명합니다. 비록 그 비췸 자체가 구원은 아니라 해도 그것은 분명 구원으로 초대하는 빛으로서 구원으로 이끄는 계기와 경험이 되었을 것입니다. 감사하게도 그들은 거기서 끝나지 않고 유대교에서 돌이켰습니다. 예수 그리스도를 구주로 믿는 데까지 이르렀던 것입니다. 그때 그들은 그러한 구원의 감격 속에서 회개하여 하나님께 대한 신앙을 새롭게 했습니다(히 6:1). 그들은 그리스도 안에 있는 구원이 얼마나 크고 놀라운 것인지 알고 감격하고 기뻐했을 것입니다. 그야말로 히브리서 2장에서 말한 '큰 구원'으로 인하여서 말입니다. 죽은 행실을 회개함과 하나님께 대한 신앙과 같은 전환적인 경험을 가졌던 것입니다. 그러면서 예수 믿을 때 세례와 안수를 받을 뿐만 아니라 더 나아가 죽은 자의 부활과 영원한 심판을 생각하면서 소망도 가졌습니다.

성장과 성숙은 참 생명의 증거다

그렇다면 히브리서 기자가 이러한 내용에 이어 배교 위험을 경고하는 것은 무엇을 의미할까요? 그것은 그들이 그런 경험을 한 뒤에 그 수준에서 멈추었음을 의미합니다. 처음으로 예수를 믿을 때 가졌던 경험에서 더 이상 장성한 진보가 없었다는 것입니다. 모태 신앙이냐, 교회를 얼마나 오래 다녔느냐는 중요하지 않습니다. 중요한 것은 그리스도에 대한 초보적인 가르침에서 벗어나 영적으로 성장한 상태에 있느냐 하는 것입니다.

오늘날 교회 안에도 한 번 비췸을 받고 기독교적인 것을 경험한 뒤에 거기서 더 이상 나아가지 않고 멈춰 있는 사람들이 적지 않습니다. 그리스도에 대한 더 깊고 부유한 진리에는 관심과 열의가 없을 뿐만 아니라 그런 내용을 못 알아듣는 상태에 머물러 있는 사람들이 많다는 것입니다. 그럼에도 많은 사람이 그러한 상태에 대해 심각하게 생각하지 않습니다. 심지어 그런 사람들이 기독교 분위기를 만드는 바람에 '신앙생활이 원래 그런가 보다' 할 정도가 되었습니다. 어리석게도 많은 사람이 큰 교회에 속하여 있거나 중직자가 되면 자신이 마치 성숙한 신자가 된 것처럼 착각합니다.

그러나 히브리서 기자는 성장의 진보가 없이 멈춰 있는 것을 배교 위험 상태라고 진단하면서 경고합니다. 그래서 우리는 자문해야 합니다. "과거에 복음을 듣고 나에게 생겼던 신기하고 놀라운 일들 이후 지금 나의 모습은 어떠한가?"라고 말입니다.

우리는 복음을 듣고 구원의 복 됨을 알고 난 후에 교회를 다니면서 안팎으로 많은 유혹과 시련을 경험합니다. 이것은 예수 믿는 사람이라면 누구나 경험하는 일입니다. 복음을 듣는 사람에게는 복음을 듣자마자 유혹과 시련과 압박이 찾아오기도 합니다. 중요한 것은 그 가운데서도 영적인 장성함으로 나아감이 있는가 하는 것입니다. 진리의 말씀을 조금 더 알고 배우는 정도가 아니라, 자신의 영혼이 영적으로 둔한 상태에 있지 않고 단단한 음식을 기꺼이 먹고 싶어 할 정도로 성장했느냐 하는 것입니다. 혹시 세월이 지나도 다람쥐 쳇바퀴 돌듯 감정적인 기분에 따라 반응하는 수준에 머물러 있지는 않습니까? 아니면 갈수록 하나님의 말씀에 대한 이해가 깊어지고 하나님께 진실하게 반응하고 있습니까?

히브리서 기자는 초보에 머무는 것은 그냥 그 상태에 있는 것이 아니라 더 나빠지고 있는 것이라고 경고합니다. 그래서 배교 위험에 처한 상태에서 벗어나 완전한 데로 나아가라고 말하는 것입니다. 어떤 사람은 처음과 현재의 상태가 다를 것입니다. 또 어떤 사람은 영적인 나태함으로 처음 그 자리에서 맴돌고 있는 경우도 있을 것입니다. 오랜 세월을 보냈음에도 영적인 성숙을 말하기가 어려운 사람이 있습니다. 어떤 사람은 이러한 내용을 듣고 그것으로 끝나는 것을 반복하면서 성숙으로 나아가지 않기도 합니다. 결국 배교 위험이 자신에게 사실이 되는 사람들이 있습니다. 그런 면에서 자신의 현재 상태가 어떠한지는 너무 중요합니다. 과거보다 성장의 진보가 있는지와 함께, 만일 그렇지 못하다면 이런 경고에 어떻게 반응하는지가 중요합니다.

성장을 저해하는 영적 게으름과 싸우라

들기에 둔한 상태, 곧 영적인 나태함은 다양하게 설명할 수 있지만, 힘들게 무언가를 하고 싶어 하지 않는 것을 말합니다. 예수 믿는 것으로 무시나 고난을 당하고 싶어 하지 않는 것, 하나님의 말씀을 더 알고 배우고 싶어 하지 않는 것, 하나님을 예배하고 서로 교제하며 복음을 전하는 것 등을 하고 싶어 하지 않는 것이 바로 영적인 게으름입니다. 특히 하나님 말씀이 조금이라도 어렵게 느껴지면 그것은 더 이상 알고 싶어 하지 않기 때문입니다.

코로나 기간의 온라인 예배 방식이 편해서 이대로 신앙생활 하면 좋겠다는 사람들이 적지 않습니다. 말씀을 배우고 사람들과 마음을 나누면서 교제하는 일에 힘쓰지 않아서 좋다는 것입니다. 문제는 그런 마음이 그것으로 끝나지 않는다는 것입니다. 그것은 듣기에 둔한 히브리서 수신자들처럼 배교 위험으로 나아가는 나태한 모습입니다. 영적으로 부정적인 상태는 거기서 결코 멈추지 않고 반드시 뒤로 물러나게 되어 있습니다.

여러분은 현재 성장하고 있습니까? 이것이 바로 본문이 우리에게 말하는 바입니다. 우리는 이 질문에 진지하게 직면함으로써 걸음을 앞으로 내디딜 수 있어야 합니다. 정확한 진단이 없으면 치료는 불가능한 법입니다. 우리는 기도하거나 말씀을 대할 때 하나님의 무한한 세계를 알고자 하는 목마름을 가져야 합니다. 하나님과의 깊은 관계를 더 생생하게 알고자 하는 목마름 말입니다. 성령이 계시된 말씀을 깨닫게 하시는 것 속에서 그러한 목마름과 소원을 가져야 합니다.

영적인 성장은 다른 것이 아니라 그리스도와 하나님을 아는 지식에서 자라 가는 것입니다. 하나님을 아는 지식, 그리스도를 아는 지식이 깊은 사람은 그것이 그의 삶에 전방위적으로 드러납니다. 부부 관계나 자녀와의 관계, 대인 관계나 직장에서 일할 때, 자연을 바라볼 때 등 모든 곳에서 드러나게 됩니다. 이것이 바로 인간을 바꾸는 혁신적인 사실입니다. 이처럼 한 사람이 그리스도를 아는 지식에서 깊어지면 깊어질수록 자신의 사면에 있는 모든 것을 보는 시각과 생각과 태도가 달라집니다. 그리하여 삶의 변화가 풍성해집니다.

우리에게는 하나님의 백성에게만 있는 이러한 놀라운 복이 있습니다. 그것은 성장 속에 있는 무한한 복입니다. 살아 있는 동안 이 땅에서부터 맛볼 수 있는 복입니다. 그러므로 우리는 이 부분에서 성장해야 합니다. 부디 초보에 머물지 말고 이러한 복을 지속적으로 누릴 수 있는 성장을 구하기 바랍니다.

5장

배교 위험 경고는 나와 무관하다고 생각하는가?

한 번 빛을 받고 하늘의 은사를 맛보고 성령에 참여한 바 되고
하나님의 선한 말씀과 내세의 능력을 맛고도

히 6:4-5

이 시대를 위한 적실한 경고

어려운 시기를 지날 때는 모든 사람이 힘들지만, 그중에서도 그리스도인으로서 큰 유혹과 시련을 이기고 믿음을 지키는 일은 더 어렵습니다. 그런 조건 속에서 참된 신자는 오히려 신앙이 더욱 견고해지기도 하지만, 교회 안에는 힘들고 어려운 환경으로 인해 유혹을 받고 크게 흔들리며 뒤

로 물러가는 사람들, 아예 교회를 등지고 떠나는 사람들도 있었습니다. 이런 모습은 오늘날 우리에게도 있고, 앞으로도 더욱 드러날 것입니다.

우리는 이러한 시대적인 어려움의 원인을 코로나 한 가지 사실로만 설명할 수는 없겠지만, 코로나와 같은 환경적 요인이 신자가 싸워야 할 싸움을 더 치열하게 했던 것은 분명합니다. 이것은 교회를 다니는 사람들의 외적인 모습보다는 그들의 중심에서 이미 일어나고 있는 일입니다. 성령과 하나님의 말씀에 의해 다스리심과 인도하심을 받는 대신 자신의 생각과 판단 또는 본성에 이끌려서 신앙생활 하는 모습이 갈수록 더해지고 있는 것입니다. 이러한 시대에 배교 위험 경고에 대한 말씀이 어떤 사람에게는 실제로 경고가 되어 도움이 될 것입니다. 그러나 어떤 사람은 이 경고를 그저 지나가는 것 정도로 여길 것입니다.

저는 하나님의 섭리와 인도 속에서 이 내용을 다루고 있지만, 이것이 단순한 지식이 아닌 우리 각자의 현재와 미래의 신앙생활에 실제적인 도움이 되기를 소망합니다. 특히 오늘날과 같은 현실 가운데 히브리서의 배교 위험 경고를 살피는 일은 그 어느 때보다도 적실성 있는 일이라 믿습니다. 이 말씀은 예수 믿는 우리의 현재 모습을 아주 예리하게 비추어 줍니다.

'맛본다'는 말의 의미

앞 장에서 우리는 '한 번 빛을 받고'라는 내용에 대해 살펴보았습니다.

이 장에서는 본문의 '맛보고'라는 표현에 대해 살펴보고자 합니다. 이것이 의미하는 바가 무엇인지에 대해서는 크게 두 가지 해석이 있습니다.

먼저 본문을 그리스도인의 경험으로 말하는 사람들은 '맛보다'라는 표현을 "온전히 경험하는 것"으로 이해합니다.[10] 그들은 히브리서 2장 9절 말씀인 "모든 사람을 위하여 죽음을 맛보려 하심이라"를 가장 강력한 근거 구절로 제시합니다. 또 사도 베드로가 시편 34편 8절 말씀을 인용한 표현, "너희가 주의 인자하심을 맛보았으면 그리하라"(벧전 2:3)도 근거로 제시하면서 이것은 모두 피상적인 경험이 아닌 실제적이면서도 온전한 경험을 말한다고 봅니다. 실제로 예수님이 십자가에서 죽음을 맛보신 것은 실제적인 경험이었습니다. 그런 점에서 그들은 본문의 '맛보다'라는 표현을 신자가 본문의 내용을 온전히 경험한 것으로 해석합니다.

반면 본문의 내용을 유사 그리스도인의 경험으로 보는 사람들은 '맛보다'라는 표현을 피상적인 경험으로 해석합니다. 그들은 예수님이 십자가에서 쓸개 탄 포도주를 맛보셨다고 말할 때 입에만 대고 마시지는 않으셨다는 점을 예로 듭니다. '맛보다'라는 단어가 바로 그런 식으로 사용되었다는 것입니다. 존 오웬(John Owen)은 '맛보다'라는 말에 대해 이렇게 설명했습니다.

"이 말은 어떤 것이 진짜인지 아닌지 시험해 본다, 혹은 시도해 본다는 뜻으로 쓰인 말이다. 즉 어떤 것을 경험해 본다는 의미다."[11]

이런 식으로 본문을 해석하는 사람들은 '맛보다'라는 것을 씨 뿌리는 비유에서 돌밭과 같은 마음으로 하나님의 말씀을 잠시 기쁨으로 받는 자들의 경험과 연결해서 설명합니다. 또한 예수님이 "인자의 살을 먹지 아니하고 인자의 피를 마시지 아니하면 너희 속에 생명이 없느니라"(요 6:53)라고 말씀하신 것과 같이, 생명의 떡이신 예수님을 맛보는 수준에서 따라다니는 자들의 경험과도 연결합니다. 로이드 존스는 '맛보다'라는 것을 체험이 수반된 친숙함으로 해석하기도 합니다.

이처럼 본문에 나오는 '맛보고'라는 표현에 대한 두 가지 해석은 기본적으로 무언가를 체험한다는 점에서는 유사하지만, 그중 한 가지 해석은 거기서 더 나아가 본문의 내용을 온전히 체험한 것으로 봅니다. 따라서 본문에 나타난 '맛보다'라는 표현이 무슨 의미인지, 그런 정도의 내용만으로 단정하기 어렵습니다. 그것을 유사 그리스도인의 경험이나 참된 그리스도인의 경험 둘 다로 말할 수 있기 때문입니다.

'하늘의 은사'와 성령

또한 본문은 '맛봄'의 대상을 세 가지로 말합니다. 먼저 '하늘의 은사'인데, 그것이 일반적인 의미에서 천상의 선물, 곧 구원의 선물을 뜻한다고 해석하는 사람들이 있습니다. 구원을 실제로 경험했다는 뜻으로 이해하는 것입니다. 이 중에 어떤 사람은 '하늘의 은사'를 아예 예수 그리스도로 해석하기도 합니다. 그들은 "하늘의 은사를 맛보고"라는 말씀을 믿음과 회개를 통해 예수 그리스도를 확실하게 체험한 것으로 이해합니다.

반면 본문을 유사 그리스도인의 경험으로 보는 사람들은 신약성경이 하늘로부터 또는 위로부터 오는 은사를 주로 성령과 연관 지어 말하는 것을 근거로 '하늘의 은사'를 성령으로 봐야 한다고 주장합니다. 이와 달리 본문을 참된 그리스도인의 경험으로 보는 사람들은 이어서 나오는 "성령에 참여한 바 되고"라는 표현 때문에 '하늘의 은사'를 성령으로 말하기를 주저합니다. 그들은 일반적인 차원에서 구원을 말한 것으로 해석합니다.

그런데 성령은 구원의 모든 과정에 관련되어 계십니다. 예를 들어, 복음을 듣는 가운데 갖는 경험이나 그 이상의 경험을 하든 또는 이전에 알지 못했던 기독교의 어떤 것을 알게 되고 뭔가 깨닫는 경험을 하든 그것은 모두 성령에 의해 가질 수 있는 경험입니다. 그래서 하늘의 은사를 맛보는 것을 구원을 경험하는 것으로 이해하는 사람들도 그런 경험은 성령의 사역 속에서 있는 것으로 전제하고 말합니다. 차이는 그것을 구원의 경험으로 말하느냐 아니냐에 있을 뿐입니다.

이런 경험은 복음을 처음 듣고 보이는 반응에서부터 거기서 더 나아가 실제로 들은 복음을 더 확고하게 소유하게 되는 체험으로까지 확장해서 말할 수 있습니다. 유사 그리스도인이 일반적인 성령의 역사에 의해 가질 수 있는 경험에서부터 베드로의 설교를 듣고 3천 명이 회개했을 때와 같은 역사까지 성령의 사역 안에 모두 포함해서 말할 수 있다는 것입니다. 그런 점에서 이것은 사람들이 하나님의 진리에 대해 보이는 다양한 반응과 경험 모두를 말한다고 볼 수 있습니다. 그런 점에서 예배당에 앉아 있는 사람들은 넓은 의미에서 성령을 경험한다고 말할 수 있습니다. 교회 다니는 사람이 성령에 의해 기독교적인 것을 알고 경험하는 것에서부터 시작해서 구원을 실제로 경험하게 되는 것까지를 말입니다.

하나님의 선한 말씀에 대한 경험

이어서 본문은 "하나님의 선한 말씀과 내세의 능력을 맛보고도"(히 6:5)라고 말합니다. 성경에서 하나님의 말씀을 가리킬 때 일반적으로 사용하는 헬라어는 '로고스'(λόγος)입니다. 그런데 본문에서는 이 단어 대신 '레마'(ῥῆμα)가 사용되었습니다. 그래서 어떤 사람은 여기서 말하는 하나님의 말씀이 하나님의 보편적인 계시보다는 하나님에게서 시작된 특별한 계시를 가리킨다고 주장합니다. 또 어떤 사람은 구약성경과 기독교의 메시지를 지칭한다고 말하고, 어떤 사람은 교회 지도자들이 새롭게 믿는 자들에게 가르쳤던 말씀을 말하는 것이라고 주장하기도 하고, 메시아에 대한 하나님의 약속을 말하는 것이라고 주장하기도 합니다.

이러한 다양한 설명들 속에는 한 가지 공통점이 있습니다. 그것은 누군가에 의해 전해진 하나님의 말씀이라는 것입니다. 기록된 말씀으로 이해하든, 아니면 예수 그리스도의 복음으로 말하든 누군가에 의해서 전해진 말씀이라는 사실입니다. 히브리서 수신자들을 놓고 보면 구약에서 예언된 메시아가 그들에게 전해지는 것, 즉 예수 그리스도 안에서 성취된 하나님의 약속인 복음의 메시지가 전해지는 것을 강조하고 있다고 볼 수 있습니다. 또 그런 메시지와 함께 가르침을 받은 것을 말한다고 볼 수도 있습니다.

히브리서 수신자들은 바로 그러한 하나님의 말씀을 맛본 것입니다. 본문의 '맛보다'라는 표현은 그런 놀라운 메시지를 들으면서 그들의 생각이 열리고 감동을 받는 경험을 가리키는 것입니다. 더불어 하나님의 말씀에 '선한'이라는 말을 덧붙인 것에서 알 수 있듯이, 그들은 하나님 말씀의 선함을 경험한 것입니다. 하나님의 말씀을 통해 마음에 어떤 감동과 위로를 얻고 하나님의 말씀에 매력을 느꼈다는 것을 시사합니다.

이처럼 교회 안에는 어떤 배경과 이유에서든 이런 방식으로 하나님의 말씀을 맛보고 경험하는 사람들이 있습니다. 그런 것도 없이 교회를 계속 다니는 사람은 별로 없습니다. 도덕적인 차원이나 심리적인 위안 차원에서든, 아니면 현실의 문제와 어려움을 해결하거나 성공에 대한 기대 차원에서든 교회를 다니는 사람들은 모두 이것을 맛보고 경험합니다. 하나님의 말씀이 선한 말씀임을 경험하는 것입니다. 장래의 더 좋은 것에 대한 지식을 얻는 것도 이런 경험 중 하나입니다. 말씀을 들으면서 장차 있을 천국과 같이 더 좋은 것이 장래에 있다는 것까지 기대하게 되는 것입니다.

이러한 경험은 참된 그리스도인에게 있는 자기 존재를 뒤바꾼 전환적인 경험으로도 설명할 수 있습니다. 예수를 처음 믿을 때부터 들었던 하나님의 말씀이 단순히 마음의 평안을 주는 정도가 아니라, 자신의 인생을 뒤흔들고 바꾸는 깨달음과 충격과 감동을 경험하게 하는 것으로 확장해서 말할 수도 있습니다. 그동안 자신이 잘못 살아왔다는 것과 자신의 죄를 깨닫는 것으로부터 시작해서 그리스도 안에 있는 너무나도 크고 복된 구원을 알게 됨으로써 감동받는 일이 있습니다. 그런 경험이 그에게는 그야말로 도덕적이고 심리적인 수준을 넘어 자신의 전인격 안에서 영적으로 더 깊은 경험으로 말할 수 있는 것입니다. 이처럼 하나님의 선한 말씀을 경험하는 것을 우리는 폭넓게 말할 수 있습니다.

내세의 능력까지 맛보았음에도

그런데 여기서 히브리서 기자가 강조하는 것은 그러한 경험이 있었음에도 그 이상이 없다는 것입니다. 심지어 그러한 경험에 더하여 '내세의 능력을 맛보고도' 그러했다는 것입니다. 내세의 능력을 맛보았다는 것은 예수 그리스도로 말미암아 도래한 오는 세대의 능력을 맛보았다는 것을 말합니다. 따라서 '내세의 능력'은 일차적으로 예수 그리스도가 오심으로써 하나님의 통치, 하나님의 나라가 임하게 된 것과 관련이 있습니다.

그러한 역사가 어떻게 있게 되었는지는 복음서를 보면 알 수 있습니다. 예수님은 처음 공생애를 시작하시면서 하나님의 나라가 가까이 왔다고 선언하셨습니다. 그러면서 병자들을 고치시고 귀신들을 쫓아내셨습니다. 죄와 마귀와 사망의 그늘에 앉아 있는 사람들에게 생명의 길, 구원의 길을 제시하면서 그런 능력을 행하셨습니다. 이와 관련해서 히브리서 2장 4절은 "하나님도 표적들과 기사들과 여러 가지 능력과 및 자기의 뜻을 따라 성령이 나누어 주신 것으로써"라고 말합니다.

히브리서의 수신자들을 비롯한 모든 그리스도인은 그와 같은 내세의 능력이 예수 그리스도 안에서 나타남으로써 그 안에서 임하는 하나님의 복을 보고 경험할 수 있습니다. 그것은 예수님 당시부터 지금까지도 경험할 수 있는 일입니다. 지금은 비록 그때처럼 표적과 기적이 나타나지는 않는다고 할지라도, 우리도 예수를 믿는 가운데 나타나는 내세의 능력을 어떤 식으로든 경험하게 됩니다. 물론 내세의 능력은 이 땅에서만 맛보는 것은 아닙니다. 그것은 주님이 다시 오실 때 완전한 하나님의 통치, 하나님의 충만한 복을 보고 경험하는 데서 궁극적으로 나타날 것입니다. 그래서 내세의 능력을 맛보는 자들은 그러한 궁극적인 일까지 연결해서 생각합니다.

안타깝게도 예수님 당시에 그러한 능력을 맛보고도 예수님을 향해 그 이상의 반응을 하지 않았던 사람들이 있었습니다. 오병이어 사건만 보아도, 예수님 주변에는 많은 사람이 예수님을 따르고 있었지만 그들 모두가 예수님을 향해 그 이상의 반응을 보인 것은 아니었습니다. 마찬가지로 히브리서 기자도 유대 그리스도인들이 하나님의 선한 말씀과 내세의 능력을 맛보고도 그 이상 나가지 않은 것을 말하는 것입니다. 지금까지 말한 세 가지 내용, 즉 하늘의 은사와 하나님의 선한 말씀과 내세의 능력을 경험하고도 그 이상의 진보와 성장이 없다는 것입니다. 이것은 그들이 결국 배교자의 모습을 갖게 되었다는 것을 말해 줍니다.

장성함으로 나아가게 하는 경험인가?

우리가 주목해야 할 것은 히브리서 기자가 지금까지 살핀 세 가지 내용을 경험하고도 타락한 자들에게 배교 위험을 경고하고 있다는 사실입니다. 오늘날 예수 믿는 자들 가운데도 이러한 내용을 피상적으로든 실질적으로든 경험한 사람들이 있습니다. 예수님 당시부터 사도들이 복음을 전했던 1세기 교회와 히브리서 수신자들, 그리고 그들 주변에 있었던 사람들과 거기서 더 나아가 지금도 마찬가지입니다.

중요한 것은 그 이후로 장성함의 진보가 있는가 하는 것입니다. 교회를 다니는 사람은 정도만 다를 뿐 누구든지 이러한 세 가지 맛봄에 해당하는 경험을 합니다. 교회 안에는 하나님의 은사와 하나님의 선한 말씀과 내세의 능력을 어느 정도 외적으로 맛보고 경험한 사람들로부터 시작해서 실제로 이것을 경험하고 소유한 사람, 그것들의 복됨을 알고 생생히 경험한 사람들까지 있습니다.

히브리서가 우리에게 도전하고 있는 바는 그와 같은 경험을 한 후에 우리에게 장성함의 진보가 있는가 하는 것입니다. 하늘의 은사를 어떤 식으로 맛보았든 그 이후로 장성함의 진보가 있었는가 하는 것입니다. 성령의 역사 속에서 예수 그리스도와 기독교적인 것을 알게 되고 또 그 가운데 어떤 경험을 했든지, 심지어 그런 첫 경험을 넘어서 구원을 실제로 경험했든지 말입니다. 또 하나님의 선한 말씀, 곧 전해진 하나님의 말씀과 무엇보다도 메시아이신 예수 그리스도가 오심으로 구원을 얻을 수 있게 되었다는 복음의 메시지를 듣고 어떤 식으로 반응했든지 거기서 더 나아가 장성함의 진보가 있는지가 중요하다는 것입니다. 즉 이 복음의 영광과 복됨으로 인하여 신앙의 성숙으로 나아가게 되었는가 하는 것입니다.

우리는 이러한 경험들 이후 하나님과의 관계로 깊이 나아갔는가, 그리고 그것이 자신의 삶에 어떠한 변화와 열매로 드러났는가에 대해 생각해 봐야 합니다. 우리는 메시아이신 예수 그리스도가 오심으로 얻을 수 있게 된 구원에 관한 메시지를 듣고 반응할 수도 있고, 예수 그리스도로 말미암아 도래한 새 시대의 복됨과 영광에도 마음이 이끌릴 수 있습니다. 심지어 장차 드러날 궁극적인 내세까지도 마음에 품고 기대하는 일도 있을 것입니다. 그러나 참된 믿음은 거기서 멈추지 않습니다.

맛봄에서 그치는 거짓된 신앙

마가복음 6장에서 알 수 있듯이 헤롯은 세례 요한의 설교를 듣고 그를 의롭고 거룩한 사람으로 알고 두려워하여 보호했습니다. 또 그의 말을 들을 때 크게 번민하면서도 달갑게 들었다는 기록도 보게 됩니다. 헤롯은 세례 요한의 말을 들으면서 하나님의 말씀을 맛보는 것과 같은 최초의 경험을 한 것입니다. 그러나 안타깝게도 그것이 끝이었습니다. 그는 그 이상으로 나아가지는 않았습니다. 그렇게 반응했던 헤롯의 신앙이 거짓이었다는 것을 우리는 알고 있습니다.

히브리서 기자는 유대 그리스도인들에게 그들의 교회 안에도 헤롯과 비슷한 경우가 있을 수 있다고 경고하는 것입니다. 본문에 나오는 세 가지 경험을 하고도 그 이상의 진보가 없어 타락한 자들을 들어, 히브리서 수신자들에게 있는 배교 위험을 경고하고 있는 것입니다. 그러한 경험

이후에 장성함의 진보가 없는 것을 심각하게 말하고 있는 것입니다.

히브리서 기자는 우리가 처음 알고 경험한 것이 아무리 놀랍고 천상적인 것이라고 할지라도 그것이 전부는 아니라고 말해 줍니다. 그러한 경험이 심지어 자신의 인생에 큰 전환이 되었다 할지라도 그것이 전부는 아니라는 것입니다. 만일 그것이 전부라면 그것은 바른 기독교 신앙이 아닙니다. 설사 그리스도인으로서 그런 경험을 했다 하더라도 그것이 전부라면 그는 배교 위험을 말해야 할 정도로 영적으로 무딘 상태에 있거나 매우 위험한 상태에 있는 것입니다.

우리는 히브리서 기자가 배교 위험을 누구에게 경고했는지를 잘 기억해야 합니다. 그들은 히브리서 6장 1-2절에서 말한 대로 죽은 행실을 회개함과 하나님께 대한 신앙, 곧 회개와 신앙을 함께 가짐으로써 회심한 유대 그리스도인들이었습니다. 심지어 6장 9절에서는 "사랑하는 자들아 우리가 이같이 말하나 너희에게는 이보다 더 좋은 것 곧 구원에 속한 것이 있음을 확신하노라"라고 말하면서 그런 복된 위치에 있는 자들에게 경고하고 있음을 기억해야 합니다.

어떤 사람은 히브리서 6장에 나오는 배교 위험에 대한 경고를 구원에 대한 교리적인 확신을 근거로 자신과는 무관하게 여기고 싶을 수도 있습니다. 자신이 아닌 다른 사람이 들으면 좋을 내용으로 여길지도 모릅니다. 그러나 그것은 성경을 치우치게 이해하며 그릇되게 적용하는 것입니다. 소위 극단적인 칼빈주의자 또는 반율법주의자(율법폐기론자)들이 취하는 태도입니다.

경고 또한 우리의 구원을 위한 하나님의 말씀이다

그럼에도 어떤 사람들은 예수 그리스도 안에서 얻게 된 구원의 놀라움과 확실함, 하나님의 주권적인 은혜의 부유함에만 집중한 나머지 배교 위험 경고와 같은 말씀은 상대적으로 듣고자 하지 않습니다. 혹은 그것을 다른 사람들만을 위한 말씀으로 여깁니다. 거듭 언급하지만 우리에게 주신 하나님의 계시, 곧 구원에 대한 하나님의 말씀은 구원의 확고함과 함께 경고도 말합니다. 성경은 확신과 경고 중 어느 하나만을 말하지 않습니다. 왜냐하면 구원받은 자의 삶의 환경, 곧 구원의 여정을 지나는 이 땅의 삶의 조건 속에는 죄가 있기 때문입니다.

우리는 로봇과 같은 기계가 아니기 때문에 세상과 마귀와 육체를 통한 죄의 유혹이 우리에게는 끝없이 있습니다. 이것은 히브리서 수신자들에게도 동일하게 있었습니다. 그들이 듣기에 둔한 상태가 된 배경에는 죄의 유혹이 있었던 것입니다. 그러므로 정녕 회개와 믿음을 통해 회심한 그리스도인이라면 배교 위험 경고를 들을 수 있어야 할 뿐만 아니라 들어야 합니다. 인내하는 믿음의 여정을 끝까지 가기 위해서는 경고가 필요합니다. 설령 자신이 현재 그런 상태에 있지 않다고 할지라도 말입니다.

성경은 예수님의 제자들로부터 초대교회 당시 그리스도인들에게까지 그들의 구원의 확고함과 함께 경고도 말합니다. 결국 경고를 듣지 않아도 될 그리스도인은 없다는 말입니다. 그럼에도 불구하고 자신은 그리스도인이고 구원을 확신한다고 말하면서 자신의 모습과 상태에 대해 경고하는 말씀을 듣지 못하거나 안 듣는다면, 그는 분명 자신이 문제 있는 그리스도인임을 스스로 말하고 있거나 자신이 그리스도인이 아님을 드러내는 것입니다. 구원의 확실함을 알고 믿는 자는 그와는 정반대의 반응을 보입니다. 구원의 확신을 갖게 하시는 성령 하나님의 경고의 말씀을 진지하게 듣습니다. 그 확실한 구원을 최종적으로 얻을 때까지 우리 안에서 경고하고 권하시는 성령의 인도와 역사를 진지하게 따르는 것입니다. 그분의 말씀을 통해서 교훈하고 책망하고 바르게 하며 이끄시는 성령의 역사에 기꺼이 반응하면서 따른다는 것입니다.

흥미로운 사실은 듣기에 둔한 상태에 있지 않고 오히려 영적으로 성숙한 사람들, 그래서 경고의 말씀과는 거리가 멀어 보이는 사람들이 오히려 이러한 말씀에 더 예민하게 반응한다는 것입니다. 예수님이 제자들에게 "너희 중의 한 사람이 나를 팔리라"(마 26:21)라고 말씀하셨을 때 가룟 유다 외 예수님을 끝까지 따른 다른 제자들은 "몹시 근심하여 각각 여짜오되 주여 나는 아니지요"(마 26:22)라고 반응했습니다. 이처럼 진짜가 더 예민하게 반응합니다.[12] 그러나 듣기에 둔한 상태에 있거나 자기 논리와 신앙에 사로잡힌 사람은 위험 경고를 자신과는 상관이 없다고 여기면서 흘려보냅니다. 물론 신앙이 없어서 그럴 수 있지만, 잘못된 신앙을 가지고 있기 때문에 그럴 수도 있습니다.

여러분 안에는 히브리서 기자의 의도, 결국 성령의 원하심이 드러나고 있습니까? 다시 말해, 기독교의 많은 것을 알고 경험한 이후 성숙함의 진보가 있었는지를 돌아보면서 이 경고가 실제로 자신에게 경고가 되고 있습니까? 경고를 통한 경성함으로써 영적인 성장과 진보에 대한 열망이 일어나는 것은 일반적으로 성령이 일으키시는 반응입니다.

게으르고 안주하는 신앙생활과 작별하라

그러나 아무리 기독교적인 경험을 했다고 해도 초보에 계속 머물러 있다면 그는 배교 위험 경고를 진지하게 들어야 할 사람입니다. 그는 그러한 상태에서 속히 벗어나고자 해야 합니다. 소극적으로는 히브리서 6장 1-2절에서 말한 것처럼 초보를 버리는 일부터 해야 합니다. 이것이 성경이 말하는 순서입니다. 초보의 상태, 영적으로 나태한 상태로부터 벗어나야 합니다. 그리고 적극적으로 완전한 데로 나아가야 합니다.

사람들은 초보를 버리라는 성경의 순서를 건너뛰고 성숙함으로 나아가면 된다고 생각합니다. 그러나 우리는 일상으로만 돌아가도 건너뛰고 싶어 하는 소극적인 것조차 쉽게 벗어버리지 못하는 모습을 발견하게 됩니다. 대신 그동안 자신에게 익숙해진 신앙생활에다 무언가를 덧붙이는 일을 합니다. 마치 옷 하나를 껴입듯이 말입니다. 우리는 히브리서 기자의 권면대로 초보를 버리는 것부터 명확하게 해야 합니다. 그 가운데 온전한 데로 나아가야 하는 것입니다. 바울도 "너희는 이 세대를 본받지 말고 오직 마음을 새롭게 함으로 변화를 받아"(롬 12:2)라고 말하면서 소극적인 것과 적극적인 것을 함께 말했습니다.

오늘날 청년들이 많이 모이는 교회의 목회자들이 종종 비전이라는 이름 아래 적극적인 내용만 제시하는 모습을 보게 됩니다. 그러나 그러한 신앙생활은 흔히 도덕성의 결핍 문제를 드러냅니다. 이는 소극적인 내용을 건너뛴 것에 대한 결과입니다.

우리는 성경이 소극적인 것과 적극적인 것을 한 쌍으로 말한다는 사실을 잊지 말아야 합니다. 설사 한쪽만 말해도 그 속에 한 쌍으로 말하는 것이 있다는 사실을 알아야 합니다. 그러므로 여기 히브리서 6장에서 권면하는 바를 따라 우리는 먼저 초보 상태에서 벗어나야 합니다. 게으르고 안주하는 신앙생활에서부터, 그런 가운데서 성숙함으로 나아가야 합니다.

우리가 그동안 들었던 예수 그리스도 안에 있는 복됨은 그저 머리 지식이 아닌, 자신의 존재와 삶을 바꾸고 부유하게 하는 것으로 드러나야 합니다. 로마서로 말하면, 로마서 3-11장에 나오는 복음의 부요한 내용들이 자신의 몸을 거룩한 산 제물로 드리는 것으로 드러나야 합니다. 이것이 바로 그리스도 안에 있는 구원을 소유한 자의 생명성입니다. 온전함은 생명성의 나타남입니다. 그리고 그 생명성은 그리스도와의 관계 속에서 부유해지고 깊어집니다. 그래서 그 생명성이 삶의 열매로 더 부유하게 드러나게 되는 것입니다.

히브리서 수신자들은 예수를 믿는 것으로 인해 많은 환난과 시련을 겪고 있었습니다. 히브리서 12장에서 말하듯이, 징계를 받는 것과 같은 힘든 삶의 환경을 갖고 있었습니다. 그래서 히브리서 기자는 비록 그러한 환경과 현실 가운데 있을지라도 초보를 버리고 온전한 데로 나아가라고 말한 것입니다. 그것이 바로 새 언약 가운데 있는 백성의 모습이고 참 생명의 역사라고 말한 것입니다.

진짜와 가짜의 차이

그러므로 자신을 한번 돌아보십시오. 초보를 버리고 장성함의 진보가 있는지, 아니면 초보 상태에 머무르고 있는지를 말입니다. 교회 안에는 제법 교회를 오래 다녔음에도 초보 상태에 머무는 사람들이 많습니다. 그들은 교회를 오래 다녔다는 사실과 자신이 직분을 갖고 있다는 것 등으로 자신의 상태를 착각합니다. 그런 것으로 은근히 자신들의 신앙이 온전하고 성숙하다고 생각합니다. 그것은 온전하고 성숙한 데로 나아가는 것이 무엇인지 모르는 것입니다. 본문을 다시 보십시오. 여기에 열거된 내용을 맛본 것을 무엇으로 말합니까? 성숙으로 말하지 않고 오히려 초보라고 말하며, 그런 것을 맛보고도 타락하고 뒤로 물러난 것에 대해 경고하고 있습니다.

교회 안에 있으면서 실제로 배교할 사람에게는 여기 성경이 말하는 특징이 있습니다. 즉 자신의 상태를 착각하며 자신에 대해 지나치게 확신하는 것이 있습니다. 마태복음 7장에서도 말하는 바와 같이 "주여 주여 하는 자"(마 7:21)들은 주님 앞에 설 때까지 자신의 상태에 대해 몰랐습니다. 유대인들 또한 예루살렘이 멸망할 때까지 얼마나 강력한 확신을 가지고 있었습니까. "성전에는 하나님의 임재가 있다. 하나님은 성전을 절대로 무너뜨리지 않으신다. 이것은 다윗에게 하신 약속이다"라는 신학과 교리에 대한 확신이 있었습니다. 그러나 예루살렘 성전은 처참하게 무너졌습니다.

이처럼 배교 위험에 대한 경고는 하나의 시금석과 같습니다. 곧 진짜는 듣지만, 가짜는 못 듣는다는 것입니다. 못 듣는다는 것은 그에게 경고가 되지 않는다는 뜻입니다. 경고를 듣고도 그 상태 그대로 머물러 있는 것입니다.

우리의 환경과 현실이 어떠하든 예수 그리스도를 알고 믿는 자는 이처럼 아프고 냉정하고 예리하게 말하는 경고를 듣고 반응합니다. 그러므로 만일 이러한 자각이 생겼다면 여러분도 그리하십시오. 멈추지 말고 하나님께 가지고 가십시오. 그리고 자신의 삶 속으로 가져와 성숙으로 나아가고자 하십시오. 오늘날 예수 믿는 신자들에게 그 같은 역사가 있기를 간절히 소망합니다.

6장

그리스도를 믿고 따르는 삶에 마음이 식었는가?

한 번 빛을 받고 하늘의 은사를 맛보고 성령에 참여한 바 되고
하나님의 선한 말씀과 내세의 능력을 맛보고도
타락한 자들은 다시 새롭게 하여 회개하게 할 수 없나니
이는 그들이 하나님의 아들을 다시 십자가에 못 박아 드러내 놓고 욕되게 함이라

히 6:4-6

히브리서의 배교 위험 경고가 어떤 사람에게는 경고가 되지 않지만, 어떤 사람에게는 경고가 되어 경성하게 하는 말씀이 됩니다. 성경의 모든 경고를 어떻게 듣느냐 하는 것은 그 사람의 신앙이 어떠한지를 드러내 줍니다. 예수님을 잘 따랐던 제자들은 예수님의 경고를 들었으나, 예수님을 멀찍이 따랐던 사람들은 그 경고를 무시했습니다.

오늘날 우리는 세상 사람들과 별 다를 바 없는 모습을 하고 있는 사람들

을 교회 안에서 점점 더 많이 보고 있습니다. 교회 안에 몸담고 있지만 듣기에 둔하고 영적으로 게으른 모습으로 신앙생활 함으로써 실제로는 점점 더 뒤로 물러가는 사람들이 많다는 것입니다. 그런 우리의 현실은 이 히브리서에서 말하는 경고를 더욱 들어야 할 필요가 있음을 말해 줍니다.

성령에 참여한 사람들

앞에서 우리는 히브리서 6장 4-5절의 내용을 경험하고도 장성함의 진보가 없는 것을 경고한 내용을 다루었습니다. 이 장에서는 거기서 다루지 않았던 한 가지 내용, 즉 "성령에 참여한 바 되고"라는 말씀을 살펴보고자 합니다. 이는 본문에 나오는 다섯 가지 내용 중 가장 논란이 되는 표현입니다. 본문을 그리스도인의 경험으로 말하는 사람들은 이 말씀을 그리스도인의 경험으로 말하는 가장 결정적인 증거라고 말합니다. 그들은 이것을 온전한 참여로 해석합니다.[13] 그 근거로 히브리서 3장 14절을 듭니다.

"우리가 시작할 때에 확신한 것을 끝까지 견고히 잡고 있으면 그리스도와 함께 참여한 자가 되리라"(히 3:14).

여기서 그리스도와 함께 참여한 자가 된다고 할 때 그것은 가상적인 참여를 말하는 것이 아니기 때문이라는 것입니다.

또 히브리서 2장 14절이 예수님이 인간의 혈과 육을 함께 지니셨다고 할 때, '지니셨다'라는 표현이 본문의 '참여하다'와 같은 종류의 단어임을 근거로 듭니다. 즉 예수님이 인간의 혈과 육을 함께 지니셨다는 표현은 예수님이 인성을 가상적으로 취하신 것이 아니라 온전히 취하신 것을 의미한다는 말입니다. 더욱이 본문과 가장 가까운 문맥에 있는 5장 13절에서 '젖을 먹는 자마다'라는 단어가 본문의 '참여한'이란 단어의 동사형인데, 이것은 젖을 맛보는 정도가 아니라 실제로 먹는 것을 말한다고 합니다. 따라서 본문에서 말하는 '참여한'의 의미를 온전한 참여라고 해석하는 것입니다.

이것을 근거로 본문을 그리스도인의 경험으로 말하는 사람들은 "성령에 참여한 바 되고"의 의미를 온전한 참여, 즉 성령을 받아서 소유하게 되는 것으로 해석합니다. 이에 대한 실례로 갈라디아 성도들이 성령을 받은 것(갈 3장 참조)과 고넬료와 그의 친구들이 성령을 받은 것(행 10장 참조)을 듭니다.

구원의 경험과 구별되는 일반적인 성령의 역사

그러나 본문을 유사 그리스도인의 경험으로 말하는 사람들은 '참여함'이라는 단어를 '함께 나누는 것'으로 해석합니다.[14] 성경의 다른 구절에서 '동무', '동류', '형제' 등과 같이 번역하고 있음을 근거로 드는 것입니다. 예를 들어, 누가복음 5장 7절에서 베드로가 "이에 다른 배에 있는 동무들에게 손짓하여 와서 도와 달라 하니"라고 말했을 때 '동무'가 이와 같은 단어입니다. 또 히브리서 1장 9절과 3장 1절에서도 이 단어가 사용되고 있는데 각각 '동류'와 '형제'로 번역되었습니다. 성령에 참여한 자가 동반자 또는 함께 나누는 자, 파트너 등을 뜻한다고 해석하는 것입니다. 그런 점에서 로이드 존스는 마치 사업 파트너와 동행하는 것처럼 어떤 국면에서는 하나님의 성령과 동행하는 것을 뜻한다고 설명했습니다.[15]

한편 청교도 존 오웬은 이것을 성령이 내주하시기 위해 임재하시는 것과는 구별되는 임재라고 말했습니다. 하나님이 능력 있는 사역을 하기 위해 임재하시는 것과 관련된 표현으로 보았습니다. 그러면서 성령에 참여한 바 된 사람들은 영적인 은혜 안에서 성령에 참여하는 것이지, 그분의 구원하시는 자비 안에서 성령에 참여하는 것은 아니라고 말합니다.[16]

본문을 유사 그리스도인의 경험으로 보는 사람들은 "성령의 참여한 바 되고"를 하늘의 은사를 맛보는 것에서 한 걸음 더 나아가 성령의 능력 있는 사역을 경험하는 것으로 확장해서 해석합니다. 그들의 설명에 따르면, 이것은 결국 어떤 식으로든 성령을 경험하는 것일 수는 있어도 구원에 이르게 하는 성령의 경험, 곧 성령이 내주하시는 임재는 아닙니다. 예를 들어, 성령의 역사를 통해 선지자들 무리 가운데 예언했던 사울왕이나 돈을 받고 예언했던 이방인 발람, 신약에서 가룟 유다나 마태복음 7장에서 주의 이름으로 선지자 노릇도 하고 귀신을 쫓아내며 많은 권능을 행했지만 주님이 알지 못한다고 말씀하셨던 사람들이 여기에 해당된다는 것입니다. 특별히 로이드 존스는 본문을 사울왕이나 발람과 같은 사람과 연결해서 다음과 같이 말합니다.

"성령은 어떤 일정한 목적을 위하여 그를 동업자로 삼으신 것입니다. 신약 성경에 가 보십시오. 우리는 그와 유사한 실례들을 많이 대합니다. 유다는 멸망의 자식이었는데 성령에 참여한 자가 되었던 것입니다. 우리 주님은 사람들을 내보내셨습니다. 유다는 그들 중에 끼어 있었습니다. 그들에게 전도하는 능력과 귀신을 쫓아내는 능력을 주셨던 것입니다. …유다도 다른 사람들과 같은 일을 하였습니다. 성령이 그를 사용하셨던 것입니다. …그는 이러한 유의 참여를 한 것입니다. 그는 하나의 특별한 기능과 목적을 위하여 성령과 동업을 하였던 것입니다."[17]

이어서 그는 마태복음 7장 21-22절을 인용하면서 거기에 거론된 사람들, 곧 예수의 이름으로 권능을 행한 사람들이 모두 성령에 참여한 자들이었지만 주님께 속한 자들은 아니었다고 말하면서 이렇게 덧붙였습니다.

"성령은 우리에게 많은 은사들을 주실 수 있습니다. 그분은 많은 국면에서 우리를 그분과 동행하게 하실 수 있습니다. 그분은 깨닫게 하는 일에 있어서, 느낌에 있어서, 권능의 은사들에 있어서, 많은 다른 국면에 있어서 그렇게 하실 수 있습니다. 그런데도 우리는 여전히 성령에 참여한 자들에서만 머물러 있을 수 있습니다."[18]

이처럼 "성령에 참여한 바 되고"라는 표현에 대해 두 가지 의미와 그에 따른 해석이 있기 때문에 본문의 내용이나 단어만으로는 그것의 경험 정도를 단정 짓기는 어렵습니다. "하늘의 은사를 맛보고"라는 말씀과 같이 "성령에 참여한 바 되고"라는 말씀도 온전히 참여하는 것에서부터 동반자로서 참여하는 것까지 폭넓게 말할 수 있기 때문입니다. 그리고 실제로 1세기부터 지금까지 교회 현실 속에는 지금까지 말한 두 종류의 참여가 존재했습니다.

'경험' 이후의 타락을 경고함

여기서 우리가 주목해야 할 것 역시 히브리서 기자가 이 문맥에서 강조하는 것입니다. 그것은 성령을 어떤 식으로 경험했든 그 이후가 어떠한가 하는 것입니다. 본문의 내용을 경험하고도 타락한 자의 상태, 뒤로 물러가게 된 상태를 심각하게 경고하고 있다는 것입니다. 그러므로 우리는 성령에 참여한 바 되었다고 말한 본문의 경험이 무엇을 말하든 그 이후 우리의 모습과 상태가 어떠한가를 생각해야 합니다.

교회 안에 있는 사람들은 모두 "성령에 참여한 바 되고"에 해당되는 경험이 어느 정도 있다고 볼 수 있습니다. 교회에 나온 지 얼마 되지 않은 초기 단계든, 아니면 성령이 더 깊이 내주하시는 데까지 나아간 단계든 말입니다. 가룟 유다나 예수 이름으로 선지자 노릇도 하고 누군가를 가르치며 이런저런 권능을 행한 사람들처럼 성령의 능력이 나타나는 역사에 함께 참여하는 사람도 있고, 아예 성령이 내주하시는 데까지 나아간 사람도 있습니다.

그런데 히브리서 기자는 그런 경험 자체가 아닌 그 이후가 어떠한지를 강조하는 것입니다. 사실 우리는 히브리서 기자가 강조하는 논지를 잘 따라가지 않습니다. 교회를 다니는 대부분의 사람들은 본문의 경험만 가지고 자신을 규정하려고 합니다. 그러나 본문 6절은 4-5절의 경험을 하고도 타락한 자는 돌이킬 수 없다는 비극적인 결론을 말합니다. 그것은 하나님의 아들을 다시 십자가에 못 박아 드러내 놓고 욕되게 하는 것이라고 말합니다. 그 정도로 강하게 경고합니다.

예수 믿는 우리는 이런 내용을 별로 생각하고 싶어 하지 않습니다. 예수 믿는 사람 대부분이 이 말씀을 자신과는 상관없는 것으로 생각하고 지나가려고 합니다. 하지만 6절이 말하는 타락한 자가 누구를 가리키든 히브리서 기자가 문맥에서 경고하고 있는 대상은 분명 유대 그리스도인들입니다. 따라서 이것은 정녕 예수 믿는 자라면 피해서는 안 될 내용입니다.

예수 그리스도를 다시 십자가에 못 박는 일

여기 '타락한 자'는 신약성경에서 단 한 번 나오는 단어입니다. 그것은 문자적으로 떨어져 나가는 것을 의미합니다. D. 거쓰리(D. Guthrie)에 의하면, "인정된 표준이나 길에서 떨어져 나가는 것"을 말합니다.[19] 구약을 헬라어로 번역한 70인경은 배도를 뜻하는 이와 똑같은 단어를 주로 에스겔서에서 사용합니다. 따라서 '타락한 자'는 단순히 뭔가 조금 잘못하거나 실수한 것이나 어떤 개별적인 죄를 범하는 것 정도를 말하는 것이 아닙니다.

L. 존슨(L. Johnson)은 이것을 "자신들이 받은 은사에 참여하지 않기로 자의적으로 선택하는 배도의 문제"로 언급합니다.[20] 4-5절의 경험을 통해 알고 소유한 것을 의지적으로 뒤엎는 배도적인 태도를 말하는 것입니다. 히브리서 기자는 그것을 하나님의 아들을 다시 십자가에 못 박아 드러내 놓고 욕되게 하는 것으로 말합니다. 사실 하나님의 아들을 다시 십자가에 못 박는 것은 불가능합니다. 그럼에도 예수 그리스도의 십자가 처형이 반복되는 것을 말할 정도로 이것이 심각한 배교라는 것을 강조하는 것입니다.

배교에 대한 성경의 표현 중 이보다 더 강하게 말하는 내용은 없습니다. 예수 그리스도를 십자가에 다시 못 박는 것은 인간이 예수 그리스도에 대해 취할 수 있는 최악의 행위입니다. 그런데 히브리서 기자는 본문의 내용을 경험하고도 타락한 자를 바로 그와 같은 자로 말하고 있습니다. 과거에 예수 그리스도를 십자가에 못 박았던 대적자들, 아니 그들보다 더한 자로 취급하고 있습니다. 왜냐하면 4-5절의 경험, 특히 예수 그리스도에 관한 많은 지식과 복과 유익을 맛보고도 그분을 다시 십자가에 못 박는 것과 같은 배교적인 행동을 통해 그분을 드러내 놓고 욕되게 하는 것이기 때문입니다. 아더 핑크는 그러한 자들에 대해 다음과 같이 말했습니다.

"[그것은] 기독교의 모든 특징적인 진리와 원리들을 전적으로 버리는 것이다.

그것도 은밀하게 버리는 것이 아니라 배도를 특징짓는 방식으로 공공연하게 버리는 것이다."[21]

이처럼 배교는 그동안 복음을 듣고 가졌던 생각과 신앙적인 모습을 저버리는 것입니다.

한편 히브리서 기자는 배교 위험을 하나님의 아들이신 예수 그리스도의 탁월성과 그분이 십자가에서 이루신 그 놀라운 구원을 뒤로하고 다시 유대교로 돌아가려는 마음과 태도와 연관시킵니다. 유대교로 다시 돌아가는 것은 하나님의 아들을 다시 십자가에 못 박아 드러내 놓고 욕되게 하는 것이라고 말하는 것입니다. 오웬은 6절과 같은 타락을 이렇게 말합니다.

"그들은 예수 그리스도의 길을 알고 경험했다고 고백한 후에 그들이 시험을 당할 때는 예수 그리스도의 길에서는 자기들이 구하려고 했던 것을 아무것도 찾을 수 없다고 공공연하게 고백한다. 예수 그리스도께 이보다 더 모욕적인 일이 어디 있겠는가? 복음에 대한 신앙을 고백하고 복음의 진리를 확인한 후에 그리스도의 복음을 버린 자들의 죄는 실제로 그리스도를 못 박은 자들의 죄보다 훨씬 크다고 하지 않을 수 없다."[22]

복음을 듣고 신앙 고백도 하며 다양한 경험을 했음에도 히브리서 수신자들처럼 유대교로 돌아가려고 하든, 아니면 데마처럼 세상으로 돌아가려고 하든 본문은 그런 식의 반응을 하나님의 아들을 다시 십자가에 못 박아 드러내 놓고 욕되게 하는 것으로 말합니다.

히브리서는 예수 그리스도를 대단히 강조합니다. 왜냐하면 유대 그리스도인들이 하나님의 아들 예수 그리스도의 탁월하심과 그분이 대제사장으로서 십자가에서 이루신 구원을 더는 놀랍게 여기지 않고 다시 유대교로 돌아가려는 태도가 있었기 때문입니다. 그들은 한때 복음을 듣고 예수 그리스도 안에서 얻게 된 큰 구원을 기뻐하고 감격하며, 심지어 고난까지도 감내했습니다. 그러나 이제는 예수 그리스도의 길에서는 자신들이 구하고자 했던 것을 더 이상 발견할 수 없는 것처럼 생각하고 유대교로 돌아가는 것이 더 편하고 좋을 것이라는 태도를 보였던 것입니다.

물론 1세기 당시 모든 교회 구성원들이 참된 신자는 아니었습니다. 신약의 교회 속에도 분명 거짓된 자들이 섞여 있었습니다. 그들은 참된 신자와 함께 예수 그리스도를 알고 그분 안에서 놀라운 것들을 맛보았을 것입니다. 그럼에도 시련을 겪을 때 더 이상 예수 그리스도의 길에서는 자신이 구하고 바라는 것을 찾을 수 없다고 생각하면서 공공연하게 예수 그리스도를 저버렸던 것입니다. 예수 그리스도를 다시 십자가에 못 박아 드러내 놓고 욕되게 한 것입니다.

열매로만 알 수 있다

이미 언급한 바 있지만, 성경 전체를 놓고 볼 때 참된 그리스도인은 실제로 이러한 모습을 가질 수 없습니다. 따라서 1세기부터 지금까지 이 땅의 교회들에서 볼 수 있는 것은 두 가지입니다. 하나는 유사 그리스도인으로서 4-5절의 내용을 경험하다가 어떤 이유에서든 예수 그리스도를 믿는 것에는 더 이상 기댈 것이 없고 복음이 더 이상 유익이 되지 않는다고 생각하면서 복음을 저버리는 것입니다. 그러한 사례는 1세기부터 계속 있었고, 그것은 배교로 말할 수 있는 모습입니다.

또 다른 하나는 히브리서 수신자들처럼 복음을 듣고 예수 그리스도 안에 있는 복됨을 알고 소유했지만, 거기서 더 이상 자라지 않고 머물러 있다가 예수 믿는 것으로 인해 받는 시련과 유혹으로 다시 유대교로 돌아가려는 생각을 갖고 어정쩡한 태도로 신앙생활 하는 모습입니다. 오늘날로 말하면 한때 복음을 듣고 회개하여 예수 그리스도를 믿고 난 뒤 구원의 은혜에 감격해서 믿음의 싸움을 싸우며 열심을 냈던 사람이 시간이 지날수록 영적인 안주와 나태함 속에 빠져 살다가 어느새 예수 믿는 것의 매력과 능력, 생기와 생명력을 잃은 채 적당히 신앙생활 하면서 뒤로 물러나는 것과 같습니다. 특히 예수 믿는 것이 자신에게는 별 유익이 없다고 여기면서 옛 생활로 돌아가고 싶어 하는 것입니다.

우리가 현실 속에서 생각할 수 있는 것은 이 두 가지 모습입니다. 그러나 누가 첫 번째 경우 또는 두 번째 경우에 해당하는지 알 수 없습니다. 누가 유사 그리스도인에 해당하거나 또는 참된 그리스도인으로서 영적으로 뒤로 물러나 있는 것에 해당하는지 분간하기 어렵다는 것입니다. 물론 유사 그리스도인 중에는 아예 드러내 놓고 중간에 배교하는 사람도 있지만, 그러한 상태로 주님이 도무지 알지 못한다고 말씀하신 사람들처럼 끝까지 자기 확신을 가지고 가는 사람도 있기 때문입니다. 마태복음 7장에 나오는 사람들은 자신조차도 자신의 상태에 대해 모르고 있었습니다. 스스로 기만해서 끝까지 그렇게 간 것입니다. 이처럼 자신에 대해서조차 모를 수 있습니다.

우리는 본문에 이어서 나오는 7-8절의 내용처럼 결론을 통해서만 알 수 있습니다. 곧 가시와 엉겅퀴를 내는 것과 합당한 채소를 내는 것을 통해서 알게 되는 것입니다. 땅 자체만 봐서는 무슨 열매를 낼지 알 수 없습니다. 예수님이 마태복음 7장에서 열매로 그들을 안다고 하신 것처럼 땅속에 감추어진 실체가 나오는 것을 보고 알게 되는 것입니다. 오늘날 교회 안에도 이러한 두 가지 모습이 분명히 있습니다. 둘 다 열매가 드러나지 않아서 분간하지 못할 뿐입니다.

구별되지 않고 복음에서 멀어지고 있는 참된 그리스도인들을 위해

여기서 우리가 생각해야 할 대상은 유사 그리스도인이 아닌 참된 그리스도인입니다. 우리 역시 유대 그리스도인들처럼 예수 그리스도를 믿는 자임에도 배교적인 모습을 가질 수 있다는 점에 대해 생각해 봐야 합니다.

세월이 지나도 그리스도의 도의 초보에서 벗어나지 않음으로써 실상은 유사 그리스도인과 별반 다를 바 없는 모습이 문제입니다. 마땅히 선생이 되어야 하고 장성해야 함에도 그러지 못한 영적 상태에 있는 사람은 유사 그리스도인과 잘 구분되지 않습니다. 히브리서 기자는 그런 사람을 아예 배교자에 가까운 사람으로 묘사합니다. 배교 위험이 농후해서 강력하게 경고해야만 할 정도로 유사 그리스도인과 별반 다를 바 없는 위험한 상태라는 것입니다. 처음에 복음을 듣고 큰 구원에 감격했으나 초보에 머물러 있으면서 유대교의 유혹을 받고 복음에는 더 이상 매력을 느끼지 못하는 모습이야말로 사실상 배교로 나아가고 있는 것이라고 말하는 것에 주목해야 합니다. 이처럼 장성함의 진보가 없는 모습과 상태를 히브리서 기자는 매우 심각하게 여깁니다.

물론 히브리서 수신자들은 이런 경고의 내용을 가볍게 생각했을 수도 있습니다. '그게 뭐 어때서? 예수님이 나를 위해 죽으셨고 구원이 확실한데 그렇게까지 심각하게 생각할 필요가 뭐 있나?' 그들은 힘든 현실 때문에 다시 유대교로 돌아가고 싶다는 생각을 잠시 가졌다고 생각할지도 모릅니다.

그러나 히브리서 기자는 그렇게 생각하지 않았습니다. 영적인 나태함 속에서 장성함의 진보가 없는 그들 안에서 꿈틀대고 있는 배교 위험을 본 것입니다. 복음의 복됨과 예수 그리스도 안에 있는 큰 구원의 가치와 영광이 희석되어 이렇게까지 가치 없고 가벼운 것으로 여겨질 수 있을까 생각한 것입니다. 그들이 큰 구원의 가치를 가볍게 여겼다는 것 자체를 배교가 꿈틀대고 있는 것으로 본 것입니다. 만일 그런 생각과 마음이 진행되어 구체적으로 실행된다면 그것이 바로 하나님의 아들을 다시 십자가에 못 박아 드러내 놓고 욕되게 하는 것과 같은 배교라는 것입니다.

그러므로 우리가 배교 위험을 경고하는 말씀 속에서 생각해야 할 것은 이것입니다. 그들이 그런 유혹에 흔들리고 어떤 이유에서든 거기서 더 나아가지 않은 것을 영적으로 나태한 상태와 밀접하게 관련된 것으로 말한다는 것입니다. 이것은 우리가 영적인 나태함 속에서 그리스도의 도의 초보에 머물러 있는 신앙생활을 할 바로 그때가 배교를 부추기는 유혹을 더 크게 받는 때라는 사실입니다. 옛날에는 큰 고난이 없어서 좋았다느니, 예수를 믿어도 별 유익이 없다느니, 좀 편하고 싶은데 어쨌다는 식으로 말하다가 마침내 이것을 충족시켜 줄 것처럼 보이는 것에 연결되는 것입니다. 영적인 성숙과 진보가 있으면 그런 것이 무시될 정도로 크게 보이지 않지만, 영적인 나태함 속에서는 배교적인 생각과 태도를 갖고 이것을 실천할 수 있을 것 같은 유혹이 찾아옵니다. 유대교의 편안함과 유익들이 눈에 띄게 다가오는 것입니다. 이러한 이유로 히브리서 기자는 이 문제를 가볍게 보지 않았던 것입니다.

그들이 만일 그리스도 안에 있는 부요한 은혜와 복을 더 알고, 소망 안에서 믿음으로 행하며, 계속해서 장성함의 진보가 있었다면 유대교로 돌아가고 싶다는 생각에는 동요하지 않았을 것입니다. 오늘날 교회 안에도 예수 믿는 것에는 더 이상 유익이 없어 보이고 대신 예수 믿기 전이 좋아 보여서 세상으로 다시 돌아가고 싶어 하는 사람들이 있습니다. 예수를 믿고 따르는 것에 마음이 식어서 이러한 생각을 갖는 사람들이 있는 것입니다.

우리는 히브리서 기자가 배교 위험을 경고하는 배경에 주목해야 합니다. 히브리서 수신자들은 이미 그리스도의 복음에서 멀어지고 있었습니다. 하나님의 아들이 오셔서 행하신 크고 부요한 일에 대해 마음이 식었던 것입니다. 그것은 마치 현실적인 가치가 없다고 여길 만큼 마음이 멀어진 것입니다. 결국 주님에 대한 신앙에서 멀어지게 된 것입니다.

그런데 바로 그러한 나태함과 듣기 둔한 상태가 오늘날 교회 안에서도 적지 않게 나타나고 있습니다. 히브리서 기자는 바로 거기서부터 배교 위험을 본 것입니다. 그러한 상태에서 장성함의 진보가 없다면 그것은 현상만 유지하고 있는 것이 아니라 본문과 같은 배교로 나아갈 모습으로 본 것입니다. 그래서 배교 위험에 대해 강한 표현으로 경고한 것입니다.

만일 자신이 예수 믿는 것으로 인해 어려움을 겪고 싶지 않고 쉽고 편한 길을 가고 싶다면 그것은 내면에서부터 이미 배교적인 마음을 품고 있는 것입니다. 그런 마음은 영적으로 나태할 때 더욱 크게 일어나고, 심지어 그 마음을 행동으로 옮기는 데까지 나아가게 하는 토양이 됩니다. 그래서 본문에서 말하는 영적인 나태함은 매우 치명적인 것입니다.

하나님과의 인격적인 관계 속에서 가는 신앙의 여정

예수 믿는 우리는 장성함의 진보 외에 다른 것은 생각할 수 없습니다. 우리는 예수 그리스도를 만남으로써 그리스도 안에 있는 부요한 복을 알게 되었습니다. 이것은 우리가 단회적으로 알고 말 정도의 가치가 아닙니다. 거기서부터 계속해서 장성함의 진보가 있어야 합니다. 비록 세상은 이런저런 모습을 가질 수 있지만, 우리는 장성함의 진보 외에 다른 생각과 태도를 갖는 것은 위험합니다.

그러나 안타깝게도 너무나 많은 사람이 이에 대한 자각이 없습니다. 대신 놀라울 정도로 자신이 4-5절의 내용을 경험했다는 사실에만 붙들려 있습니다. 제가 지금까지 목회하면서 만난 많은 사람이 그러했습니다. 자신이 이전에 신앙적으로 무엇을 경험했는지를 가지고 말하려고 하는 것입니다. 그러면서도 장성함의 진보는 두드러지지 않습니다.

우리가 착각하지 말아야 할 사실은 예수 믿고 나서 자동적으로 구원받을 것이라는 생각입니다. 우리의 영적인 여정은 단 한순간도 비인격적인 순간이 없습니다. 왜냐하면 그것은 성령과 말씀을 통해 예수 그리스도와의 인격적인 관계를 지속적으로 맺으면서 가는 여정이기 때문입니다. 그 여정은 하나님을 자신과 동떨어진 존재로 믿으면서 갈 수 있는 성격의 것이 아닙니다.

우리는 종종 자신이 가진 성경 지식으로 신앙이 성숙했다고 착각합니다. 그러나 기독교 신앙은 성령과 말씀을 통해 예수 그리스도와의 인격적인 관계를 지속적으로 갖는 데 있습니다. 예수 그리스도를 더 알고 따르는 인격적인 반응과 관계 속에서 갖는 여정입니다. 따라서 성경에 대한 지식은 있어도 삶 속에 하나님과의 인격적인 관계성에 바탕을 둔 신앙의 모습과 태도가 없다면 그것은 위험한 일입니다. 그것은 오히려 영적으로 후퇴하고 있는 것임을 알아야 합니다. 우리는 성경에 대한 지식이 나를 보장해 주는 것이 아님을 기억해야 합니다. 그러한 생각은 특별히 경건 서적을 많이 읽는 사람들이나 많은 신학 지식을 가진 사역자에게 대단히 위험한 일이 됩니다.

영적인 성숙은 하나님과의 관계를 모르는 상태에서 일어나지 않습니다. 그것은 하나님에 대한 자신의 인격적인 반응 속에서 일어납니다. 말씀과 성령에 대한 인격적인 반응 속에서 말입니다. 그것이 장성함의 진보로 나아가는 출발입니다. 그러므로 우리는 본문의 내용을 경험함으로 인해 현재 주님을 알아 감에 있어서 어떠한가를 물어야 합니다. 자신이 무엇을 경험했는지만 자꾸 물어서는 안 됩니다. 현재 주님을 더욱 알아가는 모습으로 나타나지 않는 과거의 경험은 이상한 것입니다.

저는 목회자로서 자신이 과거에 경험한 사실은 말하면서도 정작 그리스도를 아는 관계 속에서 성장이 없는 모습을 보는 것이 너무 안타깝습니다. 많은 사람이 자아도취적이고 자기중심적인 태도 속에서 자신의 힘든 부분을 위로받고 채움을 받기만 원합니다. 그러나 영적으로 나태함 가운데 있으면서도 힘든 부분만 만져 주고 토닥거려 주는 것은 어쩌면 그 사람을 더욱 망치는 일이 될 수 있습니다. 우리는 이 부분에서 냉철할 필요가 있습니다.

복음 안에 있는 부유하고 복된 것을 알고 소유한 사람이 왜 뒤로 물러나는 것일까요? 그것이 자꾸만 딴생각을 하고 뒤를 돌아보게 할 정도로 정녕 무가치한 것일까요? 우리와 같은 죄인을 위해 하나님의 아들이 친히 오셔서 이루신 구원은 결코 가볍고 값싼 것이 아닙니다. 히브리서 기자는 절대 그렇지 않다고 말합니다. 그것은 비교 불가능한 내용인데 왜 자꾸만 뒤로 물러가느냐고 심각하게 경고하는 것입니다.

영적으로 나태한 사람은 그 상태에 맞아떨어지는 일이 계속 있기 때문에 더욱 뒤로 물러난다는 사실을 잊지 마십시오. 히브리서 기자가 타락한 자로 말한 모습으로 발전해 나가는 것입니다. 그것은 우리 주변에서도 쉽게 볼 수 있는 모습입니다. 예수 믿는 자에게는 장성함의 진보 외에 다른 신앙 태도와 모습은 위험하다는 것을 잊지 마십시오. 그것은 예수 믿는 자에게 좋은 증거가 아닙니다. 부디 이 부분에 있어서 명확할 수 있기를 바랍니다.

7장

하나님의 은혜와 그리스도의 십자가 대속의 효력이 별 의미 없어 보이는가?

타락한 자들은 다시 새롭게 하여 회개하게 할 수 없나니
이는 그들이 하나님의 아들을 다시 십자가에 못 박아 드러내 놓고 욕되게 함이라

히 6:6

성도의 믿음과 성경의 경고

구약시대는 물론이고 초대교회 때부터 교회 안에는 기독교 신앙의 모방자들이 있었고, 부흥이 일어날 때도 그 부흥에 휩쓸려 교회에 들어온 모방자들이 있었습니다. 그들 중에는 한동안 기독교 안에 있으면서 히브리서 6장 4-5절의 내용을 맛보았다가 교회를 떠나는 사람들도 있었습니다.

그러나 한편으로는 구원받은 참된 신자들도 여러 가지 유혹과 시련 속에서 배교 위험에 대한 경고를 들어야 할 모습과 상태를 갖기도 했습니다.

바로 그런 문제 때문에 성경은 배교 위험을 경고합니다. 예수님도 제자들에게 이미 그와 같은 말씀을 하셨습니다. 오고 오는 많은 신자들은 유혹과 어려움을 만날 때 그와 같은 메시지를 통해 많은 유익을 얻습니다. 과거 예수 믿는 사람들은 성경에 기록된 배교 위험 경고를 통해 경성하게 되었고, 지금도 신자들이 이 말씀을 따라 믿음의 인내를 하면서 앞으로 나아가는 일이 계속되고 있습니다.

우리는 듣고 싶어 하는 내용만 아니라 성경의 모든 부분에서 말씀하는 바를 듣고 교훈을 받아야 마땅합니다. 앞에서 살펴본 것처럼 유사 그리스도인과 참된 그리스도인의 모습은 구별하기 쉽지 않습니다. 그럼에도 둘의 차이는 최종적인 결과로 드러나기 전에 경고 말씀에 대한 반응에서부터 드러나기 시작합니다. 히브리서 기자는 영적 나태함 속에서 복음에 대한 매력과 가치를 뒤로하고 예수 믿기 이전의 조건을 좋게 생각하는 것을 배교의 전조로 말했습니다.

히브리서가 말하는 결정적인 타락

히브리서는 '타락한 자들'이 다시 새롭게 하여 회개하게 할 수 없다는 충격적이고 끔찍한 말을 합니다. 이것은 일시적으로 한 번 넘어지는 자들이 아니라, 떨어져 나가는 자를 뜻하기 때문에 결론적으로 배교자를 말합니다. 왜냐하면 곧바로 "다시 새롭게 하여 회개하게 할 수 없나니"(히 6:6상)라고 말하기 때문입니다. 거기서 더 나아가 "하나님의 아들을 다시 십자가에 못 박아 드러내 놓고 욕되게 함이라"(히 6:6하)라고 말합니다. 바울은 로마서 11장에서 이스라엘을 두고 "그들이 넘어지기까지 실족하였느냐"(롬 11:11)라고 하면서, 실족과 넘어짐을 구분해서 말했습니다. 그런데 본문에서 '타락'은 '넘어짐'이란 말에 다른 단어를 덧붙여서 확실한 넘어짐을 말합니다. 즉 넘어져서 아예 떨어져 나가는 것을 의미합니다. 그런 점에서 본문에서 말하는 '타락'은 바울이 말한 '실족'과는 다릅니다.

예를 들어 구약시대 므낫세는 이스라엘 백성에게 우상 숭배를 부추긴 매우 악한 왕이었습니다. 그러나 그가 회개했을 때 하나님은 그에게 은혜를 베푸셨습니다. 예수님을 세 번이나 부인하고 심지어 저주하기까지 했던 베드로 역시 회개하여 은혜를 입었습니다. 그러나 본문에서 말한 '타락한 자들'은 이들과는 전혀 다릅니다.

존 오웬은 본문에서 말하는 타락은 특정한 죄나 유혹에 빠지는 것이나 기독교의 본질적인 원리 몇 가지를 부인하는 것이 아니라고 말합니다. 왜냐하면 성경에는 여러 가지 유혹에 빠졌다가 회개한 사람들이 많기 때문입니다. 또 오웬은 "유혹에 빠지는 일은 사전에 계획된 것도 아니요, 의도적으로 택해서 빠지게 되는 것도 아니다"라고 말합니다.[23] 그러한 실례로 죽은 자의 부활을 부정했던 고린도교회를 듭니다. 그들은 기독교의 중요한 원리를 부인하는 죄에 빠졌기 때문입니다.

또한 갈라디아교회 성도 중에는 오직 그리스도를 믿음으로써만 의롭다 함을 얻는다는 칭의를 부인하고 거기에 율법의 행위를 덧붙이는 죄를 범한 사람도 있었습니다. 그런 중대한 진리를 일시적으로 범하는 죄도 오웬은 결정적인 타락으로 말하지 않습니다. 왜냐하면 바울의 서신을 통해 그 죄에서 돌아온 사람이 있었기 때문입니다. 오웬은 본문이 말하는 타락은 "기독교의 주요 원리 및 교리를 전적으로 부인하는 것"이라고 말합니다.[24]

기독교의 모든 진리는 엮여 있습니다. 그런데 타락은 그 엮여 있는 진리의 중심부, 곧 "그리스도에 대한 믿음과 복음의 규례 및 그에 대한 순종을 자진해서 저버리기로 결심한 것"이라고 말합니다.[25]

히브리서 기자는 그런 식의 타락은 다시 새롭게 하여 회개하게 할 수 없을 정도로 결정적인 것이라고 말합니다. 어떤 사람은 이러한 회개의 불가능성에 대해 의아하게 생각할 것입니다. 왜냐하면 성경은 성령훼방죄 외에는 아무리 악한 죄라도 회개하면 하나님이 용서하시고 회복시켜 주실 것을 말하기 때문입니다.

그런데 본문은 4-5절의 내용을 경험하고도 타락한 자들은 그와 같은 회개로 다시 새롭게 하지 못한다고 말합니다. 마음의 변화로 말하는 회개가 불가능하다는 것입니다. 70인역은 이것을 다시 회복하지 못한다는 단어로 번역합니다.

복음을 배반하여 적대하는 타락

그렇다면 회개로 다시 새롭게 하지 못한다는 말의 구체적인 의미는 무엇일까요? 자기 자신이 회개하여 다시 새롭게 하지 못한다는 것인지, 아니면 다른 사람이 못하게 하는 것인지에 대해 질문이 제기될 수 있습니다. 실제로 이 부분에 대해 해석이 나뉘어 있습니다. 이에 대해 오웬은 후자로 말합니다. 그런데 둘 다 할 수 없다고 볼 수 있습니다. 다른 사람에 의해서도 그렇게 하지 못할 뿐만 아니라 자기 자신도 그렇게 하지 못하는 것입니다. 그렇게 하지 못할 정도로 이미 마음이 완고해졌기 때문입니다. 그래서 거쓰리는 이렇게 말합니다.

"회개는 죄인이 거룩한 하나님 앞에 자신을 낮추는 것과 관련이 있는 행위이기 때문에 그리스도에게 모욕적인 태도를 취한 사람은 회개할 가능성이 없는 것이 명백하다. 완고해지는 과정은 성령의 권고를 감지하는 모든 감수성을 제거하는 단단한 껍질을 제공한다. 이후 귀환이 불가능해지는 지점에 다다르게 되고, 그때는 회복이 불가능하다."[26]

실제로 우리 현실 속에서도 그런 모습을 취하는 사람들이 있습니다. 한때 교회를 다녔지만 이제는 교회를 등지고 마음이 더욱 단단해져서 하나님의 말씀에 대한 거부감이 매우 강한 사람들이 있습니다. 복음에 대해 매우 공격적인 반응을 보이는 사람들이 있습니다. 한때 복음을 좋아했고 거기에 반응도 했지만 이제는 우스갯소리와 말장난으로 여기는 것입니다. 복음을 더 이상 들을 가치가 없는 것으로 여겨서 강한 반대와 적대감을 보이는 것입니다. 결국 이러한 모습이 본문의 실례라고 할 수 있습니다.

십자가의 대속을 욕되게 하는 타락

이와 같이 타락한 자, 즉 다시 새롭게 하여 회개하는 것이 불가능한 자는 최악의 길을 가는 것입니다. 이는 자신을 위해 십자가에 못 박히셨다고 듣고 알았던 예수 그리스도를 다시 거부하는 것이고 그분의 죽으심으로 말미암아 있게 된 모든 복을 드러내 놓고 거부하는 것이기 때문입니다. 이에 대해 히브리서 기자는 이렇게 말합니다.

"우리가 진리를 아는 지식을 받은 후 짐짓 죄를 범한즉 다시 속죄하는 제사가 없고 오직 무서운 마음으로 심판을 기다리는 것과 대적하는 자를 태울 맹렬한 불만 있으리라"(히 10:26-27).

다시 말해, 히브리서 6장 4-5절을 경험하고도 배교하는 것이 다시 새롭게 하여 회개할 수 없는 이유는 다시 속죄하는 제사가 없기 때문이라는 말입니다. 이것은 결국 단번에 드려진 그리스도의 십자가 희생 제사의 효력을 더 이상 신뢰하지 않는 것을 말합니다. 그러면서 거기서 등을 돌리는 것으로 말하는 것입니다. 히브리서 수신자들을 놓고 보면 그런 태도를 보이면서 다시 유대교로 돌아가 제사 제도를 받아들이는 격이 됩니다. 그리스도의 십자가의 희생 제사의 효력을 무가치한 것으로 여기면서 유대교의 제사 제도를 다시 받아들이는 것이 된다는 것입니다.

예수 그리스도는 다시 제물로 드려지실 수가 없고, 누군가를 속죄하기 위해 다시 십자가에 못 박히실 수 없습니다. 그런데도 유대교의 반복적인 희생 제사 제도를 긍정한다는 것은 우리의 모든 죄, 곧 율법 아래서 속죄할 수 없었던 우리의 과거와 현재와 미래의 죄까지 모두 그리스도가 단번에 대속하신 것을 뒤엎는 것입니다. 그리고 죄를 범할 때마다 그 죄를 위해 새로운 속죄 제물을 드리는 방식을 다시 받아들이겠다는 것이 됩니다. 그것은 그리스도의 십자가 대속을 드러내 놓고 부정하며 욕되게 하는 것입니다.

바울은 모세의 율법 아래에서 가졌던 제사 제도를 옹호하는 유대인들에게 다음과 같이 말했습니다.

> "또 모세의 율법으로 너희가 의롭다 하심을 얻지 못하던 모든 일에도 이 사람을 힘입어 믿는 자마다 의롭다 하심을 얻는 이것이라"(행 13:39).

그러므로 4-5절을 경험하고도 배교하는 것은 예수 그리스도로 말미암는 놀라운 은혜와 구속의 효력을 더 이상 신뢰하지 않는다는 것입니다. 그것은 드러내 놓고 예수 그리스도의 십자가 대속을 욕되게 하는 것입니다.

하나님의 긍휼과 은혜를 얻을 수 있는 유일한 근거를 차 버리는 타락

죄 아래 있는 인간이 회개하여 은혜를 입을 수 있는 근거는 그리스도의 십자가 죽음으로 인한 속죄입니다. 그 근거가 없으면 회개는 아무 의미가 없습니다. 그리한 회개는 양심상 뉘우침과 같은 수준밖에 되지 않습니다. 회개를 통해 얻게 되는 하나님의 모든 긍휼과 은혜와 구원은 오직 한 가지 예물, 곧 예수 그리스도라는 제물에 국한되어 있습니다.

"이와 같이 그리스도도 많은 사람의 죄를 담당하시려고 단번에 드리신 바 되셨고 구원에 이르게 하기 위하여 죄와 상관 없이 자기를 바라는 자들에게 두 번째 나타나시리라"(히 9:28).

"오직 그리스도는 죄를 위하여 한 영원한 제사를 드리시고 하나님 우편에 앉으사"(히 10:12).

"그가 거룩하게 된 자들을 한 번의 제사로 영원히 온전하게 하셨느니라"(히 10:14).

이처럼 죄 아래 있는 인간, 율법의 정죄 아래 있는 인간이 하나님의 모든 긍휼과 은혜와 구원을 얻을 수 있는 한 가지 예물은 오직 예수 그리스도입니다. 이처럼 그리스도가 자신을 드리신 단 한 번의 예물은 우리의 죄를 속하기에 충분한 효력을 가지고 있습니다. 뿐만 아니라 영생과 함께 많은 복을 얻어 누리기에도 충분한 효력이 있습니다. 그래서 우리는 기도할 때도 예수 그리스도의 이름으로 기도해야 합니다. 그리스도를 통하지 않고서는 어떤 것도 얻을 수 없기 때문입니다. 그리스도 없이는 하나님 앞에 나아간다는 것 자체가 불가능합니다.

그러므로 배교는 유일한 속죄의 근거, 즉 그리스도가 십자가에서 단번에 죄를 속하는 제사를 드리신 것의 효력을 더는 신뢰하지 않는 것입니다. 그것은 결국 하나님의 모든 긍휼과 은혜를 얻을 수 있는 유일한 근거를 신뢰하지 않고 부정하는 것입니다. 회개하여 하나님의 긍휼과 은혜를 입을 수 있는 근거를 스스로 거부해 버리는 것입니다. 이 때문에 그리스도의 십자가의 죽음을 부정하는 자는 다시 새롭게 하여 회개할 수 있는 길을 스스로 막습니다. 이것은 기독교 신앙에서 최악의 일로서 결국 복음에 대한 배반이 얼마나 치명적인 것인지를 말해 줍니다.

기독교의 중심을 부정하는 치명적인 타락

이처럼 그리스도의 희생 제사 효력을 별것 아닌 것처럼 여기고 유대교의 제사 제도를 다시 받아들이려고 한 행동은 결코 가벼운 것이 아닙니다. 우리는 그들이 보인 이러한 반응을 신앙적으로 갈등하면서 잠시 유혹을 받은 것이나 한 번 실수한 것 정도로 생각할지 몰라도, 히브리서 기자는 결코 그렇게 취급하지 않습니다. 그러한 반응의 핵심에는 기독교의 중심이요, 결정적인 진리인 그리스도의 십자가 희생 제사의 효력을 신뢰하지 않는 배교적인 것이 있기 때문입니다.

그래서 본문이 말하는 타락한 자는 그런 마음과 태도를 행실로 드러내어 결론적으로 그렇게 나아가는 자를 말합니다. 기독교 안에서 한때 열심을 가지고 많은 활동과 놀라운 경험을 했을지라도 기독교 핵심 진리와 신앙의 중추인 예수 그리스도와 그분의 십자가로 인한 희생 제사의 효력을 별것 아닌 것처럼 여기고 더 이상 신뢰하지 않는 것은 결코 가벼운 것이 아닙니다. 그것은 매우 위험한 것입니다.

가끔 교회 생활을 오래 하면서 어떤 이유에서든 예수 믿는 것을 힘들어하며 신앙생활을 대충 하는 사람들이 있습니다. 그러면서 주님에게서 멀어지는 모습을 드러냅니다. 물론 그것은 그런 상태에서 다른 곳으로 눈을 돌리는 것 속에서 있는 것입니다. 저는 그런 사람을 볼 때면 예수 그리스도와 그분의 십자가 은혜가 더 이상 의미와 가치와 매력이 없어진 것은 아닌지 우려됩니다.

왜 한동안 열심히 신앙생활 하던 사람이 다른 곳으로 한눈을 팔게 되는 것일까요? 그동안 그에게 매력을 주었던 것은 무엇이었다는 말입니까? 교회 안의 사람들과 교제하면서 심신을 위로받고 축복을 받는다는 것 때문이었을까요? 그들은 왜 더 이상 그리스도의 희생 제사의 효력을 의미 없는 것처럼 여기는 것일까요?

그동안 알고 감격했던 예수 그리스도와 그분의 십자가의 대속으로 얻게 된 구원과 수많은 복이 이제는 별것 아닌 것이 되었다면 그것은 결코 가벼운 문제가 아닙니다. 설령 본문과 같은 배교는 아닐지라도, 그런 생각을 품은 내면에는 이미 그런 움직임이 있는 것입니다. 사실 마음에 없었던 것을 갑자기 행동으로 옮기는 사람은 없습니다. 내면에서부터 이미 배교적인 상태를 갖고 있기 때문에 행동으로 드러내는 것입니다.

그리스도와 십자가에 대한 감격으로 영적 건강을 진단하라

여기서 우리가 한 가지 확인하게 되는 사실은 예수 믿는 자들 안에서 꿈틀대는 배교의 위험입니다. 예수 믿는 자들은 이러한 내용을 비그리스도인들에게 적용하려는 경향이 강하지만, 히브리서 기자는 이 내용을 유대 그리스도인들에게 말했습니다. 우리의 내면에서부터 복음에 대한 감격과 신앙이 식는 것이야말로 배교의 전조요 시작이라는 것을 히브리서 기자는 밝혀 주고 있습니다. 그들은 멜기세덱에 대해 듣기 둔한 상태라고 말했지만, 그들의 내면에서는 예수 그리스도와 십자가를 통한 희생제사의 효력에 대한 감격과 신뢰가 시들해졌던 것입니다. 그래서 유대교를 힐끗거리며 거기로 돌아가고 싶은 유혹을 받았던 것입니다.

그런 면에서 우리는 예수 그리스도와 그분이 십자가에서 이루신 것에 대한 신뢰 여부로 영적인 건강을 확인해 볼 수 있습니다. 또한 이것을 통해 배교적인 모습과 상태도 확인해 볼 수 있습니다. 그렇다면 여러분은 예수 그리스도와 그분의 십자가로 말미암은 은혜와 복을 여전히 신뢰하고 있습니까? 자신의 존재와 삶의 중심이 되고, 삶의 위로와 소망이 될 정도로 그것을 강력하게 신뢰하고 있습니까?

만일 교회를 다니면서도 예수 그리스도의 십자가 죽음의 효력이 더 이상 자신에게 의미와 가치가 없다면, 그것이 자신의 신앙과 삶에 위로와 힘과 소망이 되지 않는다면, 그의 신앙은 건강하지 않은 것입니다. 겉모습은 어떨지 몰라도 그의 내면은 다른 것에서 위로와 힘을 얻고자 할 것입니다. 그러므로 예수 그리스도와 십자가의 대속의 효력에 대한 신뢰를 뒤로하고 있을 정도로 다른 것에 마음을 빼앗기고 있지는 않은지 확인해 보기를 바랍니다. 아무리 고난이 거세고 유혹이 많아도 다른 것에 한눈팔지 않을 정도로 그것이 자신의 신앙과 삶의 견고한 기초가 되고 있는지, 고난 중에도 나를 위로하고 감격하게 하는 구원과 생명의 실체로 여겨지는지를 말입니다.

예수 믿는 것은 내면에 감상적인 즐거움을 주는 정도가 아닙니다. 그것은 한 사람의 운명을 영원히 바꾸는 것입니다. 이 세상과 우주 만물 가운데 그 누구도 해결하지 못하는 죄를 해결함으로써 참 생명을 얻게 합니다. 우리가 이 세상에서 갖고 싶어 하는 것들과는 비교가 안 되는 무한한 가치를 갖게 합니다. 그러므로 그것이 자신에게는 더 이상 의미와 가치가 없다고 여겨진다면 그것은 가벼운 것이 아님을 기억하십시오.

귀하디 귀한 은혜를 스스로 차단하는 배교

성경에서 말하는 하나님은 악인이 멸망하는 것을 원치 않으시는 분입니다. 아무리 악한 죄인이라도 회개하면 긍휼을 베푸시는 분입니다. 십자가에 달린 예수님 옆에 있던 강도도 회개했을 때 받아 주셨습니다. 이처럼 하나님의 은혜와 긍휼은 헤아릴 수 없을 만큼 부유합니다. 이것을 창세기부터 요한계시록까지 성경은 계속해서 강조합니다.

그런데 본문은 그러한 하나님의 긍휼을 입는 회개를 할 수 없다고 말합니다. 그러니 오늘날 예수 믿는 우리에게는 이것이 얼마나 심각하고 충격적인 내용입니까? 그러나 그것은 회개의 가장 결정적인 근거인 그리스도의 십자가의 희생 제사의 효력을 부정하기 때문에 회개하게 할 수 없다는 것입니다. 그래서 오웬은 본문을 가지고 배교 문제를 다루면서 이러한 치명적인 문제와 관련해서 다음과 같이 말했습니다.

"이 땅에서 하나님의 아들을 실제로 십자가에 못 박고 그를 현저히 욕보인 자들도 하나님의 용서와 긍휼을 받을 수 있는데 왜 배도자들은 그 용서와 긍휼을 받을 수 없단 말인가? 이 질문에 대한 나의 답은 다음과 같다. 즉 복음의 진리를 맛본 후 그리스도의 복음을 저버린 자들의 죄는 그의 몸을 십자가에 못 박은 자들의 죄보다 훨씬 중하다는 것이다. 그 죄가 더 중한 이유는 자기들이 무엇을 하고 있는지 다 알고 있었기 때문이다. 그리스도가 육신으로 계실 때 십자가에 못 박은 자들은 자기들이 무엇을 하고 있는지를 몰랐었다. 이 배도자들은 복음의 진리 및 그 선하심과 영광을 체험했다. 그리스도를 실제로 십자가에 못 박은 자들은 그중 어느 것도 체험하지 못했고 체험할 수도 없었는데 말이다. 이 배도자들은 하나님의 선하신 말씀과 내세의 능력을 맛보았다."[27]

그렇습니다. 오웬이 말한 배도자들은 그리스도가 십자가에 못 박히심으로 말미암아 하나님의 긍휼과 은혜가 전달될 수 있는 길이 열려 있어도 그 은혜로 이끄는 성령의 역사와 사역을 사실상 거부함으로써 스스로 긍휼과 은혜의 문을 닫는 사람들입니다. 자신들이 의지적으로 닫는 것입니다. 이것이 얼마나 끔찍한 일입니까?

그리스도와 십자가가 여전히 당신에게 가장 귀한가?

　그런데 더 놀라운 것은 이 끔찍한 일이 교회 안에서 꾸준히 일어나고 있다는 사실입니다. 이에 대해 우리는 어떤 특정한 모습을 상상하거나, 특정한 대상으로 한정 지어 생각하려는 유혹에 빠지지 말아야 합니다. 대신 히브리서 기자가 본문을 유대 그리스도인들에게 말하고 있다는 사실을 계속 기억해야 합니다. 그리하여 우리 또한 이 끔찍한 일에 대한 경고를 들어야 합니다.

　사실 이 경고는 그리스도와 그분의 십자가의 효력을 더 이상 신뢰하지 않는 복음 배반자, 바로 내면의 배교가 시작된 자들에 대한 경고입니다. 이미 마음에서부터 그런 모습을 가진 자들에 대한 경고인 것입니다. 그런 자들은 그리스도와 그분이 십자가에서 이루신 것, 그리고 그 안에서 알게 된 복 대신 다른 것을 기웃거리게 됩니다.

　우리가 정녕 그리스도인이라면 우리의 내면에서부터 그런 생각이 일어나서 거기에 서서히 동조되는 것을 경계해야 합니다. 고난으로 인해서든 세상 유혹으로 인해서든 하나님의 아들 예수 그리스도가 나의 죄를 대속하기 위해 십자가에 달려 죽으시고 이루신 것이 더 이상 매력이 없거나 하찮게 여겨지는 것에 대해 대단한 경계심을 가져야 합니다.

　예수 믿는 자의 신앙과 삶은 하나님의 아들 예수 그리스도가 십자가에서 이루신 것에 기반합니다. 우리가 가진 신앙의 기쁨과 감격, 그리고 장래의 영광도 모두 그리스도가 십자가에서 이루신 것으로 가능해졌습니다. 우리는 그것으로부터 모든 것을 얻고 소유하게 됩니다. 그러므로 우리는 예수를 처음 믿을 때부터 최종 결론에 이르기까지 예수 그리스도와 그분의 십자가의 효력에 기반한 신앙과 삶을 갖고 있다는 사실을 항상 붙들어야 합니다. 자신의 모든 가치와 의미, 그리고 장래까지 거기에 신뢰를 두어야 합니다.

어떤 이유에서든 예수 그리스도와 그분의 십자가의 효력이 별 의미가 없어 보인다면 그것은 그리스도인으로서 최악의 모습임을 잊지 마십시오. 그것은 인간이 하나님과의 관계 속에서 보일 수 있는 최악의 모습입니다. 히브리서 수신자들처럼 이미 내면에서부터 배교의 위험을 갖고 있는 것이고, 다시 회개하게 할 수 없는 타락한 자의 모습을 갖고 있는 것입니다. 그런 상태에서 돌이키지 않고 계속 가게 된다면 그 끝은 본문이 말하는 타락한 자, 곧 배교자의 모습입니다.

우리 신앙의 중심! 우리가 예배하는 이유!

그러므로 배교 위험 경고를 주의 깊게 들으십시오. 그리고 하나님의 아들 예수 그리스도의 대속의 효력이 자신에게는 어떠한 것인지 질문해 보십시오. 오늘날 교회 안에 있는 많은 사람이 이 부분에서 마음이 식어 있습니다. 그러면서도 그 상태를 심각하게 여기지 않습니다. 그러다가 결국 주님에게서 멀어질 때는 여러 가지 핑계를 댑니다. 많은 사람이 교회 생활을 즐거워하고 다양한 신앙적 경험을 했음에도 옛 생활과 세상을 그리워합니다. 교회 안에서 자기 마음대로 신앙생활 하면서 다른 것을 기웃거립니다. 그런 배교적인 마음은 도대체 어디서 나오는 것일까요?

물론 오늘날 소위 '가나안 성도'의 수가 많아진 것은 교회와 목회자에게 실망했기 때문이라는 사실에 목회자로서 깊은 통절감을 느낍니다. 그러나 어떤 이유로든 그리스도에게서 멀어지고, 그리스도가 아닌 다른 것을 기웃거릴 정도로 마음의 변화가 있다면 그것은 분명 문제가 있습니다. 그것은 복음이 그에게 더 이상 가치가 없고 놀라운 것이 아님을 말해주는 것입니다. 그리스도가 십자가에서 이루신 것의 부유함이 자신에게는 더 이상 부유한 것으로 여겨지지 않는 것입니다. 그래서 우리는 예수 그리스도와 그분의 십자가에 대한 신뢰 여부를 자신에게 물어봐야 합니다. 왜 예배를 드리러 나오는지, 왜 하나님 말씀에 따라 살고자 하는지를 말입니다.

기독교는 윤리 종교가 아닙니다. 우리가 윤리적인 삶을 사는 이유는 윤리 규범을 배워서가 아닙니다. 그렇게 우리의 삶이 바뀐 것은 예수 그리스도를 알고 구원의 복음을 들었기 때문입니다. 이것을 알게 되었을 때 우리의 가치는 그리스도와 그분의 십자가에서 이루신 무한한 가치입니다. 여기에 우리 자신의 의미와 가치를 두는 것입니다. 여기서부터 우리의 삶은 달라집니다. 이것을 대체할 만큼 가치가 있는 것은 이 세상에 존재하지 않습니다.

바울은 그리스도를 얻기 위해 모든 것을 배설물로 여겼습니다(빌 3:7).[28] 그리스도를 아는 지식이 최고이기에 과거에 중요하게 여겼던 것을 배설물로 여긴 것입니다. 뿐만 아니라 그는 앞으로도 그것과 경쟁이 될 만한 것들은 모두 배설물로 여긴다고 말했습니다(빌 3:8).[29]

그 무엇도 그리스도와 십자가에 대한 우리 마음을 시들게 하거나 빼앗아 가지 못하게 하라

우리는 히브리서 기자가 말한 요점을 우리 자신에게도 질문해 봐야 합니다. 물론 "예수 그리스도가 십자가에서 죽으시고 구원하신 것을 나는 확신해. 나는 구원의 확신이 있으니까 아무런 문제가 없어"라고 말할 수 있습니다. 좋습니다. 그러나 그것이 어떻게 자신의 삶에 적용되는지 물어야 합니다. 다른 것을 기웃거리지 않을 만큼 그리스도의 구속의 은혜와 그분이 십자가에서 이루신 것에 자신의 신앙과 삶과 존재의 가치를 여전히 두고 있는지 말입니다. 아무리 강력하고 힘든 유혹도 나를 흔들거나 되돌릴 수 없을 만큼 그것에 대한 무한한 가치를 알고 신뢰를 두고 있는지 물어야 합니다. 우리가 이 사실에서 마음이 식을 때 히브리서 수신자들처럼 되는 것입니다. 옛 생활과 세상을 그리워하면서 기웃거리는 모습, 곧 배교적인 내면의 모습을 보이게 되는 것입니다.

예수 믿는 우리는 그리스도가 십자가에서 죽으심으로써 명확하게 보여 주신 결론을 향해 흔들림 없이 가야 합니다. 복음의 풍성함 안에서 말입니다. 우리는 이 부분에서 시들해져서는 안 됩니다. 물론 우리의 마음을 시들게 만드는 유혹은 있습니다. 이에 대해 우리는 말씀을 통한 성령의 역사 속에서 이기고 다시 일어서야 합니다. 그런 유혹에 빠져서 다시 옛 생활로 돌아가려는 것은 예수 믿는 자에게는 말이 안 되는 모습입니다.

그러므로 하나님의 아들이 십자가에 달려 죽으신 것이 자신에게 어떠한 가치가 있는 것인지부터 명확하게 하십시오. 만일 그것이 다른 것과 바꿀 정도로 하찮은 것이거나 또는 상황이 달라지면 달리 보일 정도의 가치라면 그는 아직 예수 그리스도와 십자가의 구속의 실체를 모르는 것입니다. 그것을 아는 자는 결코 그럴 수 없습니다.

이 세상 어떤 것으로도 그리스도가 십자가를 통해서 이루신 효력은 예수 믿는 자 안에서 지워지거나 제거되지 않습니다. 누구도 그것을 흔들 수 없습니다. 우리가 뒤를 돌아보게 할 정도의 사소한 내용이 아니기 때문입니다. 바울의 고백을 들어 보십시오.

"그러나 무엇이든지 내게 유익하던 것을 내가 그리스도를 위하여 다 해로 여길뿐더러 또한 모든 것을 해로 여김은 내 주 그리스도 예수를 아는 지식이 가장 고상하기 때문이라 내가 그를 위하여 모든 것을 잃어버리고 배설물로 여김은 그리스도를 얻고 그 안에서 발견되려 함이니…내가 이미 얻었다 함도 아니요 온전히 이루었다 함도 아니라 오직 내가 그리스도 예수께 잡힌 바 된 그것을 잡으려고 달려가노라 형제들아 나는 아직 내가 잡은 줄로 여기지 아니하고 오직 한 일 즉 뒤에 있는 것은 잊어버리고 앞에 있는 것을 잡으려고 푯대를 향하여 그리스도 예수 안에서 하나님이 위에서 부르신 부름의 상을 위하여 달려가노라"(빌 3:7-9상, 12-14).

8장

복음이 한때 좋았다가 지금은 싫증이 났는가?

타락한 자들은 다시 새롭게 하여 회개하게 할 수 없나니
이는 그들이 하나님의 아들을 다시 십자가에 못 박아 드러내 놓고 욕되게 함이라

히 6:6

배교를 통해 드러나는 거짓 신앙

　이 장에서는 본문에서 말하는 '타락한 자들', 곧 실제로 떨어져 나가는 배교자에 대해 조금 더 자세히 살펴보겠습니다. 하나님이 택하신 자인 참된 그리스도인은 실제로 배교할 수 없다고 성경은 말합니다. 이 때문에 본문을 가설적인 내용으로 해석하는 사람들이 있습니다. 그럼에도 본

문의 표현 자체는 분명 배교자를 말하고 있습니다. 따라서 우리는 기독교 안에서 배교자를 생각하지 않을 수 없습니다. 과연 그런 자들이 어떤 사람들인지 말입니다.

물론 우리는 교회 안에서 어떤 사람을 특정해서 배교자로 쉽게 단정 지을 수는 없습니다. 그러나 이미 말한 대로 배교자는 이미 내면에서부터 가진 모습을 결론적으로 드러냅니다. 그렇다고 참된 그리스도인, 거듭난 신자가 배교할 수 있다는 말은 아닙니다. 히브리서 수신자들처럼 참된 그리스도인임에도 배교적인 모습과 상태를 일시적으로 가질 수는 있어도 실제 배교자가 되지는 않습니다. 실제로 배교하는 자는 그가 처음부터 참된 그리스도인이 아닌 유사 그리스도인이었음을 결국 드러내는 것입니다. 그렇게 되는 이유는 다양할 수 있습니다.

최근 10-20년 사이에 한국 교회 안에는 교회에 대한 실망감으로 교회를 떠난 사람들이 늘어나고 있습니다. 그중에는 가톨릭이나 다른 종교, 심지어 이단으로 간 사람도 있습니다. 존 오웬은 복음의 은혜를 알고 신앙생활 하다가 다시 로마 가톨릭으로 돌아가 반복적인 희생 제사의 의미를 담은 미사에 참여하는 것을 '복음에 대한 배교' 또는 '복음 배반'으로 말했습니다. 배교자는 어떤 이유에서든 복음을 등짐으로써 그동안 자신이 가진 신앙이 가짜였음을 드러냅니다. 사도 요한은 요한일서에서 이렇게 말합니다.

"그들이 우리에게서 나갔으나 우리에게 속하지 아니하였나니 만일 우리에게 속하였더라면 우리와 함께 거하였으려니와 그들이 나간 것은 다 우리에게 속하지 아니함을 나타내려 함이니라"(요일 2:19).

요한은 그들이 유사 그리스도인이기 때문에, 실제로는 거듭난 사람이 아니기 때문에, 참 그리스도인이 아니기 때문에 우리에게서 나갔다는 것입니다. 그렇게 배교자는 우리에게서 나감으로써 자신의 존재를 드러냅니다. 이처럼 신약성경은 예수님의 부활 이후 초대교회가 시작된 그 짧은 기간에도 배교자들이 있었음을 보여 줍니다.

예수님도 참 그리스도인들 사이에 유사 그리스도인이 있을 수 있다는 것을 가라지 비유를 통해 이미 말씀하셨습니다(마 13장 참조). 실제로 예수님과 가장 가까이 있었던 열두 제자 안에도 가라지가 있었습니다. 다른 제자들은 누가 가라지인지 끝까지 몰랐지만, 마지막 장면에서 그가 누구인지 드러나게 되었습니다. 그 뒤로 교회 안에는 예수님이 말씀하신 대로 거짓 선지자들이 들끓었고, 거기에 미혹되어 교회를 떠나는 사람들도 있었습니다. 배교가 일어나는 역사의 배후에는 늘 이런 사람들이 함께 있음으로써 배교의 역사가 계속 진행되어 온 것입니다.

마태복음 7장에서 예수님은 그런 사람을 양의 옷을 입은 이리와 같은 거짓 선지자로 말씀하셨습니다. 바울도 사도행전 20장에서 그들을 사나운 이리로 말했습니다. 이처럼 초대교회 안에는 이리와 같은 거짓 교사들에게 미혹되어 실제로 배교하는 자들이 있었던 것입니다. 이러한 거짓 교사들의 활동은 베드로서나 유다서에서 중요하게 언급되고, 특별히 바울서신에서 더욱 상세하게 묘사됩니다.

그런데 예수님이 거짓 선지자들을 말씀하신 대상은 다름 아닌 제자들과 그리스도인들입니다. 물론 그들에게 그런 말씀을 하신 배경은 실제로 그런 자들이 현실 교회 안에 있었고, 앞으로도 있을 것을 아셨기 때문입니다.

배교 친화적 교회 현실

오웬은 신약성경의 많은 부분이 배교 위험을 경고하는 것을 통해 성령이 기본적으로 경고하는 바가 네 가지라고 말합니다.[30] 첫 번째, 어그러진 교훈을 가르치는 사람들이 목사와 교사 중에서 일어날 것입니다. 두 번째, 양 떼를 아끼지 않는 흉악한 이리들이 교회에 들어올 것입니다. 세 번째, 사람들이 건전한 교훈을 듣는 일을 싫어하여 진리로부터 신화로 돌아설 것입니다. 그리고 네 번째로는 배도 현상이 눈에 보이는 가견 교회(visible church) 전체에 전반적으로 일어나되 은밀하고 비밀스럽고 점진적으로 일어날 것이라고 하면서 이것은 결국 불법의 비밀이라고 덧붙입니다. 그는 이 네 가지 사실이 자신의 시대에 나타나고 있다고 하면서 하나씩 설명했습니다.

그러나 오늘날 이 시대에도 오웬이 말한 네 가지 사실이 더욱 보편화되어 나타나고 있습니다. 아예 분간하기 어려울 정도로 더욱 농후하게 드러나고 있습니다. 특별히 어그러지고 왜곡된 교훈을 가르치는 사람들이 목사와 교사 중에 많이 일어났습니다. 우리나라에도 6개월 만에 목사 안수를 받는 사람이 적지 않다는 것은 정말 황당한 일이 아닐 수 없습니다. 물론 찰스 스펄전(Charles Spurgeon)이나 마틴 로이드 존스도 신학교를 나오지 않았습니다. 그러나 교회 회중이 그들을 부를 정도로 그들은 신학교를 나온 사람들 못지않게 준비되어 있었고 신학에 대해서도 부족하지 않은 식견을 가졌습니다. 그에 반해 오늘날 목사와 교사들 가운데는 그렇지 못한 사람들이 너무나 많습니다. 이미 성경이 경고한 바를 그대로 드러내고 있는 것입니다.

또한 양 떼를 아끼지 않는 사나운 이리들이 교회에 들어와 활동하는 것도 쉽게 볼 수 있습니다. 예를 들어, 신천지와 같은 이단들이 노골적으로 교회에 들어와 사람들을 농락하고 탈취합니다. 그리고 우리가 겉모습으로는 다 알 수 없는 삯꾼들이 자신의 생존과 경제적인 유익을 위해 사역하고, 심지어 성적인 죄까지 범하는 사람들도 있습니다.

그뿐이 아닙니다. 오늘날 교회 안에는 바른 교훈을 듣는 것을 싫어하는 사람도 많습니다. 그들은 성경이 배교를 경고하는 내용을 그대로 드러내면서 진리보다 기독교의 옷을 입은 거짓된 가르침과 거짓된 능력과 체험, 잘못된 신비주의로 뒤섞인 것들에 더 매력을 느낍니다. 그러는 가운데 배교 현상이 오늘날 교회 안에서 전반적으로 일어나고 있습니다. 은밀하고 비밀스러우면서도 점진적으로 말입니다.

복음을 배반하는 근본적인 원인

이처럼 우리는 본문이 말하는 타락한 자, 곧 배교자들을 더 많이 보는 시대를 살고 있습니다. 그들도 한때는 복음을 듣고 나름대로 반응했던 사람들입니다. 그러나 이제는 복음을 등지고 떠남으로써 성경이 말했던 예언이 성취되는 것을 현실 속에서 더욱 농후하게 보게 됩니다. 성경이 말한 것을 들어서 알고 있으면서도 복음을 부인하는 일이 벌어지고 있는 것입니다. 복음에 대해 그런 반응을 보이는 것과 관련해서 오웬은 다음과 같이 말합니다.

"복음을 영접한 후 그 복음의 진리에 다시 등을 돌리는 것은 가장 악한 죄로 치명적인 결과를 초래하게 된다. 복음을 영접하고 공개적으로 자신이 그리스도의 백성임을 고백한 후 그 복음의 가르침을 잊어버린 자들은 이스라엘 백성이 한 행동보다 더 악한 것이다. 복음을 영접한 후 그 복음으로부터 멀어져 간 사람들의 죄책은 옛날 유대인들이 저지른 그 우상 숭배의 죄보다 훨씬 더 크다. 왜냐하면 복음은 하나님을 보다 더 분명하게 계시하고 있으며, 율법 아래에서 주어진 어떤 계시보다 훨씬 더 영광스러운 계시이기 때문이다."[311]

한때 복음을 듣고 반응했던 사람은 무엇 때문에 복음을 배반하는 것일까요? 그것은 복음을 들었지만 실제로는 그 복음을 소유한 상태까지는 가지 않았기 때문입니다. 이것이 가장 근원적인 원인입니다. 다시 말해, 그에게 복음은 실제로 복음이 되지 않았기 때문이고, 복음을 통해 거듭나고 회심하지 않았기 때문입니다. 그래서 그의 중심에는 로마서 8장이 말하는 바대로 여전히 하나님의 원수가 되는 육신의 생각이 꿈틀대는 것입니다.

복음의 진리는 현재와 장래의 모든 복과 영광이 오직 그리스도와 그분의 십자가로 말미암아 있게 된 그분의 의에 달려 있다고 말합니다. 타락한 우리의 마음은 그분의 의 안에서 새롭게 됩니다. 복음은 우리에게 온 마음으로 하나님께 순종하고자 하는 마음을 갖게 합니다. 결국 그런 삶의 반응과 결론으로 이어질 때에야 그가 복음을 진실로 알고 소유한 사람, 즉 회심한 사람인 것을 어느 정도 알게 됩니다.

그러나 회심하지 않은 사람, 곧 회개하여 새롭게 되지 않은 사람은 복음의 진리를 따라서 행하고 순종하는 것에서 자신의 본심을 드러냅니다. 마치 헤롯이 세례 요한의 말을 들었을 때 크게 번민하면서 달갑게 들었으나 정작 순종하지 않음으로써 자신의 본성을 드러냈던 것처럼 말입니다. 그러므로 복음의 진리와 그것의 복됨과 유익을 아는 정도에서 좋아하는 것만 가지고는 그가 타락한 자, 곧 배교자와는 상관없다고 단정할 수 없습니다. 외형적인 모습만 가지고 단정할 수 없다는 것입니다.

복음만으로는 만족하지 못하는 거짓 신앙

배교자는 결국 복음을 다르게 듣고 활용합니다. 복음에 대한 지식은 갖고 있으나 복음만으로 만족하지 못하는 것입니다. 복음에 대해 싫증을 느끼면서도 뭔가 새롭다고 할 만한 유사 신앙에는 끊임없이 관심을 둡니다. 그래서 사도 바울은 갈라디아서나 골로새서에서 복음에 무언가를 더하는 것을 대단히 심각하게 경고했습니다. 그러나 사도들이 그렇게 경고

했음에도 100-200년도 안 되어 복음의 가르침에 싫증을 느끼고 신화적이고 신비적인 것을 더하여 그것을 기독교 신앙으로 추구하는 사람들이 많아졌습니다. 실제로는 복음보다 그것을 더 좋아했던 것입니다.

저는 이러한 내용을 이미 『타협할 수 없는 복음』에서 다루었습니다. 복음에 율법주의나 신비주의 또는 심리학이나 그 무엇을 더하든 이런 형태의 원조는 이미 3세기부터 교회 안에 정식으로 들어와 있었습니다. 오웬은 그 사실을 정확하게 지적했습니다.

> "약 3세기쯤 수도사들이 만들어 낸 신화들이 이 세상에 나타나기 시작했다. 은혜, 그리스도의 피로 말미암은 칭의, 믿음과 회개, 거룩한 순종 등의 교리를 설교하는 대신 꿈과 환상에 대한 이야기를 하고, 자기들이 천사들처럼 완전하다는 이야기나 했다. 그리고 또 스스로 고안해 낸 헌신을 주장하고 몸에 고행을 가해야만 구원을 얻는다는 둥 이외에도 수없이 많은 미신을 설파했다. 이런 신화들 때문에 셀 수 없이 많은 영혼이 우리 주 예수 그리스도와 사도들이 가르친 가르침 전체를 경멸하며 진리와 단순한 복음으로부터 멀어져 갔다."[32]

이것이 바로 역사 속에서 실제로 있었던 일입니다. 그들은 복음의 진리를 듣고 교회에 와서 열심히 신앙생활 하면서 장래에 대한 소망도 가졌습니다. 그런데 그 복음이 자신의 영혼을 채우고도 남을 만큼 충분한 것으로는 여겨지지 않았습니다. 자신의 삶에 지속적인 가치가 있는 것으로 여기지는 않았던 것입니다. 오히려 기독교라는 이름 안에서 온갖 뒤섞인 신화와 도무지 기독교적인 것이라고는 할 수 없는 근원도 알 수 없는 것을 기독교 신앙으로 추구하는 일이 있었습니다. 이런 모습은 오늘날 교회에서도 똑같이 나타납니다. 다만 현대적인 옷으로 갈아입고 그대로 진행될 뿐입니다. 핵심은 복음만으로 충분하다고 생각하지 않는다는 점입니다. 복음에 싫증을 내고 거기에 뭔가를 뒤섞어서 믿으려고 하는 것입니다. 이것이 바로 배교와 관련해서 나타나는 중대한 사실입니다.

복음에 대해서는 새롭고 신선하게 여기지 않으면서 대신 자신이 경험한 꿈이나 환상, 방언이나 예언과 같은 은사와 여러 가지 능력 체험에 대해서는 굉장한 신뢰를 두는 사람들이 있습니다. 그들은 하나님의 말씀을 풀어서 설명해도 자신이 체험한 것을 더 신뢰하며 붙듭니다. 이러한 신비주의는 이미 3세기부터 체계화되어 중세까지 거의 천 년 동안 기독교를 지배했던 것입니다. 복음에 뒤섞어서 말입니다.

1세기부터 거짓 사도들과 교사들이 했던 일 중 하나가 복음만으로 충분하지 않다는 사실을 다각적으로 드러낸 것입니다. 복음에 할례나 율법의 행위를 더하든 천사 숭배나 신비주의적인 것을 더하든 그들은 복음에 무언가를 자꾸 더했습니다. 그로 인해 갈라디아교회 성도들과 같이 참된 그리스도인들도 유혹을 받았던 것입니다.

복음의 진리를 가슴으로 사랑하는가?

본문이 말하는 타락한 자들은 복음에 싫증을 내면서 거짓 교사들이 말한 것을 자신들의 신앙의 중심에 두었습니다. 그것을 더 사실적이고 새롭게 여기면서 말입니다. 배교자들은 다 그런 모습을 가졌던 것입니다. 그들은 예수 그리스도를 믿는 믿음으로 인해 큰 시련과 박해가 일어날 때 복음을 배반하는 행위를 통해 그런 모습을 드러냅니다. 자신이 알았던 복음이 자신의 소유가 아니었음을 드러냅니다. 그런 면에서 우리는 복음의 진리를 어떻게 알고 있는지를 진지하게 확인해 볼 필요가 있습니다.

구약의 이스라엘 역사 속에서 드러난 가장 치명적인 잘못 중 하나는 그들이 성경의 진리를 끝까지 이념적으로 믿었다는 것입니다. "예루살렘 성전은 절대로 무너지지 않는다. 성전에는 하나님의 임재가 있다"라고 하면서 종교적인 외형을 신념처럼 믿었던 것입니다. 그런 식의 신앙생활을 하는 사람은 오늘날 교회 안에도 많습니다. 그러므로 오늘날 교회 안의 사람들은 자신이 복음의 진리를 어떻게 알고 있는지 오웬의 말을 통해 한번 확인해 봐야 합니다.

"만약 인간이 진리를 이성으로만 알고 가슴으로 사랑하거나 의지적으로 순종하지 않는다면 거기에는 항상 배도의 위험이 있다. …그 마음이 전적 부패로부터 자유하게 되지 않는 한, 그 진리가 인간의 가슴과 영혼에서 능력 있게 효율적으로 역사하지 않는 한, 또 그 진리를 예수 안에서 있는 진리 그대로 배워 인간이 자신의 이전 행위를 벗어 버리고 타락하여 거짓된 정욕들로 가득 차 있는 옛사람을 벗어 버리고 그 마음의 영을 새롭게 하여 하나님의 형상 안에서 의와 참 거룩으로 창조된 새사람을 입지 않는 한, 또 그들이 진리를 사랑하고 그 진리가 자신들에게 가져다주는 영적 평강과 능력 및 자유함을 높이 평가하지 않는 한, 타락이 오면 복음을 버리고 다른 것들을 찾아 떠날 것이다."[33]

복음이 자신에게 사랑할 수밖에 없는 내용으로 있고, 그것에 의지적으로 순종해서 변화된 것이 있지 않은 사람은 핍박이 오면 복음을 버립니다. 한마디로, 복음을 알고 소유하지 않은 자, 회심하지 않은 사람은 핍박이 오면 자기의 본심을 드러낸다는 말입니다. 그래서 오웬은 복음의 배도를 막을 수 있는 유일한 길은 복음의 진리를 "가슴으로 사랑하며 그 진리의 능력을 체험하는 것"이라고 말했던 것입니다.[34] 그렇습니다. 우리가 배도를 막을 수 있는 길은 복음의 진리와 그 실체를 진실로 사랑하는 것입니다. 진리의 능력을 체험적으로 알아야 하고, 삶 속에서 실제로 경험해야 합니다.

배교에서 자신을 지키는 길

복음은 이 세상이 그토록 기다리고 기다리던 구원의 소식입니다. 바로 삼위 하나님이 예비하신 독생자의 오심 안에서 마침내 구원과 참 생명, 영광과 복을 얻게 되는 것, 그리고 그 안에서 과거와 현재와 미래를 보면서 사는 것을 포함합니다. 그래서 복음은 그 어떤 것과도 비교 불가능한 실체를 담고 있습니다. 그것은 요약하면, 우리를 위해 이 땅에 오신 하나님의 아들 예수 그리스도를 영원한 선물로 받아서 그분과 함께 사는 것을 말합니다.[35] 이러한 존재와 삶의 새로운 전환이 바로 복음으로 인해 있게 된 것입니다. 그리스도와 영원히 연합된 존재로서, 그리고 죄 사함을 받아 하나님 앞에 담대히 설 수 있는 조건과 참 생명을 가진 자로 사는 것입니다. 복음을 알고 소유하게 되면 사도 바울이 빌립보서 3장에서 말한 것처럼 그리스도가 자신의 모든 것이요, 최고의 가치가 되십니다. 거기서 더 나아가 그리스도를 따르게 됩니다. 복음을 따라가게 되는 것입니다.

혹시 복음이 여러분에게는 한때 좋았다가 이제는 싫증 난 것은 아닙니까? 배교자가 되지 않는 것은 물론이고 배교의 유혹을 받아도 담대히 거스르면서 끝까지 믿음을 지키려면 복음이 자신에게 진짜 복음이 되어야 합니다. 하나님이 이 세상을 향해 행하신 일이 자신에게는 이 세상 역사와 전 우주를 통틀어서 가장 기쁜 것이 되어야 합니다. 잠시 듣기 좋고 마음에 감동을 주는 정도가 아니라 영원히 신선한 것이 되어야 합니다. 그야말로 영원한 복음이 되어야 하는 것입니다. 새찬송가 258장 "샘물과 같은 보혈은"이 자신에게는 영원히 찬송할 제목이 되어야 하는 것입니다.

나의 존재와 삶, 장래를 바꾸고도 남는 복음, 어떤 고난과 유혹이 와도 뒤엎을 수 없는 생생하고도 영원한 복음이어야 합니다. 우리는 그러한 복음의 실체를 알고 소유하고 있어야 합니다. 오웬은 다음과 같이 말했습니다.

"만약 우리가 진리 안에 서기 원한다면 또 복음에 굳게 서기 원한다면 또 하나님의 능력으로 말미암아 배도의 모든 위험으로부터 보호받기를 원한다면 가장 중요한 일은 참되고 영적인 복음의 진리를 알고 그 진리의 능력을 삶 속에서 체험하는 것이다."36)

오웬은 바로 이것이 배교에서 자신을 지키는 길이라고 말했습니다.

귀신도 믿지만 복음에 대한 갈망은 없다

우리는 복음의 진리를 다른 사람에게 말해 주고 함께 토론할 수도 있습니다. 하지만 복음을 지식적으로만 알고 관심을 갖는 것만으로는 배교로부터 보호되지 못합니다. 오웬은 그러한 사실을 자신이 살았던 시대에서 보았기 때문에 "개인적인 체험으로 영적인 것들 안에 있는 그 선함과 탁월함과 아름다움을 발견하게 될 때까지는 절대 만족하지 말라" 하고 단호하게 말했습니다.

그렇습니다. 우리는 복음의 부유함을 알 때까지는 만족하지 말아야 합니다. 삼위 하나님이 우리의 구원을 예비하신 내막에 우리를 향해 나타내신 하나님의 사랑과 선함과 탁월함과 아름다움을 알 때까지 우리는 만족하지 말아야 한다는 것입니다. 오웬은 계속해서 말합니다.

"지칠 줄 모르는 사랑과 기쁨으로 이 진리를 포용하게 될 때까지는 절대 만족하지 말라. 이것이 없다면 당신의 믿음은 귀신의 믿음보다 조금도 나은 것이 없다."[37]

이것은 복음 진리의 선함과 탁월함과 아름다움을 발견하고 그것이 자신에게 포용되기 전까지, 그리고 거기에 대한 지칠 줄 모르는 사랑과 기쁨으로 이 진리를 포용하기 전까지는 귀신이 믿고 떠는 수준을 못 넘어선다는 말입니다.

안타깝게도 히브리서 수신자들은 이런 갈망을 갖고 있지 않았습니다. 처음에 예수를 믿게 되었을 때 그들은 복음 진리의 선함과 탁월함과 아름다움을 알게 되었습니다. 그 큰 구원에 대해 놀라움을 가졌습니다. 히브리서 기자가 "이같이 큰 구원"(히 2:3), 즉 위대한 구원이라고 말한 것이 바로 그것입니다.

그러나 그들은 거기서 멈췄습니다. 오웬이 말한 것처럼 지칠 줄 모르는 사랑과 기쁨으로 그 복음의 진리를 더 알고자 하지 않았습니다. 육신을 입고 이 땅에 오신 하나님의 아들 예수 그리스도와 그분이 이루신 것, 그리고 지금도 우리의 중보자로 계시는 것과 이 모든 배후에 계시는 삼위 하나님의 우리를 향한 말할 수 없는 선함과 아름다움에 대해 더 알고자 하지 않았던 것입니다. 그리스도 안에서 갖게 된 하나님과의 복된 관계와 영광 등 말할 수 없는 은혜의 부요함을 더 풍성히 알고자 하지 않았습니다. 이 모든 것을 삶 속에서 누리기 위해 잠시도 멈추지 않고 그것을 갈망하면서 나아가고자 하지 않았던 것입니다. 겨우 복음 진리의 기초적인 사실에 속히 만족하고 시들어 버렸습니다. 하나님 말씀의 초보를 배우면서 그 놀라운 것을 처음으로 맛보았지만 거기에 머물러 버렸던 것입니다.

누군가는 이런 모습을 별것 아닌 것처럼 생각할지도 모릅니다. 그러나 복음의 진리를 아는 데 게으른 것은 결국 배교 위험을 말할 정도로 문제가 된다는 것을 히브리서 기자는 말합니다.

우리를 속이는 거짓된 안정감

예수 믿는 우리가 신앙생활 하면서 경계해야 할 사실 중 하나가 바로 이러한 거짓된 안정감입니다. 이것은 자신이 구원받았다고 생각하는 가운데 갖는 안정감입니다. 물론 거짓된 안정감을 갖는 전형적인 사람들은 유사 그리스도인들입니다. 그러나 참 신자도 이런 유혹을 받을 수 있습니다. 문제는 거짓된 안정감을 가진 사람은 보편적으로 자신이 그러한 상태에 있다는 것을 모른다는 것입니다. 이러한 거짓된 안정감은 보통 자기 나름의 신앙 논리를 가진 사람들에게 많습니다. 그러나 이것을 확인해 볼 수 있는 가장 쉬운 방법은 성령이 그분의 말씀으로 배교 위험을 경고하는 것에 어떻게 반응하는지를 보는 것입니다.

성경에는 많은 경고가 나옵니다. 그것은 성령이 우리에게 경고하시는 말씀입니다. 그런데 이러한 경고를 듣고도 무시한다면 그는 거짓된 안정감에 빠져 있는 사람입니다. 이에 대해 오웬은 "배도할 위험에 대한 성령의 경고를 무시하는 것은 곧 거짓된 안정감에 빠지는 길이다"[38]라고 말하면서 이렇게 덧붙였습니다.

"배도하는 일이 크게 일어날 때 그리스도인들이 거짓된 안정감 속에 잠기게 될 것이라고 하신 성령의 경고를 무시하면 정말 거짓된 안정감에 빠지게 될 것이다."[39]

그렇습니다. 그리스도인들도 성령의 경고를 무시하면 거짓된 안정감에 빠지게 됩니다. 먹고사는 문제에 대한 염려로 성령의 경고를 무시할 수도 있고, 세상에 대한 사랑 때문에 그 경고를 무시할 수도 있습니다. 또 무언가를 이루고자 하는 자신의 목표에 집중하기 때문에 그럴 수도 있습니다. 어떤 사람은 삶에 큰 문제 없이 경제적인 여유가 있어도 성령의 경고가 안 들리거나 그것을 무시하기도 합니다. 어떤 이유에서든 성령의 경고를 무시하고 있다면, 그는 분명 배교 위험에 처할 수 있는 거짓된 안정감 속에 빠져 있는 것입니다.

우리는 한때 바울 곁에서 열심을 내었던 데마가 세상을 사랑해서 바울을 버리고 떠났다는 성경의 기록을 보게 됩니다(딤후 4:10 참조). 예수님 곁에 오랫동안 있다가 배교한 유다와 같은 사람도 있습니다. 오늘날에도 이러한 모습은 찾아볼 수 있습니다. 이에 대해 우리는 의문을 가질 수도 있습니다. 오랫동안 교회 안에 함께 있다가 배교한 사람들이기 때문에 어떻게 해서 그렇게 되었을까 하고 말입니다.

싫증과 배교

거듭 말하지만 우리는 실제로 결론을 보기 전까지는, 외적인 모습만으로 그가 참된 회심 속에서 복음의 진리를 알고 소유했는지 여부를 쉽게 파악할 수 없습니다. 그러나 배교자는 내면에서부터 이미 그런 상태를 갖고 있습니다. 복음의 진리가 현실보다 못한 것으로 여겨지는 것입니다. 복음에 대한 싫증의 표현을 어떤 식으로든 드러냅니다. 복음이 자신의 존재와 삶을 움직이는 영구한 가치가 아니라는 것을 드러내는 것입니다. 그래서 자꾸만 다른 곳으로 눈을 돌려서 그것으로 자신을 채우려고 합니다.

신앙생활 하면서 어려움이 있고 만족이 없을 때 특별한 체험으로 돌파구를 찾는 사람이 많습니다. 그것은 굉장히 위험한 일입니다. 신앙생활에는 얼마든지 굴곡이 있을 수 있습니다. 하지만 신앙이 흔들려도 다시 중심을 잡을 수 있는 영원한 샘은 다른 것이 아닌 복음입니다. 우리는 이것을 잊지 말아야 합니다.

싫증을 느끼는 마음을 다른 것으로 충족하고 그것을 통해 더 실제적이고 신선한 기분을 느끼려는 태도는 흔히 배교적인 상태에서 나오는 모습입니다. 예수 그리스도를 자신의 기준으로 보면서 별 매력을 못 느끼든, 아니면 탐욕적인 마음으로 인해 열정이 식어 버렸든 또는 세상 유혹과 매력에 빠져 복음에 대한 순종이 싫어서든 그것은 결국 배교적인 내면의 상태를 갖고 있음을 드러내는 것입니다. 오웬은 배교 문제를 복음을 부분적으로 배교하는 것에서부터 언급하면서 다음과 같이 말했습니다.

"중요한 복음 진리 중 어느 것을 저버리고 거부할 때, 복음에 대한 순종을 계속 등한히 할 때, 또 복음이 가르치고 요구하는 대로 살지 않고 다른 것들을 믿기 시작할 때 우리는 복음을 부분적으로 배도하는 셈이다."[40]

혹시라도 자신에게 이러한 모습이 있다면, 그것은 '복음을 부분적으로 배도'하는 태도를 내면에서부터 갖고 있는 것입니다. 하나님의 아들이 오셔서 이루신 구원의 복됨을 별것 아닌 것처럼 여기거나 복되신 예수 그리스도를 알고 그분 안에서 사는 것을 매력이나 가치가 없는 것으로 여기고, 대신 다른 것이 더 크고 실제적인 매력으로 다가와 삶의 만족이 되고 있다면 우리의 내면 상태는 이미 부분적 배교를 향하고 있는 것입니다.

사탄의 유혹 방식

예수 믿는 우리가 주목해야 할 사실은 누가 배교자인가 하는 것이 아닙니다. 그것보다 우리는 신약성경과 히브리서 기자가 그리스도인들에게 배교 문제를 꾸준히 경계하고 있는 내용에 주목해야 합니다.

사탄은 초대교회부터 지금까지 사도 베드로가 말한 것처럼 우는 사자처럼 삼킬 자를 찾고 있습니다(벧전 5:8). 특히 예수 믿는 우리 안에서 말입니다. 그 가운데 사탄의 목표가 되기 쉬운 사람은 히브리서 수신자들과 같이 영적으로 나태한 상태, 좀 더 구체적으로 말하면 복음의 진리를 믿고 잠깐 감격한 후에 거기서 더 이상 나아가지 않는 상태에 있는 사람입니다. 복음이 더 이상 자신에게는 현실적인 대답과 유익이 되지 않고, 오히려 예수를 믿고 자신의 삶이 더 힘들어졌다고 생각하는 상태에 있는 사람입니다. 또 성령의 경고를 듣지 않고 거짓된 안정감에 빠져 있는 사람이 우는 사자와 같이 덤비는 사탄의 목표가 됩니다. 사탄은 바로 그러한 상태에 있는 히브리서 수신자들에게 유대교로 복귀하도록 유혹했습니다. 이처럼 사탄은 우리가 타협적인 신앙과 삶으로 눈을 돌리도록 유혹합니다.

종교 개혁 이후 많은 사람이 복음을 듣고 개혁교회로 돌아왔을 때 사탄은 우는 사자처럼 곧바로 복음으로 인한 놀라운 역사를 공격했습니다. 로마 가톨릭만이 초대교회부터 계속 이어진 정통 교회로서 참 교회이고, 개혁교회는 참 교회가 아니라는 식으로 공격했습니다. 그래서 로마 가톨릭으로 돌아와서 미사를 드리고 자신들이 가르치는 전통을 지켜야 구원을 얻는다고 말했습니다. 어떤 사람들은 그러한 공격에 넘어가기도 했습니다. 그러한 일은 역사 속에서 꾸준히 있었고, 지금도 사탄은 사람들이 배교하도록 계속 유혹합니다. 마치 이러한 교회가 좋다고 하면서 사람들을 수많은 이단으로 이끌었던 것처럼 말입니다.

안타깝게도 그러한 일은 주로 교회 안에 몸담았던 사람들에게 일어났습니다. 신천지나 하나님의교회와 같은 이단으로 가는 사람들 대부분이 교회를 다녔던 사람들입니다. 사탄은 거짓 교사와 목회자를 통해 그런 방식으로 사람들을 유혹하고 있습니다. 특별히 기존 교회가 타락했으니 제도적인 교회에서 벗어나라고 말하는 것입니다. 물론 제도적인 교회에는 문제점이 있습니다. 그러나 사탄은 아예 통째로 기존 교회를 버리라고 말합니다. 마치 목욕물을 아이와 함께 버리라고 말하는 셈입니다. "혼자서도 얼마든지 잘 믿을 수 있으니 시대에 맞게 온라인으로 예배를 드려라"라는 식으로 배교를 부추깁니다. 그런 유혹에 실제로 귀를 기울이고 움직이는 사람들이 있습니다. 바로 복음에 싫증을 느끼고, 다른 식의 신앙생활을 기웃거리는 사람들입니다. 배교는 바로 그런 식으로 일어납니다.

바울은 데살로니가후서 2장에서 큰 배교가 일어날 때 사탄이 얼마나 맹렬하게 활동할지에 대해 말했습니다. 그런데 거기에는 속임수와 거짓된 가르침으로 사람의 마음을 미혹할 것이라는 내용이 있습니다. 실제로 그 일은 벌어지고 있습니다. 바울은 디모데전서 4장에서도 다음과 같이 말했습니다.

"그러나 성령이 밝히 말씀하시기를 후일에 어떤 사람들이 믿음에서 떠나 미혹하는 영과 귀신의 가르침을 따르리라 하셨으니"(딤전 4:1).

이와 같은 일은 1세기 이후부터 계속 일어나고 있고, 갈수록 더 두드러지게 나타나고 있습니다. 그런데 그들은 모두 공통된 조건을 가지고 있습니다. 그것은 복음에 싫증을 느끼는 것입니다. 이처럼 배교자는 다른 곳을 기웃거리는 과정에서 나오는 것입니다.

성령의 경고와 성도의 청종

우리는 미혹하는 영인 사탄의 역사 속에서 실제로 배교에 이르는 자가 누구인지는 결론을 통해 알게 될 것입니다. 그러나 다시 말하지만 중요한 것은 누가 그런 자인가 하는 것이 아니라, 이 경고의 말씀을 그리스도인들에게 주셨다는 사실입니다. 우리는 성령이 그리스도인들에게 배교를 경고했다는 사실을 중요하게 생각해야 합니다. 중요한 것은 결국 성령의 경고에 대한 우리의 반응입니다.

성령 하나님은 배교 위험 경고를 그리스도인들에게 하심으로써 지금도 그리스도인을 이끄십니다. 이것은 그러한 성령의 경고가 듣는 자들에게는 일종의 테스트가 된다는 말이기도 합니다. 그러므로 결론적인 말을 잘 들으십시오. 배교자는 성령의 배교 위험 경고를 듣지 않습니다. 그때뿐입니다. 그러나 참 그리스도인은 자신의 상태가 어떠하든 경고의 말씀을 듣고 반응합니다. 일시적으로 힘들었든 또는 시험에 빠졌든 그는 성령의 경고를 듣고 다시 복음에 순종합니다. 이러한 이유로 저는 배교 위험 경고에 대해 우리가 어떻게 반응하느냐 하는 문제를 강조하는 것입니다. 그에 대한 반응이 그가 어떤 사람인지를 말해 주기 때문입니다.

여러분은 배교 위험 경고에 대해 어떻게 반응하고 있습니까? 혹시 거짓된 안정감을 갖고 이러한 경고는 들을 필요도 없다고 생각하지는 않습니까? 유사 그리스도인은 경고를 듣고 며칠도 못 가서 까마득히 잊어버립니다. 그러나 참 그리스도인은 다릅니다.

히브리서가 기록되었다는 것도 이러한 경고가 당시 그리스도인들에게 효과가 있었음을 말해 줍니다. 예수님이 제자들에게 경고하셨을 때에도 그들은 그 경고를 들었습니다. 주후 70년경 로마의 디도 장군이 예루살렘을 함락하기 전 그 경고를 들은 사람들은 그전에 예루살렘을 빠져나갔습니다. 그들에게는 경고가 효과가 있었던 것입니다.

안타깝게도 교회 안에는 이러한 경고를 듣지 않는 사람들이 있습니다. 그들의 마음은 단단해서 순전함이 없습니다. 그러나 잊지 마십시오. 우리가 교회에서 무엇을 경험하고 어떠한 신앙 논리를 가졌느냐는 중요하지 않습니다. 그 모든 조건에서 배교 위험 경고 말씀을 듣고 반응하는 것이 중요합니다. 여러분, 배교 위험 경고를 들으십시오. 그리고 복음 위에 견고히 서십시오.

누구도 흔들 수 없는 비교 불가능한 복음, 삼위 하나님이 관여하여 참 생명을 얻게 하신 복음을 다른 것과 비교해서 한눈을 팔거나 복음에 싫증을 느끼는 것은 우리에게 매우 위험한 신호임을 기억하십시오. 부디 우리에게 그러한 일이 없기를 소망합니다.

3부

어떻게(How) 배교에서 자신을 지킬 수 있는가?

끝까지! 믿음의 선한 싸움을 싸우라

"중요한 것은 하나님은 영광의 면류관을 인생행로의 끝에 두셨다는 것이다.
그러므로 인생행로의 끝에 이르지 못하고 멈춘다거나 돌아선다면
결코 면류관을 얻지 못할 것이다.
이처럼 모든 그리스도인은 인생의 과정을 반드시 마쳐야 한다.
인내하면서 반드시 마쳐야 한다."
_ 토머스 R. 슈라이너(Thomas R. Schreiner)

9장

지키라
_ 세상과 사탄과 육체로부터 믿음을 끝까지

타락한 자들은 다시 새롭게 하여 회개하게 할 수 없나니
이는 그들이 하나님의 아들을 다시 십자가에 못 박아 드러내 놓고 욕되게 함이라

히 6:6

은밀하지만 강력한 의식의 변화

코로나로 인해 생긴 변화는 사회 현상에서뿐만 아니라 우리의 사고방식에서도 나타나고 있습니다. 그중에서 예수 믿는 우리가 특히 주목해야 할 것은 이러한 사람들의 의식 변화가 우리에게 미치는 영적인 변화입니다. 사람들은 여기에 별 관심을 두지 않고, 거의 의식하지도 못합니

다. 그러나 우리는 사람들의 영혼에 은밀하면서도 광범위하게 일어나는 이 영적 변화에 주목해야 하고 우리 안에서도 확인해 봐야 합니다. 이 변화는 당장에는 드러나지 않을지 모르지만 좀 더 시간이 지나면 더욱 두드러지게 나타날 것입니다. 바로 신앙의 외면만 겨우 유지하는 사람들이 많아지는 것입니다. 또한 겨우 가시적인 모임 수준에서 교회 됨을 알고 경험했던 사람들조차도 아예 개인주의적인 신앙생활에 만족하는 모습을 드러내게 될 것입니다.

이러한 변화 속에서 소위 예수 믿는 자들이 내면의 혼돈과 무기력함을 드러내는 것도 보게 됩니다. 물론 그 배경에는 이 모든 것을 활용해서 우리를 대적하는 육체와 세상과 마귀라는 존재가 있습니다. 이 세 가지 대적은 예수 믿는 자의 삶에 항상 있지만, 코로나를 통해서 우리에게 더욱 강력한 효력을 발휘하는 것처럼 보입니다. 신자들은 그 어느 때보다도 신앙적으로 무기력하고 포기한 듯한 태도와 기형적인 신앙으로 나아가는 모습을 보이고 있습니다. 이러한 자신의 모습을 인식하고 있다면 그나마 좀 나을 수 있지만, 이것조차 잘 인식하지 못하고 그저 코로나로 인해 어쩔 수 없다는 공감대 속에서 이러한 문제를 무마하며 지나갔듯이, 그런 식의 신앙 태도가 쉽게 용인되고 있습니다.

이러한 문제를 우리가 자각할 수 있는 길은 그동안 듣고 배운 말씀이 어떻게 드러나고 있는지를 확인해 보는 것입니다. 예를 들어, 복음을 안다고 하면서도 그 복음이 육체의 소욕을 이기는 데 아무 효력도 발휘하지 못하고, 또 십자가의 은혜를 안다고 하면서도 그것이 복음의 순종으로 나타나지 않는다면 그것은 지식의 죽음, 곧 죽은 지식이 된 것입니다.

우리는 이러한 모습에 대해 두려운 마음으로 고민해야 합니다.

싫증의 증거, 순종의 부재

앞에서 우리는 진짜 배교자가 어떤 자인지를 살펴보았습니다. 그들은 복음에 싫증을 느끼고, 복음보다 자신을 만족하게 할 만한 다른 것에 더 마음을 둡니다. 복음에 대한 싫증은 생각 속에서만 갖는 것이 아니라 복음에 순종하지 않는 데로 나아갑니다. 사실 복음에 대한 싫증 여부는 우리의 생각만으로는 확인하기 어렵습니다.

우리는 하나님의 크신 사랑과 무한한 긍휼, 그리스도의 십자가 은혜와 그로 인해 있게 된 놀라운 구원과 복됨을 알고 그것으로 위로와 힘을 얻을 수 있습니다. 그러나 그것이 그저 자신의 필요에 따라 사용하는 지식이 될 뿐 정작 복음에 대한 순종이 없다면, 그는 복음에 대해 싫증을 느끼고 있는 사람임에 틀림없습니다. 복음이 좋다고 하면서도 그 복음에 대한 순종이 없다면 그에게 복음은 사실상 복음이 되지 않고 있는 것입니다. 그는 복음을 일시적인 위안을 주는 지식 정도로 알고 있을 뿐 그 이상으로는 나아가지 않는 것입니다.

물론 우리 중에는 진실한 신앙을 가진 사람들이 많습니다. 그러나 그 중에는 바른 성경 진리와 교리에 대해 배워 알고 있으면서도 복음에 대한 순종이 없는 것처럼 보이는 사람들도 있습니다. 즉 자신이 용서받고 사랑받은 것처럼 다른 지체를 용서하며 사랑하지 않음으로 복음의 놀라운 진리가 죽은 지식이 되어 있는 듯한 모습을 보이는 사람들이 있다는 것입니다. 그것은 결국 자신이 안다고 말하는 복음을 그저 자기중심적으로 정리해서 들은 것밖에는 되지 않는 것입니다.

다시 말하지만, 배교자는 복음에 대한 지식이 있어도 싫증을 내며 결국 복음에 순종하지 않습니다. 특히 핍박과 유혹과 큰 시련이 있을 때 그런 모습을 드러냅니다. 그러므로 우리가 설령 배교까지는 나아가지 않는다고 해도 기억해야 할 한 가지 사실이 있습니다. 그것은 복음에 대한 순종이 없는 것이야말로 복음에 싫증을 느끼고 있음에 대한 결론적인 증거라는 것입니다.

배교의 도구, 거짓 교사들

우리는 복음에 대해 듣고 다양한 것을 경험하면서 교회 안에서 함께 했던 사람이 어떻게 본문에서 말하는 타락과 배교를 할 수 있는지 의문을 갖게 됩니다. 하지만 부인할 수 없는 사실은 그런 사람들이 1세기부터 지금까지 현실 속에 계속적으로 있었다는 것입니다.

이에 관하여 우리가 주목해야 할 사실은 신약성경이 배교 위험을 경고할 때마다 거짓 선지자와 교사들을 연결해서 말한다는 점입니다. 다시 말해, 그들이 배교의 기여자와 도구로서 배교에 깊이 관여되어 있다는 것입니다. 히브리서 기자는 히브리서 수신자들이 유대교에 다시 관심을 보이게 된 배경에 거짓 교사들이 있었다는 것을 크게 강조하지는 않습니다. 하지만 신약성경에 나오는 여러 교회들로 하여금 복음에 무언가를 더하거나 유대교로 돌아가도록 부추기는 배경에는 분명 거짓 교사들이 있었습니다. 물론 교회 안에서 배교를 부추기는 배후의 근원에는 사탄이 있습니다. 이러한 사탄은 개개인 안에서도 간계한 역사를 하지만, 그의 일꾼인 거짓 사도와 거짓 선지자, 거짓 교사들을 앞세워서 미혹하는 일을 합니다. 바울은 고린도교회 성도들을 미혹하는 거짓 사도에 대해 이렇게 말했습니다.

"뱀이 그 간계로 하와를 미혹한 것같이 너희 마음이 그리스도를 향하는 진실함과 깨끗함에서 떠나 부패할까 두려워하노라 만일 누가 가서 우리가 전파하지 아니한 다른 예수를 전파하거나 혹은 너희가 받지 아니한 다른 영을 받게 하거나 혹은 너희가 받지 아니한 다른 복음을 받게 할 때에는 너희가 잘 용납하는구나"(고후 11:3-4).

그러면서 그는 그렇게 유혹하는 자들에 대해 다음과 같이 덧붙입니다.

"그런 사람들은 거짓 사도요 속이는 일꾼이니 자기를 그리스도의 사도로 가장하는 자들이니라 이것은 이상한 일이 아니니라 사탄도 자기를 광명의 천사로 가장하나니 그러므로 사탄의 일꾼들도 자기를 의의 일꾼으로 가장하는 것이 또한 대단한 일이 아니니라 그들의 마지막은 그 행위대로 되리라"(고후 11:13-15).

이처럼 사탄은 우리의 믿음을 그리스도로부터 떠나도록 하는 근원적인 미혹자로 역사합니다. 그러면서 그 일의 실무를 그의 일꾼인 거짓 사도와 거짓 선지자, 거짓 교사들을 통해 하는 것입니다. 결국 사탄은 교회의 가르치는 직책을 사용해서 교회에 상당한 영향력을 행사합니다. 이처럼 사탄이 가르치는 직책을 통해 미혹하는 일을 할 때, 그의 초점은 창세기 3장에서 뱀이 그 간계로 하와를 미혹했듯이 신자들을 미혹하여 하나님과 그리스도로부터 떠나도록 하는 데 있습니다. 1세기 거짓 사도와 교사들이 했던 일이 바로 이것이었습니다. 각 교회의 성도들로 하여금 그리스도를 떠나도록 하는 것, 한마디로 복음을 배반하도록 유혹했던 것입니다. 다른 예수를 전하고, 다른 영을 받게 하고, 다른 복음을 말함으로써 말입니다.

물론 우리를 배교로 부추기는 데는 다양한 상황과 현실뿐만 아니라 이 세상의 유혹과 육체의 소욕도 도구로 사용됩니다. 그러나 그중에서 가장 강력한 도구는 사탄이 세운 거짓 교사들입니다. 이들은 복음을 배반하도록 하는 그럴듯한 논리와 설명으로 우리에게 다가옵니다. 특히 우리와 익숙한 관계에 있는 사람을 통해 다른 복음을 말하기 때문에 인지하기가 매우 어렵습니다. 그래서 이러한 사탄의 간계는 매우 강력한 도구입니다.

거짓, 속임, 유혹, 교란

하지만 사탄과 그의 일꾼들의 말과 가르침, 행동이 담고 있는 것은 한 가지로 요약할 수 있습니다. 그것은 바로 속임과 거짓입니다. 성경이 그들을 "속이는 자"(딤후 3:13; 딛 1:10)라고 말하는 것도 그 이유입니다. 그들은 속임과 거짓을 매우 다양하고 간계한 방법으로 드러냅니다.

사탄은 최초의 인간을 유혹할 때도 다른 것이 아닌 거짓을 사용했습니다. 인간에게 다가와 거짓말로 속이며 하나님을 의심하게 하고 그분에게서 멀어지게 했습니다. 요한계시록에서도 그 사실을 밝히고 있습니다. 사탄은 1세기 교회에서도 그 방법을 동일하게 사용했고, 주님이 다시 오실 때까지 이 일을 계속할 것입니다. 복음에 다른 것을 더하거나 뒤섞고 다른 예수와 다른 복음을 말함으로써 복음이 복음 되지 않도록 속이는 일을 할 것입니다. 복음에 싫증을 느끼고 마치 더 새로운 것이 있는 것처럼 우리로 하여금 시선을 돌리도록 부추김으로써 복음만으로는 충분치 않다는 생각을 불러일으킬 것입니다.

그런데 지금도 교회 다니는 사람 중 많은 사람이 의외로 복음만으로 충분하지 않다고 생각하고 있습니다. 목회자들도 그런 생각 속에서 다른 어떤 방법을 찾고 구하는 일이 흔합니다. 그리하여 결국 복음에 여타의 것들을 더하고, 사람들에게 율법의 행위를 더하도록 하고, 신비주의적인 요소를 더하도록 하는 사탄의 도구가 됩니다.

히브리서 수신자들이 유대교로 돌아가려는 생각에도 사탄의 간계한 역사가 있었습니다. 그런 유사한 유혹을 받았던 갈라디아교회 성도들을 향해서 바울은 그리스도의 은혜로 부르신 하나님을 속히 떠나 다른 복음을 따르는 유혹에 넘어간 것을 강하게 비난하면서, 그들이 그렇게 된 배경은 어떤 사람들이 그들을 교란하여 그리스도의 복음을 변하게 했기 때문이라는 사실을 언급합니다(갈 1:6-7). 가만히 그들에게 들어와 유대교 전통과 가르침을 더하여 미혹한 것입니다. 거기서 바울은 그들을 "가만히 들어온 거짓 형제들"(갈 2:4)이라고 표현했습니다. 여기서 가만히 들어왔다고 한 것은 그들이 교회 안에 있는 형제들 속에 섞여 있었기 때문입니다. 겉모양만 그리스도 안의 형제였지 실상은 거짓 형제들이었다는 것입니다. 이것은 또한 교회 공동체에 들어와서 활동하는 그들의 특성이 매우 은밀하다는 것을 말해 줍니다.

사도 베드로도 베드로후서 2장에서 이전에 거짓 선지자들이 일어났듯이 예수 믿는 너희들 중에도 거짓 선생들이 있을 것이라고 말하면서 그들에 대해 다음과 같이 말했습니다.

"그들은 멸망하게 할 이단을 가만히 끌어들여 자기들을 사신 주를 부인하고 임박한 멸망을 스스로 취하는 자들이라"(벧후 2:1).

마찬가지로 요한일서나 유다서도 거짓 선지자들의 활동에 대해 말합니다. 요한계시록에서도 승귀하신 주님은 에베소교회가 자칭 사도라 하지만 아닌 자들을 시험하여 그의 거짓된 것을 드러내었다고 말씀하셨습니다(계 2:2). 이것은 모두 초대교회 당시에도 이러한 일이 끊임없이 있었음을 말해 줍니다. 문제는 그 일이 지금도 계속되고 있을 뿐만 아니라 현실 속에서 그것을 간파하는 데 상당한 어려움을 겪는다는 것입니다.

이처럼 그리스도, 곧 복음에서 떠나도록 유혹하는 사탄의 간계한 역사는 거짓 교사들을 통해 지금도 광범위하게 일어나고 있습니다. 그들은 지금도 다양한 간계를 발휘하면서 복음을 더 이상 복음이 아닌 것처럼 말하면서 자신들의 실체를 드러내고 있습니다. 복음 대신 매력적으로 보이는 것을 복음에 더하거나 또는 복음 대신 다른 것을 보게 합니다. 이를 위해 복음에 축복과 번성, 심리 치유와 같은 내용을 덧붙여서 관심을 유발하기도 합니다. 특히 기독교가 비판을 많이 받고 있는 오늘날에는 복음에 도덕주의를 덧붙여서 사람들이 관심을 갖게 합니다. 그 밖에도 복음을 다르게 말함으로써 그리스도에게서 떠나도록 유혹합니다.

안타깝게도 사람들은 이러한 사탄의 역사를 생각할 때 주로 이단적인 가르침에 의해 극단적으로 나간 사람들을 생각합니다. 과거 기독교 역사를 통해 알 수 있듯이 중세 교회는 복음이 복음 되지 않도록 했던 역사를 오랫동안 드러내었습니다. 사탄이 중세 교회 속에서 그러한 활동을 보편적으로 한 것입니다. 교회를 율법주의와 의식적인 종교로 내몰았고, 성상(聖像) 숭배를 부추김으로써 복음이 복음 되지 않게 했습니다. 그러한 잔재는 지금도 로마 가톨릭 안에 남아 있습니다. 앞에서 언급했듯이 오웬은 그것을 부분적인 배교 상태로 말했습니다. 지금도 이러한 가르침을 교회 리더들이 공적인 자리에서 하고 있다는 것은 매우 두려운 일입니다.

복음을 복음 되지 못하게 하는 가르침을 분별하라

그렇다면 신약성경은 배교 위험을 말할 때 왜 거짓 사도나 거짓 선지자, 거짓 교사와 같은 자들을 이처럼 많이 말했을까요? 그것은 그들의 간계한 활동이 예수 믿는 자들에게는 쉽게 드러나지 않기 때문입니다. 우리는 그러한 활동들을 드러난 것만 가지고 생각하는 경향이 있지만, 성경은 쉽게 드러나지 않는 그들의 활동을 밝혀 우리로 하여금 깨닫고 경성하도록 하고 있습니다. 그러므로 우리는 그런 내용들을 통해 복음이 복음 되지 않게 하는 사탄의 간계한 역사와 가르침을 분별하고 경계해야 합니다. 특히 성경을 사용하면서 그런 식으로 미혹하는 가르침을 잘 분별하여 경계해야 합니다.

 좋은 게 좋은 것인 양 마음에 위로를 주고 자신의 기분을 좋게 해주면 그것으로 은혜를 받은 것처럼 생각해서는 안 됩니다. 가장 중요한 것은 결국 복음을 복음 되게 말하고 증거하는 것입니다. 거기에 다른 것을 뒤섞어서 복음에 싫증을 느끼게 하거나 복음으로는 충분치 않은 것처럼 말하는 가르침들을 우리는 결코 가볍게 여겨서는 안 됩니다. 바로 이러한 일의 배후에 사탄의 역사가 깊이 관련되어 있습니다. 광명의 천사로서 말입니다.

 그럼에도 사람들은 교회 안에서 활동하는 거짓 교사들의 말을 마치 이단으로만 한정 지어 생각하는 경향이 있습니다. 그들을 마치 특별하게 구분된 이단들로만 생각하는 것입니다. 오래된 신자나 자신의 구원에 대해 확신한다는 사람들이 주로 그런 식으로 생각하면서 자신과는 상관없는 내용으로 여깁니다.

 그러나 우리는 성경이 배교와 관련된 말씀을 누구에게 하는지 주목해야 합니다. 바로 각 교회의 그리스도인들입니다. 그것은 우리가 신앙 여정이 끝날 때까지 이 내용을 유념해야 한다는 사실을 말해 줍니다. 특별히 배교와 관련해서 집중적으로 말하는 유다서는 그 편지를 받는 자들에게 이렇게 말합니다.

"예수 그리스도의 종이요 야고보의 형제인 유다는 부르심을 받은 자 곧 하나님 아버지 안에서 사랑을 얻고 예수 그리스도를 위하여 지키심을 받은 자들에게 편지하노라"(유 1:1).

이처럼 유다는 배교와 관련된 내용을 하나님 아버지에게 사랑을 얻고 예수 그리스도를 위하여 지키심을 받은 자에게 말하고 있습니다. 다시 말해, 구원받은 그리스도인, 끝까지 보존되어 구원받을 사람들에게 말하는 것입니다.

유다는 바로 그들에게 인사한 뒤 "단번에 주신 믿음의 도를 위하여 힘써 싸우라"(유 1:3)라고 말합니다. 자신이 편지로 그들에게 권할 필요를 느꼈다고 말하면서 믿음을 거스르도록 하는 거짓된 사람들을 이어서 말합니다. 즉 그리스도인들은 복음에 대한 신앙을 흔들고 배교를 부추기는 거짓된 가르침과 그들의 길에 대항해야 한다는 것입니다. 믿음의 도를 위해 싸워야 한다는 것입니다. 사도들을 통해 계시하고 있는 그 부요한 복음에 대한 이해를 흔드는 모든 가르침을 분별하여 대항해야 한다고 말하는 것입니다. 바울이 디모데전서 6장과 디모데후서 4장에서 말한 것처럼 우리는 믿음의 선한 싸움을 싸우고 믿음을 지켜야 합니다.

영적인 싸움, 믿음 지킴

의외로 많은 사람이 이런 내용을 혈과 육의 수준에서 이해하고 적용합니다. 그러나 바울은 우리의 씨름이 혈과 육을 상대하는 것이 아닌 그 배후에 있는 악한 영들, 즉 사탄의 간계한 역사에 대항하는 것이라고 말합니다(엡 6:11-12). 사탄이 우리의 믿음의 도를 흔드는 것을 보지 못하는 이유는 그것을 혈과 육의 수준으로 보기 때문입니다. 자신이 겪고 있는 어려움이나 다른 사람이 자신을 힘들게 한 일에 함몰되어 혈과 육의 수준에서만 보는 것입니다. 그런 수준에서는 우리를 신앙으로부터 멀어지게 하고 복음에 싫증을 느끼게 만드는 악한 영들과 싸우지는 못합니다.

사탄의 모든 역사는 오직 한 방향으로 향하고 있습니다. 그것은 복음에서 떠나고, 그리스도로부터 떠나도록 하는 것입니다. 복음이 말하는 하나님의 은혜와 긍휼을 왜곡하고, 예수 그리스도의 희생 제사의 효력을 미덥지 못한 것처럼 보게 하는 것입니다. 그리스도 안에서 우리가 확인한 구원의 복됨을 현실의 어떤 것보다도 못한 것처럼 보게 해서 다른 곳으로 눈을 돌리게 만드는 것입니다. 그 일을 효과적으로 하기 위해 사탄은 자신의 일꾼을 사용합니다. 바로 거짓 사도와 거짓 선지자, 거짓 교사들을 말입니다. 오늘날로 말하면 목사와 같이 교회에서 영향을 미치는 지도자를 사용하는 것입니다.

바울은 바로 이와 같은 일들을 당시 1세기 여러 교회들 속에서 보았기 때문에 배교를 부추기는 사탄의 간계한 역사에 대항하여 믿음을 끝까지 지킬 것을 강조했습니다. 그는 특히 말년에 이 문제를 절감하여 믿음을 지키는 문제를 강조했습니다. 예를 들어, 디모데에게 보낸 서신 끝자락에서 그는 믿음에서 벗어난 사람들이 있음을 말하면서 그들과 달리 믿음을 지켜야 할 것을 권했습니다.

"디모데야 망령되고 헛된 말과 거짓된 지식의 반론을 피함으로 네게 부탁한 것을 지키라 이것을 따르는 사람들이 있어 믿음에서 벗어났느니라"(딤전 6:20-21).

여기서 '네게 부탁한 것'은 달리 말하면 복음입니다. 유다는 그것을 유다서에서 "믿음의 도"(유 1:3)로 표현했습니다. 사탄은 거짓된 사람들을 통해 복음을 흐리게 해서 결국 복음으로부터 멀어지게 하는 거짓된 지식을 교회 안에 유포했던 것입니다. 그래서 바울은 그 가운데 그것을 따르는 사람들, 즉 믿음에서 벗어난 사람들이 있었다고 말하였습니다. 그들은 자신들이 가진 믿음이 결국 거짓임을 드러냈던 것입니다.

바울은 그런 위험 경고와 함께 믿음을 지키라는 권면을 디모데뿐만 아니라 디도에게도 합니다. 바른 교훈을 거슬러 말하는 자들, 불순종하고 헛된 말을 하며 속이는 자들, 유대인의 허탄한 이야기와 진리를 배반하는 사람들의 명령을 사람들이 따르지 않도록 잘 분별하여 믿음을 끝까지 지키도록 이끌 것을 권하면서 이렇게 말했습니다.

"그러므로 네가 그들을 엄히 꾸짖으라 이는 그들로 하여금 믿음을 온전하게 하고 유대인의 허탄한 이야기와 진리를 배반하는 사람들의 명령을 따르지 않게 하려 함이라"(딛 1:13-14).

그들 가운데는 거짓 교사들의 활동과 진리를 배반하는 사람들이 있었습니다. 사람들에게 명령할 정도로 그들은 영향력을 행사했습니다. 바울은 이러한 내용과 연결해서 그의 마지막 서신인 디모데후서에서 "나는… 믿음을 지켰으니"(딤후 4:7)라고 말했습니다. 자신의 죽음을 예감하고 지나온 삶을 돌아보면서 디모데뿐만 아니라 예수 믿는 우리 모두가 귀담아들어야 할 말을 한 것입니다.

이것은 결코 가벼운 얘기가 아닙니다. 바울의 고백은 대단히 많은 것을 내포하고 있습니다. 이 서신을 쓸 때까지 바울이 겪었던 일들 중에는 고린도후서 11장에서 언급된 것들도 있었습니다. 단순히 환경의 어려움 정도가 아니라 수많은 위험과 사람들로부터 오는 박해와 고난, 상함과 상처를 경험했다고 말했습니다. 그러는 가운데 그는 믿음을 지켰다고 말한 것입니다.

여기서 바울이 자신의 경험을 진술한 것 중에 눈에 띄는 한 가지 사실은 거짓 형제의 위험입니다. 형제와 같았지만 실상은 형제가 아닌 거짓 형제로 인해 위험을 겪었다는 말입니다. 우리는 자신과 가까운 사람의 거짓됨과 배반에 대한 경험은 평생 잊지 못합니다. 그런데 바울은 그러한 경험도 자신이 겪은 수많은 일 중 하나의 내용으로 기술했을 뿐입니다. 물론 이러한 일들의 배후에는 사탄의 역사와 거짓된 사람들과의 싸움에서 겪어야 했던 위험과 고난이 있었습니다. 그럼에도 그는 믿음을 지켰다고 말한 것입니다. 결국 바울은 우리의 믿음을 흔드는 그 모든 대적과 유혹을 넘어서 믿음을 지켜야 할 것을 말한 것입니다.

실천적인 면에서 배교는 예수 그리스도에 대한 믿음을 저버리는 행위입니다. 디모데전서 6장에서 말한 자들처럼 믿음을 지키지 않은 자는 결국 배교자입니다. 그래서 1세기부터 믿음을 흔드는 사탄의 역사와 거짓 교사들의 활동을 기록하고 있는 신약성경은 우리에게 믿음의 도를 위해 힘써 싸우고, 믿음의 선한 싸움을 싸울 것을 계속해서 말하는 것입니다.

예수님도 요한계시록에서 그리스도께로부터 돌아선 배교의 모습을 갖지 않도록 미리 책망하고 경고하시면서 주님의 충성된 증인 안디바가 사탄이 사는 곳에서 죽임을 당할 때도 주님을 믿는 믿음을 저버리지 아니하였다는 사실을 강조하셨습니다(계 2:13). 이처럼 주님도 믿음을 지키는 싸움을 할 것을 당부하셨습니다.

일상 속에서 계속되는 싸움

우리가 정녕 예수 믿는 자라면 우리의 신앙 여정에서 믿음을 흔들고 복음에서 멀어지게 함으로써 결국 거기서 떨어져 나가게 하기 위한 사탄의 간계에서 자유로울 수는 없습니다. 사탄은 우리를 끝없이 공격하는 대상으로서 존재합니다. 그래서 우리는 그의 간계를 경험할 수밖에 없습니다. 특히 거짓된 교사, 거짓된 위로자, 거짓된 권면자를 통해서 그 일을 합니다. 우리의 환경과 관계를 사용하여 복음에 싫증을 느끼게 하고 결국 복음에서 멀어지게 하는 것입니다. 그러한 상황에서 우리의 믿음은 본색이 드러납니다. 참된 믿음을 가졌는지, 거짓된 믿음을 가졌는지 말입니다.

우리는 바울이 복음의 영광과 복됨을 알고 소유한 디모데에게 끝까지 믿음을 지키라고 말한 것을 유념해야 합니다. 예수님도 제자들에게 "끝까지 견디는 자는 구원을 얻으리라"(마 10:22)라고 말씀하셨고, 히브리서 기자도 "우리가 시작할 때에 확신한 것을 끝까지 견고히 잡고 있으면 그리스도와 함께 참여한 자가 되리라"(히 3:14)라고 말했습니다. 이것은 모두 믿음을 지키는 가운데 가질 수 있는 내용들입니다. 그래서 히브리서 기자는 11장에서 믿음에 대해 말한 것입니다. 그런 점에서 우리는 사탄의 온갖 방해와 간계한 역사에 대항하여 믿음을 지키고 있는지 잘 생각해 보아야 합니다.

많은 사람이 믿음을 지키는 것을 하나의 사건처럼 생각합니다. 마치 일제강점기에 예수 믿는 것이 위협받을 때 믿음을 지키는 것을 연상하는 경향이 있습니다. 물론 그런 상황에서도 믿음을 지켜야 하는 일은 있습니다. 그러나 성경이 믿음을 지키는 문제를 말할 때는 주로 그런 위협적인 상황을 전제하는 것이 아닙니다. 교회 역사와 오늘날 교회 현실을 보면 믿음을 지켜야 하는 보편적인 조건은 관계의 어려움과 환경의 유혹을 받는 일상적인 삶 속에서입니다.

저는 지금까지 의외로 많은 사람이 인간관계와 환경의 어려움 속에서 시험에 들고 실족하여 신앙에서 멀어지는 것을 보았습니다. 기독교의 본질적인 진리나 신앙의 중요한 사실 때문에 실족하거나 교회를 떠난 것이 아니었습니다. 물론 외적으로는 다양한 이유와 문제로 인해 마음이 상하고 힘든 경험을 할 수 있습니다. 거기에는 심지어 자녀 문제까지 얽혀 있을 수도 있습니다. 그러나 깊은 시험에 빠져 결국 복음에 싫증을 느끼면서 순종하지 않게 되는 것은 결국 자신의 마음을 주체하지 못했기 때문입니다.

영적 싸움의 걸림돌, 자기 사랑

이러한 모습 속에는 자신조차도 쉽게 분별하지 못하는 자기 사랑이 있습니다. 현재 그것이 드러나지 않은 사람이라도 자기 사랑에 빠져 있는 사람은 언제라도 똑같은 반응을 보일 수 있습니다. 따라서 우리는 신앙 생활의 기저에 무엇이 있는지 말씀을 통해 진지하게 살펴볼 필요가 있습니다. 그 기저가 변화된 새로운 마음인지, 자기 사랑인지 말입니다.

기독교의 모든 것, 그야말로 성경에 계시된 부요하고 놀라운 내용들을 자기 사랑을 위한 것으로 이해하고 적용하는 사람은 커다란 기만에 빠진 것입니다. 그는 역사 속에 자신의 모습을 우리를 향하여 수없이 드러내신 은혜롭고 영광스럽고 복되신 하나님과 친히 이 땅에 오신 주 예수 그리스도의 은혜와 사랑의 풍성함, 십자가의 대속으로 말미암아 우리의 근본적인 죄가 사함을 받았다는 놀라운 사실, 그리고 우리에게 있는 영광스러운 장래에 대한 소망과 믿음과 사랑과 같은 부요한 내용들까지 모두 자기 사랑을 위한 것으로 이해하고 적용합니다. 마태복음 7장에서 주님이 알지 못한다고 말씀하신 사람들의 공통점에는 바로 이와 같은 자기중심성과 자기 사랑이 있습니다.

만일 자신이 그러한지를 알고 싶다면 자신의 경험이 무엇이었든 결정적인 순간에 자신이 알고 있는 기독교의 모든 것이 어떻게 드러나는지를 확인해 보십시오. 만일 그 순간에 부요한 기독교의 모든 진리가 자신에게 별 의미와 효력도 갖지 않는다면, 그는 그 모든 것을 자기 사랑 위에 두고 있는 것입니다. 그것은 믿음을 지키는 것이 아니라, 오히려 믿음을 저버리고 자기를 지키는 것입니다.

우리는 성경이 신앙의 대적으로 왜 육체를 세상과 마귀와 함께 말했는지 알아야 합니다. 죄성과 내재하는 죄를 지닌 우리의 육체는 우리가 아는 것 이상으로 우리의 신앙을 크게 방해합니다. 우리 안에서 꿈틀대는 자기중심성과 자기 사랑도 죄성을 지닌 육체의 소욕으로써 갖고 드러내는 것입니다. 그래서 거듭난 신자라 할지라도 자기 사랑의 유혹에 빠질 수 있는 것입니다.

그러나 환경과 관계 또는 그 외 어떤 이유와 배경에서든 복음의 가치가 무색해질 만큼 기독교의 본질적인 것, 결국 복음보다도 자기 사랑이 결정적이라면, 그래서 결국 자기 사랑이 그 모든 것을 이긴다면, 그 사람은 사실상 중심이 바뀌지 않은 것입니다. 그러한 조건에서는 그가 믿는다고 말하는 기독교의 모든 것은 사실상 자기 사랑의 차원에서 믿는 것일 뿐입니다. 결국 그것은 마태복음 7장에서 말하는 자기기만에 빠진 모습입니다.

이에 대해 아우구스티누스(Augustinus)는 "자기 사랑은 생명의 근원을 가지신 분을 자기 밖에 두는 것이다"라고 말했습니다.[41] 그렇습니다. 아무리 기독교적인 것으로 자신을 치장해도 자기 사랑에 의해 움직이는 사람, 기독교의 모든 것을 자기 사랑을 충족시키는 데 활용하고 적용하는 사람은 생명의 근원이신 하나님을 자기 밖에 두고 있는 것입니다. 그것은 생명의 근원이신 하나님 없이 자기기만 속에 있는 것입니다. 그 사람은 자신을 지키는 것이 전부입니다. 자기를 방어하고, 자기를 연민하고, 자기를 자랑하고, 자기를 채우는 것을 행복으로 여깁니다.

하지만 생명의 근원이신 하나님을 자기 밖에 두는 인간은 결코 참된 행복을 가질 수 없습니다. 오히려 자기 사랑은 그릇된 것에 모든 에너지를 쏟게 함으로써 소금물을 마시는 것과 같은 불만족을 계속 갖게 합니다. 그러한 불만족 속에서는 사실 다른 사람보다 상대적으로 더 괜찮은 것처럼 보여도 그는 더 염려하고 불안해합니다. 안식과 평안이 없기 때문입니다. 잠시 만족하는 것조차도 거짓된 자기만족 수준에서 머무는 것입니다.

구속의 은혜가 우리 안에 있는 자기 사랑을 이기게 하라

복음은 예수 그리스도 안에서 생명의 근원이신 하나님을 우리 안에 둠으로써 자기 사랑의 부산물에서 벗어나 영혼의 자유와 안식과 평안을 갖게 합니다. 그것은 성경이 '그리스도 안에서'라는 말과 함께 덧붙이는 모든 내용이 증거하는 바입니다. 따라서 하나님의 크신 긍휼과 은혜, 그리스도의 희생 제사의 효력을 별것 아닌 것처럼 여기며 자신을 지키려는 자기 사랑은 매우 위험합니다. 그것은 생명 없음과도 관련이 있습니다. 그 일이 일상 속에서뿐만 아니라 위기 때마다 반복된다면 그는 아예 육신대로 살고 있는 것입니다. 하나님의 생명 없이 말입니다.

복음은 이러한 자기 사랑을 넘어서게 합니다. 그리스도의 구속의 은혜가 자기 사랑을 이기는 것입니다. 그리스도의 구속 안에 있는 하나님의 생명과 그분의 무한한 사랑, 그리고 그 안에서만 가질 수 있는 참된 행복을 알기 때문입니다. 아무리 교회를 오래 다녀도 복음 안에서 이러한 참된 행복을 보지 못하면 인간은 자기 사랑에서 벗어나지 못합니다. 그리고 자기 사랑의 차원에서 모든 것을 추구하는 자기 욕구를 드러내기에 결과적으로는 자기 파괴를 가져옵니다. 그래서 아우구스티누스는 "생명의 근원이신 하나님을 자기 밖에 두고, 자기 사랑을 채워 줄 것을 찾는 것은 자기 파괴다"라고 말했습니다.[42]

배교를 부추기는 사탄의 역사 속에서 믿음을 지키는 문제를 육체의 소욕을 통한 유혹과 연결해서 생각해야 하는 이유는 교회 안에서 의외로 많은 사람이 믿음을 지키는 것이 아니라 자기를 지킴으로써 믿음에서 멀어지고 교회를 떠나는 일이 흔하기 때문입니다. 기독교의 놀라운 구원과 복된 것들이 일순간에 아무것도 아닌 죽은 지식이 되어 버릴 정도로 그것보다 자기 사랑이 우위에 있는 것입니다. 그래서 자신에게 결정적으로 도움이 되지 않는다고 생각되면 복음을 더 이상 복음이 아닌 것으로 여기는 것입니다.

그러므로 거짓된 사람들의 가르침에 의해서든, 육체의 소욕을 따라 행함으로든, 자기 사랑에 의해서든, 복음이 자신에게 항상 복음이 되지 않는다면 그는 배교적인 상태에 있음을 알아야 합니다. 이것은 매우 중요한 기준입니다.

자아가 아니라 복음을 사랑하여 지키는 믿음

그런 면에서 복음이 어떤 조건에서도 여러분에게 복음이 되고 있습니까? 하나님이 육신을 입고 이 땅에 오셔서 이 세상의 죄와 사망을 이기고 하나님의 부유한 세계를 열어 주신 이 놀라운 사실은 내가 이 땅에서 경험하는 그 어떤 것보다도 상위에 있는 기쁜 소식입니다. 아무리 유혹이 거세고 자신이 짓밟혀 죽을 것 같은 상황에서도 자신을 지키기보다는 복음에 대한 믿음을 지키는 것이 중요합니다. 우리는 자신이 배운 기독교의 모든 것, 복음의 모든 내용을 자신을 지키는 데 사용하고 있지는 않은지 점검해 봐야 합니다.

자기 사랑으로 신앙생활 하는 사람은 자신의 실체를 모를 수도 있습니다. 그러나 자신의 실체는 위기 때 곧 드러나게 됩니다. 그리하여 배교적인 상태로 가고, 믿음에서 멀어져 결국 떨어져 나갈 수 있습니다. 그러한 모습을 지속적으로 가지면서 결국 배교자가 되는 것입니다. 그러므로 자신의 신앙생활의 기저를 확인해 보십시오. 이를 위해서는 많은 묵상이 필요하고, 하나님 앞에서 기도해야 합니다.

또 자신을 지키는 것이 아니라 복음을 지키는 믿음을 갖고 있는지도 확인해 보십시오. 아무리 어렵고 힘든 일을 당해도 그것이 결코 복음을 무시하게 할 정도는 아니라고 할 만큼 복음이 자신의 존재와 삶에 최고의 가치인지를 확인해 보십시오. 자신이 믿고 있는 예수 그리스도와 그분의 십자가를 이길 것은 이 세상에서 아무것도 없다고 할 만큼 그에 대한 믿음을 갖고 있는지 말입니다. 복음이 자신의 삶의 모든 조건에서도 복음이 되는지를 말입니다.

사도 바울이 말년에 끝까지 믿음을 지켰노라고 말한 것과 같이 믿음을 지키는 일은 쉬운 일이 아닙니다. 여기에는 우리를 방해하는 세상과 사탄, 육체가 있기 때문입니다. 우리는 세상과 사탄에 대해서는 많이 들어서 알지 몰라도 우리 안에 있는 육체의 소욕인 자기중심성과 자기 사랑의 실체는 잘 모릅니다. 이것 때문에 믿음을 지키는 데 실패하고 시험에 든다는 사실을 잘 모르는 것입니다. 우리는 이 실체를 명확하게 인식하고 경계해야 합니다.

우리의 신앙생활은 자기 사랑에 기초한 것이 되어서는 안 됩니다. 기독교의 모든 진리를 자기 사랑을 위한 이용물로 사용해서는 안 되는 것입니다. 복음은 나의 존재와 삶의 전부가 되기에 충분한 정도로 부유합니다. 무엇으로 바꿀 수 없고, 바뀌게 할 수도 없는 내용입니다. 우리 모두 이 부분을 명확히 함으로써 끝까지 믿음을 지킬 수 있기를 바랍니다.

10장

민감하라
_ 배교의 징조가 될 죄에 대하여

땅이 그 위에 자주 내리는 비를 흡수하여
밭 가는 자들이 쓰기에 합당한 채소를 내면 하나님께 복을 받고
만일 가시와 엉겅퀴를 내면 버림을 당하고 저주함에 가까워
그 마지막은 불사름이 되리라

히 6:7-8

동일한 영적 유익, 그러나 다른 두 결과

이제 우리는 히브리서 기자가 배교 위험을 경고한 내용과 연결해서 배교의 결과에 대해 살펴보고자 합니다. 헬라어 본문은 엄중한 배교 위험 경고의 말씀에 이어 '왜냐하면'이라는 단어로 시작하고 있습니다. 그러면서 비가 내리는 땅을 비유로 앞에서 말했던 경고 말씀을 유대 그리스도

인들에게 적절하게 입증하고 있습니다. 바로 유대 그리스도인들에게 말입니다.

먼저 본문은 자주 내리는 비를 말하면서 그 비를 흡수하는 두 종류의 땅에 대해 말합니다. 그것은 비를 흡수하여 밭 가는 자들이 쓰기에 합당한 채소를 내는 땅과 가시와 엉겅퀴를 내는 땅입니다. 그러면서 쓰기에 합당한 채소를 내는 땅은 하나님께 복을 받지만, 가시와 엉겅퀴를 내는 땅은 버림을 당하고 저주함에 가까워 그 마지막은 불사름이 된다는 결과를 덧붙입니다. 여기서 땅에 자주 내리는 비는 4-5절에서 말한 내용의 혜택을 받은 것을 말합니다. 이것을 히브리서 수신자들의 경험으로 말하면, 그들이 복음을 듣고 누리게 된 많은 영적 유익을 말한다고 볼 수 있습니다. 본문은 바로 그러한 동일한 조건에서도 두 개의 다른 결과가 있음을 말하는 것입니다.

그렇다면 단비를 흡수하여 쓰기에 합당한 채소를 내는 땅, 그야말로 긍정적이고 선한 열매를 맺는 땅은 무엇을 의미할까요? 이것은 예수님이 씨 뿌리는 비유에서 말씀하신 좋은 땅과 같은 것으로 볼 수 있습니다. 4-5절에서 말한 하나님에게서 나온 복된 것들, 바로 영적인 유익에 합당한 열매를 맺는 것을 말합니다. 다시 말해, 영적인 유익을 경험한 것으로 끝나지 않고 거기에 합당한 열매를 맺는 것을 말합니다. 그러면서 하나님이 베푸시는 복을 받는 것을 결과로 말합니다. 이것은 히브리서 기자가 그의 수신자들에게 기대하는 바이고, 참된 그리스도인들에게 있어야 할 모습이기도 합니다.

그러나 그는 동일한 조건에서 전혀 다른 결과를 갖는 가시와 엉겅퀴를 내는 땅에 대해서도 말하고 있습니다. 동일하게 영적 유익을 받고도 그에 합당한 열매를 맺지 않은 것을 말하는 것입니다. 마태복음 7장의 내용으로 말하면 나쁜 열매를 맺는 것을 말하고, 마태복음 13장의 천국 비유로 말하면 결국 가라지로 드러나는 것을 말합니다. 결국 아무리 영적인 유익을 맛보았어도 가시와 엉겅퀴와 같은 무익한 열매나 잡초를 낸다면 그 땅은 버림당하고 저주받게 되어 그 마지막은 불사름이 된다는 것입니다. 이것은 6절에서 말하는 타락한 자의 결론입니다.

따라서 히브리서 기자는 배교 위험 경고의 논조를 그대로 이어서 가시와 엉겅퀴와 같은 열매를 맺는 자들의 결론은 하나님의 심판임을 계속 경고하고 있습니다. 특히 '저주함에 가까워'라는 말을 통해 영적 유익을 얻고도 자신의 삶에서 가시와 엉겅퀴를 내는 자는 하나님의 저주를 받는 심판의 날이 멀지 않다는 것을 강조합니다.

성경이 자주 말하는 두 가지 결론

사실 예수 믿는 우리에게 본문의 두 결론은 익숙합니다. 이것은 구약성경뿐만 아니라 신약성경에서도 자주 말하는 것이기 때문입니다. 과거 이스라엘 백성은 선지자들을 통해 이러한 내용을 많이 들었습니다. 모세를 통해서도 들었고, 율법을 통해서도 들었습니다. 그런데 놀랍게도 그들은 제대로 듣지 않았습니다. 한 측면만 받아들이거나, 아니면 그런 것들은 모두 자신과는 무관하다고 여기면서 흘려보냈습니다.

그러나 히브리서 기자는 유대 그리스도인들에게 이 두 가지 결론을 말하면서 과거 이스라엘 백성처럼 들어서는 안 된다고 경고합니다. 하나님의 은혜의 세계를 맛보고 복음의 복됨을 경험한 사람이 결론적으로 드러내는 반응에는 하나의 결론만 있는 것이 아니라 다른 결론도 있음을 말하는 것입니다. 이것은 예수님의 제자들이나 초대교회 안에서뿐만 아니라 실제로 우리의 현실 교회 안에서도 볼 수 있는 두 가지 결론이기도 합니다.

예수님의 제자들이나 그리스도인들이 본문과 같은 내용을 들을 때 의문을 갖게 되는 것은 사실 두 번째 결론입니다. 예수 믿는 자라면 하나님의 복과 구원을 얻게 된다는 내용은 아무런 문제가 되지 않습니다. 그러나 두 번째 결론은 예수 믿는 자가 그 내용을 자신에게 현재적으로 적용함에 있어서는 어려움을 가질 수 있기 때문입니다.

그러나 역사는 본문이 왜 두 개의 결론을 교회 공동체에게 말했는지를 잘 보여 줍니다. 히브리서 기자도 히브리서 3장에서 광야를 지난 이스라엘 백성이 불신앙과 불순종 가운데 하나님에게서 떨어져 나간 사례를 예로 들었습니다. 그들은 출애굽할 때 애굽 땅에서 놀라운 하나님의 역사를 경험했습니다. 우리가 알다시피 하나님이 애굽 땅에 내리신 열 가지 재앙은 실로 어마어마한 것들이었습니다. 특별히 마지막 열 번째 재앙은 정말로 잊을 수 없는 사건이었습니다. 짐승까지 포함해서 애굽 땅에 있는 모든 처음 난 것(장자)은 죽었지만, 이스라엘 백성에게는 그들의 집 좌우 문설주와 인방에 바른 어린양의 피로 말미암아 그 일이 일어나지 않았기 때문입니다. 이것은 매우 극적인 경험이었습니다.

그 이후에도 그들은 홍해라는 막다른 상황에 섰을 때, 누구도 평생 본 적이 없는 광경을 경험했습니다. 홍해가 갈라져 마른 땅을 지나듯이 바다를 건넜기 때문입니다. 그 놀라운 경험 이후 그들은 그 잊을 수 없는 사건을 행하신 하나님을 찬양했습니다. 바울은 고린도전서 10장에서 홍해를 건넌 이스라엘의 경험을 세례로 말함으로써 그들에게 중요한 표가 되는 사건이었음을 말하였습니다.

또 그들은 광야에서 낮에는 구름 기둥, 밤에는 불 기둥을 보면서 하나님의 보호와 인도를 받았습니다. 광야에서 마실 물이 없을 때는 하나님이 마실 물을 내시는 기이한 일도 경험했습니다. 물이 나지 않는 광야에서 200만 명이 넘는 사람들이 마실 수 있는 물을 솟아나게 하신 것입니다. 또 매일 만나를 내리심으로 광야에서 주리지 않게 하셨습니다.

그들은 더 놀라운 것도 경험했습니다. 하나님이 시내산에 임재하시는 상황 가운데 마침내 하나님의 음성도 들었습니다. 본문으로 말하면 자주 내리는 비를 받는 땅의 경험을 한 것입니다. 그런데도 그들 가운데 어떤 사람은 불신앙과 불순종 속에서 하나님에게서 떨어져 나갔습니다. 히브리서 기자가 히브리서 3장에서 말하는 바가 바로 그것입니다. 또 예수님으로부터 자주 내리는 비에 해당하는 영적인 유익을 얻었던 가룟 유다도 그와 같은 경우에 해당됩니다.

특별히 초대교회에서 그와 같은 사례를 든다면 사도행전 8장에 나오는 마술사 시몬입니다. 그는 빌립이 전한 복음을 믿고 세례를 받았습니다. 그 뒤로 그는 빌립과 함께 다니면서 표적과 큰 권능을 경험했습니다. 시몬에게 있어서 그것은 자주 내리는 비의 혜택을 받은 것과 같습니다. 그러나 우리는 베드로의 말을 통해 그가 뒤에 보인 반응을 알 수 있습니다.

"하나님 앞에서 네 마음이 바르지 못하니 이 도에는 네가 관계도 없고 분깃 될 것도 없느니라"(행 8:21).

베드로는 그가 살길은 자신의 악함을 회개하여 주께 용서를 받는 것뿐이라고 말했습니다.

성경이 두 가지 결론을 말해 주는 이유

이처럼 우리는 성경에 기록된 명확한 사례와 그 결과를 통해 누가 가시와 엉겅퀴를 내는 땅인지 알게 되지만, 그것은 어디까지나 성령이 밝히셔서 그 결과가 드러났을 때입니다. 그러나 현실적으로 교회에서 누가 본문이 말하는 땅의 모습을 가지고 있는지 정확하게 분간하기는 어렵습니다. 가룟 유다가 예수님과 다른 제자들 곁에 있다가 예수님을 팔러 나가기 직전까지는 예수님 외에 다른 제자들이 몰랐던 것처럼 말입니다.

이런 현실은 1세기 모든 교회가 가졌을 것으로 보입니다. 그럼에도 신약성경의 서신서들은 그런 사례들과 함께 배교에 관한 내용을 가라지에 해당하는 자들을 향해 말하지 않고 알곡에 해당하는 그리스도인들에게 말하고 있습니다. 거듭 언급하지만 히브리서의 배교 위험 경고 역시 이미 큰 구원을 얻은 유대 그리스도인들에게 말하고 있습니다. 그것은 그들의 문제점을 지적하는 것을 넘어 배교 위험을 경고함으로써 그들을 보호하고 바르게 이끌고자 하는 히브리서 기자의 목회적인 동기 때문입니다. 이것은 제자들에게 경고하신 예수님의 마음이기도 합니다. 뿐만 아니라 사도 바울이나 베드로, 요한과 유다서를 쓴 유다에게서도 그와 동일한 동기를 찾아볼 수 있습니다.

히브리서 기자가 수신자들의 상태를 보면서 그들이 흘러 떠내려가지 않도록(히 2:1) 하고자 한 것처럼, 또 큰 구원을 등한히 여기지 않도록(히 2:3) 하고자 한 것처럼, 또 마음이 완고하게 되거나 항상 마음이 미혹되어 하나님의 길을 알지 못했던 광야 세대와 같이 되지 않도록 하고자 한 것처럼(히 3:7 이하), 또 믿지 아니하는 악한 마음을 품고 하나님의 손에 떨어지지 않도록 하고자 한 것처럼(히 3:11) 저 역시도 우리 중 그러한 자가 없기를 바라는 마음으로 이 내용을 살피고 있습니다.

무엇을 경고한다는 것은 앞으로 있을 수 있는 위험을 예상하고 현재 그것에 대비하도록 하기 위함입니다. 히브리서의 모든 경고와 훈계는 그런 것입니다. 유대 그리스도인들이 타락하지 않도록 경고하고 권면해서 미래에 일어날 수 있는 일을 주의시키는 것입니다. 특히 예수 그리스도로부터 돌아서는 것이나 복음이 복음 되지 않도록 하는 모습을 잠시라도 갖지 않도록 하고자 함입니다.

그런데 히브리서 기자는 그들이 예수를 믿는 자들이고, 큰 구원을 받은 자들이라고 해서 대충 경고하거나 권면하지 않습니다. 적당히 자극받을 정도로 경고를 들으라고 말하는 것이 아닙니다. 그러나 안타깝게도 오늘날 교회 안에는 성경의 경고를 그런 식으로 듣는 사람들이 있습니다. 예수를 믿음으로 자신은 그리스도의 보혈로 구원받은 것이 확실하다고 생각하면서 그저 괜한 노파심에서 경고하는 것으로 생각합니다. 그러면서 경고의 진정성과 가치를 가볍게 여기는 경향을 드러냅니다.

성경은 우리에게 뻔한 얘기를 하듯이 경고하지 않습니다. 오히려 경고를 듣지 않는 자에게 실제로 어떤 일이 일어날지를 말합니다. 그래서 "우리가 이같이 큰 구원을 등한히 여기면 어찌 그 보응을 피하리요"(히 2:3)라고 말한 것입니다. 큰 구원을 등한히 여기면 그에 대한 보응을 피할 수 없다는 말입니다. 또 광야 이스라엘 백성이 안식에 들어갈 약속이 남아 있어도 불신앙으로 마음을 완고하게 하여 안식에 이르지 못했던 것처럼, 종말론적인 안식에 이르지 못할 자가 있을 수 있다고 말합니다.

그뿐이 아닙니다. 히브리서 6장 4-5절과 같은 놀라운 경험을 하고도 타락한 자는 본문 말씀대로 버림을 당하고 저주를 받아 마지막은 불사름이 된다고 말합니다. 또한 히브리서 10장에서는 그런 자에게는 무서운 마음으로 심판을 기다리는 것과 대적하는 자를 태울 맹렬한 불만 있을 것이라고 더 구체적으로 말합니다.

우리는 이런 내용을 그냥 한번 해보는 말로 들어서는 안 됩니다. 실제성이 없는 것을 단순히 주의를 주는 차원에서 했다고 생각하면 안 되는 것입니다. "하나님의 아들을 짓밟고 자기를 거룩하게 한 언약의 피를 부정한 것으로 여기고 은혜의 성령을 욕되게 하는 자가 당연히 받을 형벌은 얼마나 무섭겠느냐"(히 10:29)라고 말하면서 하나님의 심판의 무서움을 덧붙이고 있는 내용(히 10장 참조)이 사실이라는 것입니다. 이러한 경고를 무시하는 사람들에게 말입니다. 히브리서 기자는 형벌과 심판, 멸망

등의 말을 덧붙여서 영원한 심판이 있을 것이라고 말한 것입니다. 이것은 결국 경고를 듣지 않는 자는 그런 상태로 나아갈 자라고 말하는 것입니다.

참된 신자는 경고를 귀담아듣는다

　그런 점에서 우리는 자신이 그리스도인이고 구원받았다는 생각과 믿음만 아니라, 그런 자신에게 경고한 내용이 실제로 경고가 되는지도 함께 생각해야 합니다. 스스로는 구원받은 그리스도인이라고 생각하면서도 실제로는 그러한 경고가 전혀 경고가 되지 않아 결국 경고한 내용으로 나아간다면 그 경고의 모든 내용이 그 사람에게 해당되는 것입니다. 버림당함, 저주, 불사름, 형벌, 심판, 멸망이라고 말한 내용들 말입니다. 그리고 그것을 통해 그는 자신의 모든 신앙 인식이 자기기만이고 거짓임을 드러낸 것입니다.
　중요한 것은 그리스도인들에게 말한 배교 위험 경고에 대한 우리의 반응입니다. 만일 이러한 경고에 대해 자신은 구원받은 그리스도인이라고 생각하면서 실제로 경고에 해당하는 일이 일어나지 않을 것이라고 여기고 경고를 흘려보내고 있다면, 그것은 매우 심각한 일임을 알아야 합니다. 그는 자신이 알고 있는 지식과 교리가 자신을 죽이고 있음을 깨달아야 합니다. 그것은 그리스도인들이 경고 말씀에 대해 결코 보여서는 안 될 반응입니다.

히브리서 기자는 본문 이후 히브리서 6장 9-10절에서 긍정적인 진술을 합니다. 그러나 그것은 히브리서 수신자들이 자신의 경고를 들을 것이라고 낙관하고 있기 때문입니다. 참된 그리스도인들은 실제로 그렇게 반응합니다. 그래서 지금까지 배교 위험 경고에 대한 자신의 반응을 확인하면서 그것으로 자신이 어떤 자인지를 결국 드러낸다고 말했던 것입니다.

유사 그리스도인은 이러한 경고에 일시적으로 반응할 수 있습니다. 그런데 결정적으로 이 경고가 먹히지 않았다는 것을 결론적으로 드러내게 됩니다. 경고를 다 잊어버리고 원래의 상태로 돌아가 버리는 것입니다.

혹시 여러분은 본문의 결과를 자신에게는 실제로 해당되지 않는 말씀으로 듣고 있지는 않습니까? 그렇다면 그것은 자신의 생각으로 성경의 사실을 부정하거나 제한하고 있는 것입니다. 본문 8절은 자신이 그리스도인이고 구원받았다는 생각과 상관없이 경고를 무시하고 타락한 자에게 실제로 있을 내용을 말합니다. 오히려 8절의 내용이 자신에게는 일어나지 않을 대상들은 그런 결과를 실제로 있을 것으로 알고 듣습니다. 경고를 무시하는 타락한 자가 이르게 될 결론을 자신도 진지하게 듣는 것입니다.

만일 정상적인 그리스도인이라면 복음을 듣고 경험하게 된 다양한 영적 유익을 흡수해서 가시와 엉겅퀴를 내는 땅이 아닌, 쓰기에 합당한 채소를 내는 땅이 되기를 원할 것입니다. 그래서 배교 위험 경고에 더욱 귀를 기울일 것입니다. 그는 배교 위험 경고를 무시한 자의 결론을 자기 신앙 논리나 거짓된 안정감으로 가볍게 여기거나 쉽게 건너뛰지 않을 것입니다. 오히려 자신이 받은 구원의 확실함을 그와 같은 진실한 반응으로 드러냅니다.

어떤 사람은 이런 경고의 말씀이 구원의 확신이나 성도의 견인 교리와 맞지 않다고 생각할지도 모릅니다. 그러한 이유로 구원의 확신을 가진 사람이 실제적인 면에서는 배교 위험 경고에 귀를 기울이지 않는 태도를 취할 수 있을지 모르겠습니다. 그러나 그것은 그가 제대로 된 구원의 확신을 갖고 있지 않다는 증거입니다. 오히려 구원이 확실한 사람은 경고의 말씀을 듣고 경성함으로써 자신의 구원의 확실함을 드러냅니다. 이것이 바로 성령이 거하시는 자에게 있는 반응이요, 확실한 구원을 소유한 자에게 있는 반응입니다. 교리에 대한 확신으로 경고에 반응하는 것이 아니라 실제적으로 반응하는 것입니다.

그런 점에서 자신이 예수 그리스도를 믿고 구원을 확신한다면 경고 말씀에 대한 자신의 반응이 어떠한지를 확인해 보아야 합니다. 단순히 머리로 정리하고 있는지, 아니면 그 확실한 구원의 풍성함과 성숙함으로 나아가고자 하는지 말입니다. 전자는 거짓입니다. 자기기만에 빠져 있는 것입니다.

거듭 이야기하지만 진실로 구원받은 신자는 배교 위험 경고에 귀를 기울일 뿐만 아니라 배교에 해당하는 증상이나 징조에도 예민하게 반응합니다. 그런 것을 상기시킬 때 진실하게 반응한다는 것입니다. 한마디로, 복음이 어떤 이유로든 복음이 되지 않고 부차적인 것이 되거나 복음에 뒤섞인 것 안에서 안주하는 것을 크게 경계할 것입니다.

배교의 일곱 가지 위험 징후

오웬은 배도에 관해 쓴 책 끝부분에서 배도가 침식해 들어오는 위험한 징조들을 일곱 가지 내용으로 말하는데, 우리는 그 내용으로 우리 자신을 확인해 볼 필요가 있습니다.

그는 배교가 우리에게 잠식해 들어오는 첫 번째 위험 징조는 복음의 진리가 가지고 있는 그 모든 선함과 탁월함 및 영광에 대한 이해를 상실하는 것이라고 말합니다.[43] 한마디로, 복음의 진리가 어떤 식으로든 하찮게 여겨지고, 그것의 풍성함에 대한 이해가 시들해지고 싫증을 느끼는 것이 배교의 위험한 징조라는 것입니다.

두 번째는 첫 번째 징조가 있은 후 즉시 복음이 하나님께로부터 온 참된 것이라는 확신이 없어지는 것입니다.[44] 이것은 복음이 참된 것이라는 확신이 사라지는 것을 말합니다.

세 번째 징조는 복음 안에 약속된 것들을 우습게 여기는 것입니다.[45] 예수 그리스도가 그분의 십자가를 통해 이루신 모든 것, 즉 죄 사함과 하나님과의 복된 관계, 그리고 그리스도의 몸 된 교회의 구성원이 되어 이 땅에서부터 참 생명을 누리며 영원한 영광으로 나아가는 것 등 무한한 것이 복음 안에 있습니다. 그런데 그런 것들이 우습게 여겨진다면 배교가 잠식해 들어왔다는 징조입니다.

오늘날 교회 안에는 복음 안에 약속된 것들을 우습게 여기는 사람들이 많습니다. 눈에 보이는 것은 가치 있게 여기면서도 정작 복음 안에 있는 약속들은 현실의 문제를 뛰어넘을 만큼 귀한 것으로 여기지 않습니다.

그것이 바로 배교 위험 징조라는 것입니다.

네 번째 징조는 기독교를 완전히 거절하고 다른 종교로 돌아서든가, 아니면 복음과 복음적 예배의 순수성을 부분적으로 거절하고 로마 가톨릭교회의 미신적 교리와 우상 숭배적 예배를 구하는 것입니다.[46] 간단히 말해, 복음과 복음적 예배의 순수성을 어떤 식으로든 거절하는 것이 배교 잠식의 징조라는 것입니다.

다섯 번째 징조는 그리스도와 그분의 순전한 복음을 거절하는 것을 넘어 그리스도의 충성된 백성들을 경멸하고 거절하는 것입니다.[47] 복음을 믿는 그리스도인을 어리석은 사람이라고 여기는 것입니다. 그래서 교회를 다니면서도 그들과 교제하는 것을 별로 좋아하지 않는다는 것입니다. 이것이 바로 그 사람 안에서 드러나는 배교 위험 징조입니다.

여섯 번째 징조는 성령과 성령이 복음 안에서 하시는 모든 은혜의 역사를 경멸하는 것입니다.[48] 복음을 듣고 그리스도 안에 있는 것이 얼마나 복되고 부유한지를 깨닫게 하시고 그 안에서 신앙과 삶을 갖도록 하시는 성령의 역사를 경멸한다는 것입니다. 성령이 은혜의 방편 속에서 하시는 일에 거부감과 적대감을 보이는 것입니다.

마지막으로 일곱 번째 징조는 세상적 이권(利權)과 일치되는 한도 내에서 복음에 대한 자신의 증오를 공개적으로 고백하고 선언하는 것입니다.[49]

지금까지 살펴본 배교 위험 경고를 잘 들은 사람은 이러한 징조를 충분히 간파하고 공감했을 것입니다.

위험을 자각한 이후 뒤따라야 할 씨름

이 같은 오웬의 말을 요약하면, 배교 위험 징조는 신앙과 삶의 중심인 복음에 대한 이해와 반응이 뒤섞이고 싫증을 내면서 대신 다른 곳으로 마음을 돌리는 것입니다. 만일 이런 모습이 자신에게 조금이라도 있다면 그것은 배교 위험의 징조임을 알아야 합니다. 많은 사람이 교회 안에서 활동하는 모습이나 직분과 같은 외형적인 것을 가지고 말하지만, 배교 위험의 징조는 그런 것이 아닙니다. 배교 위험의 징조는 복음에 대한 이해와 태도에서 어떠한 변질을 갖게 되었는가 하는 것입니다. 오웬은 바로 그 점을 정확하게 지적했습니다. 그리고 그는 배교 위험에 대해 진지하게 고민하는 사람들을 예상해서 다음과 같이 말했습니다.

"자기들이 영적으로 메말라 죽어 있다고 느껴지거나 또 그동안 죄악 된 쾌락 때문에 영적 의무를 등한시해서 절망감에 빠져 있다고 생각되는 사람들, 그래서 자기들도 회복이 불가능한 배도의 상태에 빠져 있는 것이 아닌지 걱정되는 사람들이 있다면 나는 그들에게 다음과 같은 것을 권면하고 싶다. 그것이 어떤 모양으로 이루어졌든 아무튼 영적 퇴보는 다 위험하다. 이런 상태에 있게 되면 누구든지 하나님과 하나님의 약속으로부터 오는 평강과 위로에 대한 확신을 가질 수 없다. 따라서 회개하고 '여호와를 만날 만한 때에 찾으라 가까이 계실 때에 그를 부르라 악인은 그의 길을, 불의한 자는 그의 생각을 버리고 여호와께로 돌아오라 그리하면 그가 긍휼히 여기시리라 우리 하나님께로 돌아오라 그가 너그럽게 용서하시리라'(사 55:6-7). 만약 자신의 퇴보가 악함을 영적으로 의식하고 있다면 당신은 그래도 회복될 가망성이 있는 것이다."[50]

만일 이러한 내용을 듣고 자각한다면 그것은 좋은 일입니다. 그러나 이러한 자각 뒤에 둘로 나누어지는 것을 기억할 필요가 있습니다. 하나는 사탄이 파괴하는 쪽으로 자각을 활용하는 것이고, 다른 하나는 성령이 자각을 통해 이끄시는 것을 따라 하나님께로 나아가는 것입니다. 그런 면에서 악함을 자학적으로가 아니라 영적으로 의식한다는 것은 긍정적입니다. 오웬은 계속해서 이렇게 말합니다.

"그렇게 의식하고 있다면 당신은 그래도 회복될 가망성이 있는 것이다. 회개할 가망이 전혀 없는 사람이 구원받을 가망이 없는 것이다. 그리고 복음이 주는 모든 확신을 거절하고 스스로 강퍅하게 되기 전에는 회개할 가망이 전혀 없는 것도 아니다. 그리스도는 뒤로 물러섰던 사람들을 부르시며 전심으로 그를 찾는 자를 도우신다(계 2:5, 3:1-3 참조). 하나님은 신자들 가운데서 이처럼 뒤로 물러선 자들을 돌이켜 치유해 주겠다고 약속하셨다(호 14:4 참조).

만약 이렇게 말해도 회개할 의향이 없다면 당신은 죄의 세력이 당신을 완전히 장악할 때까지 계속 나빠지게 될 것이라는 사실을 알고 두려워해야 할 것이다. 당신이 회개하지 않는 이유가 무엇이든 그 속셈은 다 마찬가지다. 즉 당신은 회개하지 않을 것이다. 그것이 불신 때문이든, 아니면 하나님보다 세상의 쾌락을 더 사랑하기 때문이든 아무튼 당신은 회개하지 않을 것이다.

따라서 만약 당신이 그리스도와 그의 복음을 싫어해서 복음의 거룩함과 순종으로부터 멀어진 것이 아니라면, 만약 당신이 그리스도보다 그것이 더 좋아서 어떤 다른 종교나 죄를 선택한 것이 아니라면, 그렇다면 어떻게 해서든지 회개하라. 그리고 복음의 방편을 모두 사용하여 복된 회복의 길로 돌아서도록 하라. 그러나 회개하라는 명령은 롯에게 소돔을 떠나라고 명했던 명령만큼이나 아주 시급한 것이다. 지금은 우물쭈물하며 그것에 대해 생각해 볼 그럴 때가 아니다. 이제 지체할 시간이 없다."[51]

그러면서 그는 어떤 사람들이 다음과 같이 말할 것도 예상해서 언급합니다.

"그러나 내가 회개해도 계속 죄를 짓는 점에 대해서는 어떻게 해야 하는가? 나는 한 번도 복음이 요구하는 그런 거룩한 삶을 완전히 살아 보지 못했다. 따라서 나의 형편도 복음의 거룩함으로부터 떨어져 나간 사람들과 다를 바 없다. 죄가 나를 다스리고 있다. 나는 한 가지 죄를 계속 짓고 있어서 이것이 이제는 하나의 습관적인 죄가 되고 말았다."[52]

오웬은 이런 사람들에 대해, 죄의 세력에 대해 알아야 한다고 하며 죄의 사로잡는 능력과 이기는 능력 등을 덧붙여 말합니다.

"습관적인 죄의 세력 아래 있어서 그것을 극복할 수 없다고 불평하는 사람들은 아마 이런 사람들일 것이다. 즉 그들이 가지고 있는 모든 확신에도 불구하고 또 그 죄를 극복하려고 무진 애를 쓰는데도 불구하고 여전히 어떤 죄의 세력 아래 있어서 실제로 그 죄를 자주 범하게 되는 그런 사람들일 것이다. 만약 이것이 사실이라면 그들은 아주 위험한 상태에 있는 것이다. 만약 어떤 치유가 일어나지 않는다면 그들은 절대 자기들이 참 그리스도인이라는 확신을 가질 수 없을 것이다. 만약 여러분이 이런 사람이라면, 그래서 이런 습관적인 죄를 이겨 보려고 애써도 도저히 이길 수 없다면 여러분을 도와줄 수 있는 영적이며 능력 있는 사람을 찾아보도록 하라."[53]

오웬은 이렇게 말한 뒤에 우리의 삶 속에서 발견되는 습관적인 죄에 대해서도 말합니다.

"당신은 삶 속에 그런 습관적 죄가 없는지 살펴본 다음 그런 죄가 발견되면 그 죄를 당신의 삶 속에서 뿌리째 뽑아 버려야 한다. 당신은 그것을 끊어서 추방해 버려야 한다. 당신은 그 습관적 죄를 짓고자 하는 첫 번째 유혹이 올 때 바로 그것을 거절해야 한다. 그것을 도적이나 혹은 여러분을 악한 일에 가담시키려는 악인 다루듯 다루라. …이 습관적인 죄를 계속 지어야 하는 모든 이유를 다 거절하라. 이 죄를 허용하는 모든 장소와 사람을 피하고 이 죄를 저항하기 힘들게 만드는 곳이 있다면 그곳도 피하라(잠 4:14-15 참조). 끝으로 이 습관적인 죄를 극복할 수 있는 은혜를 받기 위해 쉬지 말고 기도하라. 모세의 손이 내려갔을 때 아말렉이 이겼다. 그러나 모세의 손이 올라갔을 때는 아말렉이 졌다. 이 습관적인 죄는 바로 당신의 아말렉이다. 따라서 그것은 하나님이 당신에게 기도의 능력을 가르쳐 주시어 당신으로 하여금 끊임없이 기도하게 하시기 위해 사용하고 계신 수단일 수도 있다. 그것은 또 당신으로 하여금 자신의 약함을 깨닫고 오직 그리스도의 은혜에만 의존하게 만들기 위한, 즉 당신을 겸손케 하기 위한 육체의 가시일 수도 있다(고후 12:7-10 참조)."[54]

죄를 민감하게 다루라

배교에 빠지지 않기 위해 오웬이 결론적으로 죄를 예민하게 다루라고 말한 것을 우리는 귀담아들을 필요가 있습니다. 왜냐하면 배교라는 끔찍한 결과에 앞서 그리로 나아가는 모든 원인이 바로 죄이기 때문입니다. 히브리서 기자도 죄를 배교의 근원으로 보면서 배교 위험을 경고한 것입니다. 결국 죄가 배교의 원인이 되고, 그러한 죄의 유혹 속에서 배교로 나아간다는 말입니다.

좀 더 넓은 의미에서 배교는 죄의 축적 속에서 이르게 되는 결론입니다. 그러므로 조금이라도 배교의 징조가 될 죄가 자기 안에서 쌓이는 것이 지속되고 있다면 결코 가볍게 여겨서는 안 됩니다. 거기에 대해 구원받은 신자는 당연히 예민하게 반응할 것입니다.

구원받은 사람은 자주 내리는 비, 곧 영적인 유익을 계속 누리는 조건에서 자신의 내면에 축적되는 죄, 특히 복음이 더 이상 그에게 매력이나 가치가 없어 보이게 하는 죄를 자신 안에 묻어 두지 않습니다. 그것을 잠시 못 보거나 유혹을 받을 수는 있으나, 어떤 통로를 통해서든 죄는 그에게 예민한 문제가 됩니다. 우리는 죄의 시작으로부터 복음이 복음 되지 않고 다른 것에 마음을 빼앗기게 만드는 죄의 축적을 결코 가볍게 여겨서는 안 되는 것입니다.

히브리서 기자는 히브리서 수신자들이 영적 게으름 속에서 배교의 전조를 보이는 죄를 예민하게 보면서 배교 위험을 경고한 것입니다. 겉으로 보면 영적인 게으름은 크게 문제 되지 않을 수 있습니다. 그러나 히브리서 기자는 배교 이야기를 해야 할 만큼 내면의 죄가 영적 게으름 속에서 점점 더 발전하고 축적되는 것을 예민하게 보았던 것입니다.

다른 것은 몰라도 복음에 대한 이해와 반응에 영향을 미치는 죄를 가볍게 여기면서 그런 죄를 계속 품는 것을 우리는 매우 심각하게 여겨야 합니다. 보통 그러한 상태는 죄가 다양하게 얽혀서 일어나고 발전되며 축적되어 나아갈 것이기 때문입니다. 그런 상태에서 살길은 하나밖에 없습니다. 바로 회개하는 것입니다.

자신이 정녕 그리스도인이라면 결론적으로 세 가지 사실을 기억하십시오. 먼저 배교 위험 경고를 진정으로 들으십시오. 신별해서 듣지 말고 모든 경고를 그리스도인에게 했다는 것을 알고 진지하게 들으십시오. 그리고 복음에 대한 싫증에 대해 예민하게 반응하십시오. 그런 상태를 즉시 회개하십시오. 그렇지 않고 묻어 두면 반드시 히브리서 기자가 경고할 정도의 파괴적인 결론으로 나아가게 됩니다. 마지막으로 배교의 징조가 될 죄를 자신 안에서 분별하여 예민하게 다루십시오. 복음에 대해 싫증을 일으키게 하는 죄가 분명히 있을 것입니다. 복음보다 다른 것에 더 마음을 쏟도록 유혹하는 죄를 반드시 다루십시오.

이러한 죄의 예민함과 관련해서 주옥같은 찬송시를 많이 남긴 찰스 웨슬리(Charles Wesley)가 하나님께 드린 기도가 있습니다. 이것이 또한 우리의 기도가 되기를 소망합니다.

"죄에 민감해서 죄가 가까이 있을 때는 곧바로 고통을 느낄 정도로 항상 깨어 있는 거룩한 두려움의 법을 제 안에 두시옵소서. 교만이나 그릇된 욕망이 치솟을 때는 그 즉시 감지하게 하시고, 흔들리는 의지를 다잡아 타오르는 정욕의 불길을 꺼뜨리게 하옵소서. 더는 주님을 멀리하지 않게 하시고 주님의 선하심을 욕되게 하지 말게 하소서. 구하오니 자녀 된 자의 경외심을 갖게 하시고 눈동자처럼 민감하고 부드러운 양심을 허락하소서.
오, 하나님! 제 양심을 빚으소서. 죄가 가까이 있을 때 제 영혼을 깨우시고 항상 깨어 있게 도우소서. 전능하신 진리와 사랑의 하나님이시여! 제게 능력을 베푸소서. 제 영혼에서 산을 없애 주시고 제 마음에서 굳은 것을 제하소서. 새롭게 깨어난 제 영혼이 지극히 작은 태만의 죄까지도 괴로워하게 하시고 상처를 낫게 하는 보혈이 있는 곳으로 저를 다시 인도하소서." [55]

11장

나아가라
_ 큰 대제사장이신 예수를 힘입어 성숙으로

완전한 데로 나아갈지니라

하나님께서 허락하시면 우리가 이것을 하리라

히 6:2하-3

영적인 성숙과 하나님의 도우심

이제부터 우리는 히브리서 기자가 배교 위험을 경고하면서 강조하는 적극적인 메시지를 살펴보고자 합니다. 지금까지 살펴본 바와 같이 히브리서 기자는 목회적인 마음으로 배교의 전조부터 예민하게 말하면서 그 위험 경고에 반응하도록 하였습니다. 그는 거기서 멈추지 않고 그들이 그러한 상태를 넘어 어디로 나아가야 하는지를 목회적인 마음으로 말해 주었습니다.

그렇다면 히브리서 기자는 그들이 배교 위험 경고를 듣고 자각해서 어떻게 해야 한다고 말하고 있을까요? 그것은 한마디로, "완전한 데로 나아갈지니라"(히 6:2하)입니다. 누군가는 이에 대해 자기방어적인 태도를 취하며 부담스러워하고 불편해할지도 모릅니다. 그러나 완전한 데로 나아가라는 말은 성숙으로 나아가라는 의미입니다. 문맥을 따라 설명하면, 더 이상 영적인 미성숙과 유아적인 상태에 머물지 말고, 장성함을 향해 자라고, 영적으로 성장해야 한다는 것입니다.

본문에서 먼저 우리가 주목할 단어는 '나아갈지니라'입니다. 이 단어는 다양한 뜻을 지니고 있는데 본문에서는 성숙으로 나아가는 것을 설명하는 의미로 이해할 수 있습니다. 그런데 더 중요한 것은 이 단어가 수동태로 쓰였다는 사실입니다. 문자적으로는 '성숙되자' 또는 '장성함 되자'라는 의미로 번역할 수 있습니다.

이러한 표현에는 히브리서 수신자들이 그리스도의 도의 초보를 버리고 장성함으로 나아가야 하는 일이 그들의 자생적인 능력과 노력만으로 되는 것은 아니라는 것이 전제되어 있습니다. 다시 말해, 우리가 영적인 성숙 또는 장성함으로 나아가는 일은 영적인 역사, 곧 하나님의 행하심에 의해 있게 된다는 것을 전제합니다.

따라서 "완전한 데로 나아갈지니라"라는 말씀에는 우리의 영적 성숙을 위한 하나님의 역사에 우리의 인격적인 반응으로서 순종이 있어야 한다는 사실이 함께 맞물려 있습니다. 이것은 대단히 중요한 사실입니다. 그래서 히브리서 기자는 이어서 "하나님께서 허락하시면 우리가 이것을 하리라"(히 6:3)라고 말한 것입니다. 여기서 '이것'은 장성함 또는 완전함으로 나아가는 것을 말합니다. 이것이 하나님이 허락하셔야 가능하다고 말하는 것입니다. 결국 우리가 영적인 성숙과 장성함에 이르기 위해서는 하나님의 도우심과 역사가 절대적이라는 것입니다.

여기서 '하나님께서 허락하시면'과 '우리가 이것을 하리라'라는 말이 함께 있는 것은 하나님에 의한 주권적인 역사에 우리의 책임 있는 반응이 함께 있어야 함을 말합니다. 이것은 성경이 자주 말하는 하나님의 주권과 우리의 책임을 말하는 내용이기도 합니다.

따라서 하나님이 구원할 자를 자신과의 관계 속에서 계속 자라도록 도우시는데도 히브리서 수신자들처럼 영적으로 나태하여 어린아이와 같은 상태에 계속 머물러 있다면 그것은 결국 우리의 문제와 책임이라는 말입니다. 장성하도록 하시는 하나님의 역사에 순종하지 않은 것이 문제라는 말입니다.

영적인 성숙을 위해 어떻게 해야 하는가에 대한 대답은 영적인 성숙과 장성함으로 이끄시는 하나님의 역사에 순종하는 것입니다. 다시 말해, 은혜의 방편을 통해 자라게 하시는 하나님의 은혜로운 역사에 순종하는 것입니다. 이것을 히브리서 수신자들의 모습으로 말하면, 그리스도의 도의 초보에 해당하는 믿음의 기초를 넘어서 대제사장으로 온전하게 되신 예수님에 대해 듣고 반응하는 것이 있어야 한다는 것입니다.

예수님의 온전함 안에 있는 예수 믿는 자의 온전함

성령 하나님은 우리로 하여금 영원한 구원의 근원이신 대제사장 예수 그리스도를 더 알게 함으로써 영적인 성숙, 곧 장성함에 이르게 하십니다. 그러므로 히브리서 기자가 배교 위험 경고를 말하면서 궁극적으로 이끌고자 하는 '완전한 데로' 나아가기 위해서 우리가 먼저 주목해야 할 중요한 내용은 히브리서 5장 8-9절입니다. 즉 "자기에게 순종하는 모든 자에게 영원한 구원의 근원이 되시"(히 5:9)는 예수님이 "고난으로 순종함을 배워서"(히 5:8) 온전하게 되셨다는 것입니다. 간단히 말하면, 우리의 온전함은 히브리서 기자가 말하는 바대로 예수님의 온전하게 되심 안에서 말해야 한다는 것입니다. 이처럼 히브리서 5장 8-9절과 본문은 중요한 연관성을 갖고 있습니다.

놀랍게도 히브리서 기자는 히브리서 안에서 완전함 또는 온전함에 대해 많이 말합니다. 그러면서 결국 예수님의 온전함과 우리의 온전함, 곧 성숙이 깊이 연결되어 있음을 말해 줍니다. 이것은 우리가 완전한 데로 나아가는 것이 어떻게 가능한지에 대한 근거와 핵심을 잘 말해 주는 것입니다. 특별히 히브리서 기자는 '완전'이라는 단어와 같은 어근을 가진 단어를 히브리서 안에서 많이 사용합니다. 본문과 가까운 문맥에서는 예수님이 온전하게 되셨다는 것(히 5:9)과 "장성한 자"(히 5:14)라는 표현이 있습니다. 그 외에도 히브리서 기자는 여러 곳에서 '완전'과 같은 어근을 가진 말을 계속해서 사용합니다.[56]

따라서 히브리서에서 말하는 '온전'은 두 가지 측면에서 온전입니다.

하나는 예수님의 온전하게 되심을 말하는 '예수님의 온전함'(히 5:9)이고, 또 하나는 히브리서 5장 14절과 본문이 말하는 것처럼 '예수 믿는 자의 온전함'입니다. 이러한 문맥 속에서 히브리서 기자는 히브리서 수신자들이 멜기세덱의 반차를 따라 대제사장으로서 온전하게 되신 예수님을 알지 못하고 있는 상태를 그들의 온전함의 문제와 연결해서 말하고 있습니다.

이것은 결국 예수님의 온전함과 히브리서 수신자들의 온전, 곧 영적인 성숙은 밀접하게 관련되어 있음을 말해 줍니다. 왜냐하면 예수님이 온전하게 되신 것은 우리의 영적인 성숙의 근원과 근거가 될 뿐만 아니라 영적인 성숙의 과정에서도 우리가 따라야 할 순종의 전형이기 때문입니다. 따라서 우리가 온전한 데로 나아가기 위해 먼저 주목해야 할 사실은 예수님의 온전함입니다. 우리의 온전함의 근원이요 근거이신 예수님이 순종함을 배워 온전하게 되신 것과 같은 그러한 순종을 통한 성숙입니다.

물론 예수님의 온전함과 우리의 온전은 분명히 다릅니다. 예수님의 온전함은 하나님의 아들이 인성을 취하시고 우리와 똑같이 시험을 받으셨음에도 죄가 없고(히 4:15, 7:26 참조), 흠이 없는 온전함이기 때문입니다(히 9:14 참조). 그러나 본문에서 말하는 온전은 예수님과 같은 온전이 아니라 영적인 성숙과 장성함을 말합니다. 그럼에도 히브리서 기자는 이 둘을 깊이 연관 지어 말합니다.

물론 히브리서 12장 23절에서 "온전하게 된 의인의 영들"에 대해 말하듯이 우리도 장차 완전해질 것입니다. 요한일서 3장 2절처럼 우리도 그리스도와 같이 완전하게 되는 일이 있게 될 것입니다. 그러나 지금 이 땅의 삶 속에서 우리 그리스도인이 가져야 할 온전은 영적인 장성함 또는 성숙입니다. 그런 점에서 히브리서 기자가 온전을 예수님의 온전함과 연결해서 말하고 있음을 우리는 놓치지 말아야 합니다.

우리를 위해 온전케 되신 예수님

그렇다면 히브리서 기자는 왜 예수님의 온전함 안에서 우리의 온전함을 말하는 것일까요? 그것은 예수님이 하나님의 아들로서 본질상 온전하시기 때문이 아니라, 고난을 통해 온전하게 되셨기 때문입니다(히 5:8-9). 다시 말해, 하나님의 아들이신 예수님이 고난을 통해 온전하게 되심으로써 그분을 믿는 우리도 온전해지고 또한 온전한 데로 나아갈 수 있게 하셨다는 것입니다. 우리는 이 사실을 잘 이해해야 합니다.

본문은 하나님의 아들이신 예수님이 받으신 고난으로 순종함을 배워 온전하게 되셨다고 말합니다. 히브리서 2장 10절도 예수님을 구원의 창시자로 말하면서 그분이 고난을 통해 온전하게 되셨다고 말합니다. 어떤 사람은 하나님의 아들로서 흠도 없고 죄도 없이 완전하신 분이 고난을 통해 온전하게 되셨다는 말을 의아하게 생각할 수 있습니다. 그러나 이 말은 예수님이 대제사장으로 섬길 자격을 갖추는 것과 관련해서 온전하게 되셨다는 의미입니다. 쉽게 말해, 예수님이 죄를 대속하고 중보하는 대제사장으로 섬기려면 온전해야 하는데 고난을 통해 그런 자격을 갖추셨다는 말입니다.

1) 시험을 받으심으로 온전케 되심

히브리서 기자는 이 사실을 세 가지 내용으로 말합니다. 첫 번째는 예수님이 시험받으신 것 속에서 온전하게 되셨다는 것입니다. 예수님은 죄가 없다는 사실만으로 대제사장으로 섬기게 되신 것은 아닙니다. 그분은 죄 있는 우리 인간을 중재하기 위해 인간의 몸을 입은 조건에서 인간의 삶을 경험하고 시험과 고난을 받으셔야 했습니다. 그래야만 시험받는 자들을 대제사장으로서 능히 도우실 수 있기 때문입니다.

"그가 시험을 받아 고난을 당하셨은즉 시험받는 자들을 능히 도우실 수 있느니라"(히 2:18).

특히 하나님의 일에 신실한 대제사장이 되어 백성의 죄를 속량하기 위해 예수님은 범사에 형제들과 같이 되셔야만 했습니다(히 2:17). 이처럼 예수님은 인간이 경험하는 것을 경험하시고, 시험을 받으셨으며, 그 가운데서 인간의 삶의 고뇌와 고통을 아셨습니다. 그런 모든 죄의 유혹과 고난을 겪으시는 가운데서도 죄를 짓지 않으심으로써 온전하게 되신 것입니다. 중요한 것은 그분이 단순히 죄가 없는 하나님의 아들이시라는 사실만이 아니라 그러한 분이 인성을 취하셔서 시험받는 과정을 거치면서 온전하게 되셨다는 사실입니다.

히브리서 5장 8절은 "그가 아들이시면서도"라고 말합니다. 이 말씀은 예수님이 하나님의 아들이시라 해도 만일 공생애를 시작하기 전에 어린아이의 조건에 있었다면, 다시 말해 받으신 고난으로 순종함을 배우지 않으셨다면 그분은 대제사장으로서 백성의 죄를 속량하실 수 없었다는 뜻입니다. 인성을 입으신 하나님의 아들은 이 땅의 삶을 더해 가면서, 특히 고난 속에서 순종을 배움으로써 대제사장으로 온전하게 되신 것입니다. 그러므로 예수님의 온전함은 시험과 고난, 심한 통곡과 눈물, 그분의 경건하심(히 5:7) 속에서 이르게 된 것입니다.

2) 죽으심으로 온전케 되심

두 번째로 예수님의 온전함은 고난 가운데서, 특히 십자가에서 당한 고난을 통해 속죄 제물로 죽으심으로써 갖게 된 것입니다. 예수님은 십자가에 달리셨을 때 죄와 그 죄로 인한 형벌을 담당하심으로써 온전한 순종을 하셨고, 그 가운데서 사탄의 권세를 깨뜨리심으로 사망에 매여 평생 종노릇하는 인간을 해방하셨습니다.

> "자녀들은 혈과 육에 속하였으매 그도 또한 같은 모양으로 혈과 육을 함께 지니심은 죽음을 통하여 죽음의 세력을 잡은 자 곧 마귀를 멸하시며 또 죽기를 무서워하므로 한평생 매여 종노릇하는 모든 자들을 놓아 주려 하심이니"(히 2:14-15).

이처럼 예수님은 고난을 통한 순종과 십자가에서 죽음의 세력을 잡은 자 마귀를 멸하시며 죄를 속하시는 일을 온전히 감당하심으로써 대제사장으로 섬길 자격을 갖게 되셨습니다. 그렇게 온전하게 되신 예수님의 모습과 사역은 온전함을 알지 못한 레위 계통의 제사장들과 대비되었습니다.

"레위 계통의 제사 직분으로 말미암아 온전함을 얻을 수 있었으면 (백성이 그 아래에서 율법을 받았으니) 어찌하여 아론의 반차를 따르지 않고 멜기세덱의 반차를 따르는 다른 한 제사장을 세울 필요가 있느냐"(히 7:11).

레위 계통의 제사장들은 온전함을 얻을 수 없었습니다. 그래서 예수 믿는 자들은 온전함을 얻지 못한 레위 계통의 제사장이 아닌 멜기세덱의 반차를 따른 대제사장으로 섬길 자격을 갖추신 예수님을 힘입어 하나님께 직접, 그리고 담대히 나아갈 수 있습니다. 그야말로 친히 속죄제물이 되어 온전하게 되신 예수님을 힘입어 나아갈 수 있게 된 것입니다. 예수 믿는 자의 온전함은 모두 이 사실로부터 말할 수 있습니다. 바로 예수님의 온전함 때문에 우리 또한 온전함을 가질 수 있게 되는 것입니다.

3) 승귀하심으로 온전케 되심

예수님이 대제사장으로서 섬길 자격을 갖는 온전함에 이르신 것은 앞서 말한 이 두 가지 사실로써만이 아닙니다. 거기에 더하여 세 번째로 예수님이 승귀하신 사실도 포함되어 있습니다. 히브리서 5장 9절은 예수님이 온전하게 되신 것과 함께 자기에게 순종하는 모든 자에게 영원한 구원의 근원이 되셨다고 말합니다. 이것은 예수님이 고난과 죽음을 넘어 승귀하셨다는 것을 말해 줍니다. 그래서 "하나님께 멜기세덱의 반차를 따른 대제사장이라 칭하심을"(히 5:10) 받으신 것입니다.

또 "그러므로 우리에게 큰 대제사장이 계시니 승천하신 이 곧 하나님의 아들 예수시라"(히 4:14)라고 말하는 바와 같이 큰 대제사장은 죽으심으로 끝난 것이 아닙니다. 그분은 부활하고 승천하셨습니다. 그래서 하나님께 대제사장이라 칭함을 받으신 것은 이 일을 다 완수하심으로 그렇게 되었음을 말하는 것입니다. 곧 죽음을 넘어 부활하고 승천하심으로 온전하게 된 조건 속에서 말입니다.

따라서 예수님이 "자기에게 순종하는 모든 자에게 영원한 구원의 근원이 되시고"(히 5:9)라고 말한 것은 그분이 고난을 당하고 십자가에 달려 죽으신 것을 넘어 부활, 승천하여 자신의 피로 하나님 앞에 나아가셨음을 증거하는 것입니다. 그렇게 예수님은 속죄 제물로 죽으심으로 하나님의 요구를 충족시키는 구속의 죽음을 당하시고 부활, 승천하여 자기 피로 하나님 앞에 나아감으로써 대제사장으로 온전하게 되셨습니다. 그런 대제사장 되신 예수님을 두고 히브리서 기자는 이렇게 말했습니다.

"예수는 영원히 계시므로 그 제사장 직분도 갈리지 아니하느니라"(히 7:24).

이것은 예수님이 사망을 이기시고 승귀하여 지금도 대제사장으로 계신다는 것을 말해 줍니다. 이처럼 예수님의 온전함은 단순히 그분이 하나님의 아들로서 죄가 없고 흠이 없다는 사실만 말하는 것이 아닙니다. 그것은 하나님의 아들이 육신을 입고 오셔서 우리를 구원하기 위해 대제사장으로 섬길 자격을 갖추는 데 있어서 온전해지셨음을 말합니다. 이를 위해 예수님은 인간의 삶을 사셨고, 온갖 시험을 받으시되 죄를 범치 않으셨으며, 속죄 제물이 되어 십자가에 달려 죽으시는 순종을 통해 우리의 죄를 속하시는 대제사장이 되신 것입니다. 그리하여 우리로 하여금 하나님 앞에 담대히 설 수 있게 하신 것입니다.

예수 믿는 사람들이 이런 내막을 모르기 때문에 하나님 앞에 형식적으로 가볍게 나아가는 것입니다. 미신이나 이방 신을 찾듯이 말입니다. 이 같은 결정적인 사실을 정확하게 모르기 때문에 하나님 앞에 나아가는 것의 가치를 모른 채 "하나님 앞에 나아가는데 왜 마음이 떨려?"라고 말합니다.

우리의 온전함의 근원

히브리서 기자는 이 같은 예수님의 온전함을 말하면서 거기서 끝내지 않고 히브리서 수신자들의 온전함과 연결시킵니다. 이것은 곧 우리의 온전이 예수님의 온전과 깊은 관련이 있음을 말해 줍니다. 또한 예수님의 온전함 안에서 우리의 온전이 가능하다는 것이기도 합니다. 왜냐하면 예수님이 대제사장으로 온전해지셔서 우리를 온전하게 하실 뿐만 아니라, 우리가 계속해서 온전한 데로 나아갈 수 있게 하는 모든 근거와 근원이 되시기 때문입니다. 이처럼 우리가 온전하게 되는 것과 계속해서 온전한 데로 나아가는 것은 모두 다 온전하게 되신 예수님의 온전함 안에서만 가능합니다. 대제사장이신 예수 그리스도 안에서 말입니다.

이에 대해 히브리서 기자는 "그가 거룩하게 된 자들을 한 번의 제사로 영원히 온전하게 하셨느니라"(히 10:14)라고 과거 시제로 말합니다. 히브리서 7장에서는 레위 계통의 제사장직이나 율법으로는 온전을 얻을 수 없다고 말한 뒤 10장에서는 예수 그리스도를 믿어 거룩하게 된 자들을 예수님이 단번에 드리신 제사로 영원히 온전하게 하셨다고 말합니다.

그렇습니다. 예수 믿는 자들은 온전하게 되신 예수님, 대제사장이신 예수님 안에서 영원히 온전하게 되었습니다. 이것이 바로 온전한 데로 나아갈 수 있는 출발점입니다. 예수님으로 말미암아 온전하게 되었기 때문에 온전한 데로 나아가라는 말이 가능한 것입니다. 예수 그리스도를 믿어 그분이 드리신 단번의 제사로 영원히 온전하게 되지 않은 사람은 결코 온전한 데로 나아갈 수 없습니다. 영적인 장성함과 성숙으로 나아갈 수 없다는 말입니다. 여기서 '영원히 온전하게 하셨다'는 말을 바울의 표현대로 하면, 의롭다 함을 받았다는 말입니다. 이것은 도덕적으로 온전한 상태에 이르렀다는 소위 '완전 성화론'을 말하는 것이 아닙니다.

바로 이런 조건에서 히브리서 기자는 히브리서 수신자들이 영적으로 게을러 그리스도의 도의 초보에 머무른 채 유대교를 다시 기웃거리는 모습을 보고 배교 위험 경고를 말한 것입니다. 그러면서 너희는 그것이 아니라 오히려 완전한 데로 나아가야 한다고 말했습니다. 예수님이 드리신 단번의 제사로 영원히 온전하게 된 자는 온전한 데로 나아가지 않는 것이 비정상이라는 것입니다. 그것은 병든 것이고 영적으로 문제가 있는 것입니다. 그리스도인은 예수님의 온전함 안에서, 곧 대제사장이신 예수님을 힘입어 계속해서 장성함으로 나아가야 합니다. 이를 위해 우리는 대제사장 되신 예수님을 항상 힘입어야만 합니다. 이것이 지속적인 영적 성장, 곧 온전한 데로 나아감에 있어서 결정적인 사실입니다.

히브리서 기자는 레위 제사장직이나 율법은 온전하게 못한다면서 이렇게 말합니다.

"그러므로 자기를 힘입어 하나님께 나아가는 자들을 온전히 구원하실 수 있으니 이는 그가 항상 살아 계셔서 그들을 위하여 간구하심이라"(히 7:25).

우리는 대제사장 되신 예수님의 이와 같은 간구 속에서 장성함을 가질 수 있고, 온전한 데로 나아갈 수 있습니다. 이 일은 결코 우리의 힘이나 자생적으로 되는 것이 아닙니다. 그러나 히브리서 수신자들은 대제사장 되신 예수님을 힘입어 하나님께 나아가는 것에 소홀했습니다. 그들은 예수를 믿고 구원받는 정도만 알았을 뿐 그분을 힘입어 온전한 데로 나아가는 것은 누리지 못했습니다. 우리의 온전과 성숙을 위해서는 대제사장 되신 예수님을 힘입어야 함에도 그렇게 하지 못한 것입니다.

예수님을 힘입어야 하는 이유

우리가 온전함과 영적인 장성함을 위해 대제사장 되신 예수님을 힘입어야 하는 이유는 두 가지입니다. 하나는 그리스도인의 온전, 곧 영적인 성숙과 장성함에 가장 큰 걸림돌인 죄 때문입니다. 또 다른 하나는 성숙의 모든 동력을 대제사장 되신 예수님 안에서 얻을 수 있기 때문입니다. 그래서 죄에서 자유함을 얻는 것뿐만 아니라 영적인 부유함과 성숙도 온전하게 되신 예수님, 대제사장 되신 예수님 안에서만 가질 수 있습니다. 예수 믿는 우리의 죄가 사해졌음을 알고 날마다 하나님의 은혜와 능력을 덧입으면서 살아갈 때 영적으로 자라 갈 수 있는데, 히브리서 수신자들은 그것을 하지 못한 것입니다.

죄는 사탄과 이 세상, 그리고 육체를 통해 우리 안에서 역사합니다. 그럴 때 우리는 죄에 넘어지거나 미끄러질 수 있습니다. 그럼에도 불구하고 우리는 대제사장 되신 예수를 힘입어 온전한 데로 나아갈 수 있습니다. 그러나 안타깝게도 히브리서 수신자들은 영적인 나태함 속에서 이러한 무궁한 가치를 갖지 않았고, 오히려 배교의 위험 상태로 간 것입니다. 영적인 성숙이 아니라, 오히려 그 반대로 나간 것입니다.

우리의 신앙 여정에서 중요한 것은 온전한 데로 나아가는 것입니다. 예수를 믿는 자에게는 이 일이 반드시 있어야 합니다. 중요한 것은 신자가 어떠한 조건에 있을지라도 장성함으로 나아갈 수 있다는 사실입니다. 설사 장성함에 장애물이 되는 죄를 범한 조건에 있다 할지라도 신자는 장성할 수 있습니다. 죄로 인해 실패하고 무너진 것 같은 조건에서도 우리는 대제사장 되신 예수님을 힘입어 온전한 데로 나아갈 수 있습니다. 사실 우리는 죄를 한 번만 범해도 모든 것이 무너지고 가라앉는 것이 마땅하지만, 그렇지 않고 오히려 영적으로 자라날 수 있습니다. 바로 대제사장 되신 예수님을 힘입음으로써 말입니다.

우리가 온전한 데로 나아가는 데 있어서 죄는 우리가 아는 것보다 훨씬 더 강력한 걸림돌입니다. 왜냐하면 죄가 장성함으로 나아가고자 하는 우리 안에서 양심을 짓눌러서 우리의 내면을 무너뜨리기 때문입니다. 그래서 히브리서 기자는 양심의 문제를 예수를 힘입는 것과 연결해서 다음과 같이 말합니다.

"하물며 영원하신 성령으로 말미암아 흠 없는 자기를 하나님께 드린 그리스도의 피가 어찌 너희 양심을 죽은 행실에서 깨끗하게 하고 살아 계신 하나님을 섬기게 하지 못하겠느냐 이로 말미암아 그는 새 언약의 중보자시니"(히 9:14-15).

설사 우리 죄가 우리의 양심을 짓눌러도 우리는 계속해서 살아 계신 하나님을 섬길 수 있다는 것입니다. 바로 새 언약의 중보자이신 예수를 힘입어서 말입니다. 이것이 우리가 온전한 데로 나아감에 있어서 매우 중요한 사실입니다. 예수 믿는 자는 그 어떤 조건에서도 대제사장으로 우리를 중보하시는 예수를 힘입어 계속해서 온전한 데로 나아갈 수 있습니다. 죄로 인해 양심이 짓눌리고 내면이 무너지는 일이 있어도 그렇게 할 수 있다는 것입니다. 그러므로 죄로 인해 양심이 시험받고 뒤로 물러나는 유혹 속에서 대제사장 되신 예수를 힘입지 않으면 뒤로 물러나게 됩니다. 온전함과는 반대 방향으로 나아가게 되는 것입니다.

우리는 종종 죄로 인해 양심이 짓눌려 기도가 막히거나 교회에 가고 싶지 않은 마음이 드는 경험을 합니다. 이처럼 죄는 성숙으로 나아가는 모든 은혜의 방편과 신앙생활에 대한 우리의 모든 의욕을 꺾어 버립니다. 이 때문에 히브리서 기자는 놀랍게도 양심과 중보자 되신 예수님을 함께 말하는 것입니다.

이처럼 죄는 우리의 영적인 성숙에 있어서 가장 강력한 걸림돌입니다. 그러므로 영적인 성숙의 결정적인 열쇠는 어떤 조건에서든지 대제사장 되신 예수님을 힘입는 것입니다. 설사 죄로 인해 양심이 짓눌린 조건에 있다 할지라도 예수 믿는 사람은 대제사장 되신 예수를 힘입어야 합니다. 그것이 그 상황을 벗어날 뿐만 아니라 그것을 넘어서 지속적으로 영적인 성숙으로 나아가는 결정적인 열쇠입니다.

또한 영적인 성장에 필요한 은혜와 능력을 힘입는 일도 대제사장 되신 예수와 관련되어 있습니다. 우리는 이 모든 것이 영원한 구원의 근원이신 대제사장 되신 예수님을 힘입음으로써만 가능하다는 것을 기억해야 합니다.

우리의 대제사장이신 예수님은 예수 믿는 자를 이미 온전하게 하셨을 뿐만 아니라 계속해서 온전한 데로 나아갈 수 있도록 중보하십니다. 그분은 항상 살아 계셔서 우리를 위해 간구하십니다. 온전한 데로 나아가는 데 방해가 되는 죄에서 우리를 자유하게 하실 뿐만 아니라, 은혜와 능력을 힘입어 계속해서 성숙으로 나아가도록 결정적으로 돕고 계십니다. 가장 완벽한 자격을 갖춘 대제사장으로, 중보자로 계시면서 그렇게 도우시는 것입니다. 우리는 이 사실을 항상 기억해야 합니다.

정녕 그리스도인 된 자라면 그가 아무리 최악의 조건에 있다 해도 온전한 데로 나아갈 수 있습니다. 그 근거는 대제사장이신 예수님이 온전케 하셨고 우리가 계속해서 성숙으로 나아가는 데 막힘이 없도록 중보하시기 때문입니다. 그러므로 히브리서 기자가 말한 것을 기억하십시오.

"그러므로 우리에게 큰 대제사장이 계시니 승천하신 이 곧 하나님의 아들 예수시라"(히 4:14).

우리에게는 큰 대제사장이 계시다

우리에게는 하나님의 아들 예수님이 큰 대제사장으로 계십니다. 이것이 우리가 영적인 성숙으로 나아갈 수 있는 결정적인 사실입니다. 히브리서 기자는 수신자들이 이러한 대제사장에 대해 말해도 못 알아듣는 상태였기 때문에 안타까워했던 것입니다. 이것이 결정적인 사실인데도 말입니다.

그들은 자신이 구원받았다는 사실이 전부인 줄 알았습니다. 그래서 현실이 구원받았다는 사실을 압도해 버린 것입니다. 자신이 받은 큰 구원이 현실보다도 못한 것으로 여겨졌던 것입니다. 그래서 다시 유대교로 돌아가는 문제를 생각했던 것입니다.

예수 믿는 우리에게는 이와 같은 대제사장이 계십니다. 따라서 영적인 유아 상태에 있지 않고 장성함으로 나아가고 싶다면 대제사장 되신 예수님을 힘입으십시오. 죄의 유혹을 받거나 실패했다고 여겨질 때든 죄로 양심이 짓눌리고 성숙과는 거리가 멀다고 느껴지는 조건에 있을 때든 우리는 그 어떤 조건에서든 대제사장 되신 하나님의 아들 예수님이 계신 것을 기억하고 그분을 힘입어야 합니다. 배교의 시대가 와도 대제사장 되신 예수를 알고 모든 조건에서 그분을 힘입어 온전한 데로 나아가면 배교에 빠지지 않습니다. 그래서 히브리서 기자는 다음과 같이 말한 것입니다.

"그러므로 형제들아 우리가 예수의 피를 힘입어 성소에 들어갈 담력을 얻었나니"(히 10:19).

인간이 하나님께 나아갈 수 있게 되었다는 사실에는 우리가 아는 것과는 비교할 수 없는 어마어마한 실체가 있습니다. 단지 우리가 이것을 너무 모를 뿐입니다. 이것은 그분의 온전하게 되심 속에서 있게 된 것입니다. 그래서 예수의 피를 힘입어 성소에 들어갈 담력을 갖게 되었다는 것은 사실 어마어마한 내용을 말하는 것입니다.

우리가 성숙으로 나아가기 위해서는 항상 이 사실을 기억해야 합니다. 우리는 대제사장 되신 예수를 힘입어 담대히 하나님께 나아갈 수 있고, 그 어떤 조건에서도 온전한 데로 나아갈 수 있습니다. 이것이 바로 예수님이 우리의 대제사장 되신다는 사실의 실체입니다. 우리가 그렇게 할 수 있고, 될 수 있는 그 실체를 그분이 다 이루셨고, 지금도 그러한 분으로 계시면서 우리를 이끄십니다. 계속해서 성숙으로 나아갈 수 있도록 말입니다. 우리가 성숙으로 나아갈 수 있는 모든 근거를 갖고 간구하심으로 그렇게 하시는 것입니다. 그러므로 이러한 특권, 이러한 은혜, 이러한 복됨을 과소하게 여기지 마십시오.

그리스도가 우리를 성숙으로, 영원으로 이끄신다

우리의 인생은 성경에 계시된 예수 그리스도의 실체를 아는 데 평생을 소진해도 모자랍니다. 대제사장 되신 예수님을 힘입어 하나님께 나아갈 수 있는 은혜와 복은 무엇으로도 살 수 없고, 바꿀 수도 없는 특권입니다. 영적인 성숙을 넘어 우리를 영원으로까지 이끌 특권입니다. 우리에게 대제사장 되신 예수님이 계시다는 것은 바로 그런 특권을 갖고 있다는 것입니다.

그러므로 장성함에 이르고자 한다면 몇 가지 도덕적인 행위를 하는 것 정도가 아니라 먼저 대제사장 되신 예수를 기억하고 그분을 힘입는 것부터 하십시오. 그것이 영적인 성숙의 가장 강력한 근거이고 핵심입니다. 그래서 히브리서 기자는 수신자들에게 영적인 나태함을 말하면서 대제사장 예수 이야기를 꺼냈던 것입니다.

우리는 이러한 사실을 너무 지식적으로 듣고 압니다. 히브리서 수신자들은 이에 대해 우리보다 더 잘 알았던 사람들입니다. 그들은 대제사장 때문에 전체가 살고 죽는 경험을 알았던 사람들이었습니다. 그러나 이제는 막힘 없이 언제든, 어떤 조건에서든 항상 살아 계신 대제사장 되신 예수를 힘입어 나아갈 수 있게 된 것입니다.

그래서 죄가 있어도 뒤로 물러가지 않을 수 있습니다. 그 상태에서도 오히려 우리는 계속해서 성장할 수 있습니다. 계속적으로 회복되면서 말입니다. 우리는 바로 이 엄청난 특권을 가지고 있는 것입니다. 이를 위해 예수님이 항상 살아 계셔서 우리를 위해 간구하신다고 말하는 것입니다.

우리는 이 무한한 가치를 실제적으로 누려야 합니다.

여러분, 죄로든 자신의 어떤 모습으로든 양심이 짓눌리는 일이 있다면 우리의 대제사장이신 예수를 힘입으십시오. 이 사실을 대충 생각하지 말고 항상 실천해 보십시오. 반드시 그 능력을 경험하게 될 것입니다. '아, 그렇다. 예수 믿는 우리는 그렇게 사는 것이구나. 그렇게 성장하는구나.'

우리 모두 이러하신 예수를 힘입어 멈추지 않고 영적으로 계속해서 성장할 수 있기를 바랍니다. 죄로 인해 침체에 빠질 만한 조건에 있다고 할지라도 말입니다.

12장

순종하라
_ 예수님을 바라보며 지속적인 믿음으로

세례들과 안수와 죽은 자의 부활과
영원한 심판에 관한 교훈의 터를 다시 닦지 말고
완전한 데로 나아갈지니라

히 6:2

지속적으로 이루어 가야 할 우리의 온전함

히브리서 기자는 목회적인 마음으로 배교 위험을 경고하며 그런 상태에 머물러 있지 말고 완전한 데로 나아가야 한다고 말합니다. 앞 장에서는 이를 위해서는 무엇보다 온전하게 되신 대제사장 예수를 항상 힘입어야 한다는 사실을 살펴보았습니다.

이 장에서 우리는 이에 대한 또 한 가지 중요한 사실에 주목해 보고자 합니다. 그것은 우리가 지속적으로 온전한 데로 나아갈 수 있는 길을 예수님이 보이셨다는 것입니다. 다시 말해, 예수님이 순종을 통해 온전하게 되신 것을 우리에게 보이심으로 우리도 그렇게 할 것을 말씀하신다는 사실입니다.

히브리서 5장 8-9절은 예수님이 순종함을 배워 온전하게 되셨다는 것을 두 가지 측면에서 우리의 온전함과 연관 지어 말합니다. 하나는 앞 장에서 살펴본 바와 같이 온전하게 되신 예수님 안에서 예수 믿는 우리 또한 온전하게 된 것입니다. 곧 그분이 거룩하게 된 자들을 한 번의 제사로 영원히 온전하게 하셨다는 사실입니다. 또 다른 하나는 본문에서 말하는 것처럼 온전한 데로 나아가라고 한 것입니다. 그러면서 "하나님이 허락하시면 우리가 이것을 하리라"(히 6:3)라고 말함으로써 우리가 이 일에 참여해야 함을 말합니다.

이처럼 예수님의 온전함 안에서 우리의 온전함에는 예수님이 드리신 한 번의 제사로 우리가 단번에 온전하게 된 것과 계속해서 온전한 데로 나아가는 두 가지 측면이 있습니다. 전자는 대제사장 되신 예수님 안에서 갖게 된 온전함, 곧 로마서에 의하면 그분과 연합하여 의롭다 함을 얻은 것입니다. 후자는 예수님을 힘입어 지속적으로 그분께 순종함으로써 이르게 되는 온전함입니다. 여기서 우리가 주목하여 살피려는 것이 바로 이것입니다.

온전한 데로 나아가는 길

　이미 살펴본 바와 같이 히브리서 5장 8-9절은 예수님이 순종함을 배워 온전하게 되셨다고 말합니다. 그러면서 그 과정을 통해 대제사장의 자격을 갖추신 예수님이 영원한 구원의 근원이 되신다고 말합니다. 그런데 예수님은 어떤 자에게 영원한 구원이 되신다고 말하고 있을까요? 바로 "자기에게 순종하는 모든 자에게"(히 5:9)로 한정 짓고 있습니다. 이것은 결국 순종을 통해 온전하게 되신 분이 자기에게 순종하는 모든 자에게 대제사장으로서 영원한 구원의 근원이 되신다는 것을 말합니다. 그분께 순종하는 자들이 대제사장이신 예수님을 영원한 구원의 근원으로 알고 누리게 된다는 것입니다.

　이것은 또한 그리스도인들이 온전한 데로 나아가는 길이 무엇인지를 시사해 줍니다. 즉 순종함을 통해 온전하게 되신 대제사장 예수, 곧 영원한 구원의 근원이신 대제사장 예수를 힘입어 그분께 순종하는 것입니다. 이것을 히브리서 수신자들의 배교 위험 경고와 연관 지어 말하면, 복음에 순종하는 것을 말합니다. 물론 이 순종은 로마서 1장의 표현으로 말하면 '믿음의 순종'입니다.

　성경은 순종을 항상 믿음을 전제하거나 포함해서 말합니다. 따라서 순종을 믿음과 분리해서 말하면 그것은 성경적으로 바르지 않습니다. 히브리서에서도 예수님이 온전하게 되기 위해 순종하신 것 속에 믿음을 내포하고 있습니다. 히브리서 3장 1-2절은 대제사장이신 예수님을 깊이 생각하라고 한 뒤에 그분은 자기를 세우신 이에게 신실하셨다고 말합니다.

여기서 '신실하셨다'라는 말은 '믿음'이라는 단어와 같은 어근을 가진 말로서 사실상 믿음을 가지고 행했다는 의미입니다. 모세가 하나님의 온 집에서 종으로서 신실했던 것처럼 예수님도 신실하셨다는 것입니다.

또한 "그가…하나님의 일에 자비하고 신실한 대제사장이 되어"(히 2:17)라고 말할 때도 예수님이 하나님께 대한 믿음을 가지고 신실하게 순종하셨다는 것을 말합니다. 즉 범사에 형제들과 같이 되신 예수님이 하나님의 일에 신실한 대제사장이 되어 죄를 속량하기 위해 하나님의 일에 순종하셨다는 것입니다. 이처럼 예수님의 순종 또한 믿음의 순종이었던 것입니다.

믿음과 구원의 시작자요 완성자이신 그리스도

히브리서 기자는 그런 예수님을 우리의 온전함의 근거일 뿐만 아니라 순종을 통해 온전한 데로 나아가신 모범으로 제시합니다. 그런 맥락에서 히브리서 기자는 12장 2절에서 믿음의 경주에서 인내할 것을 말하면서 "믿음의 주요 또 온전하게 하시는 이인 예수를 바라보자"라고 말합니다. 여기서 우리는 예수 믿는 자들이 계속 바라보아야 할 예수님을 어떤 분으로 말하고 있는지에 주목해야 합니다. '믿음의 주요 또 온전하게 하시는 이'입니다! 이러한 묘사 속에는 예수님이 우리를 온전하게 하신 분이면서 동시에 순종을 통해 우리가 계속해서 온전한 데로 나아가도록 우리의 믿음을 완성하시는 분이라는 사실을 담고 있습니다.

여기서 '믿음의 주'라고 할 때, '주'는 '창시자', '시작자', '선구자'라는 의미입니다. 그리고 '온전하게 하시는 이'는 히브리서에서 많이 언급된 '온전'과 같은 어근을 가진 말로서 '완성하시는 이', '끝마치시는 이'라는 뜻입니다. 결국 예수님은 믿음의 창시자 또는 선구자이면서 동시에 완성자이심을 말합니다. 이와 동일한 단어가 히브리서 2장 10절에서도 사용되었습니다.

"…그들의 구원의 창시자를 고난을 통하여 온전하게 하심이 합당하도다"(히 2:10).

여기서는 '구원의 창시자'로 번역했고, 이어서 '온전하게 하심'을 말함으로써 결국 예수님이 구원의 완성을 위해 온전하게 되신 분임을 말합니다. 따라서 히브리서 2장 10절과 12장 2절을 종합해 볼 때, 예수님은 우리의 구원과 믿음의 시작자요 근거가 되실 뿐만 아니라 우리의 구원과 믿음을 완성하시는 분임을 알 수 있습니다. 바로 그 사실 때문에 우리가 믿음의 순종을 하면서 최종적으로 온전하게 되기까지 계속해서 예수를 바라봐야 한다고 말하고 있습니다. 그러면서 히브리서 기자는 십자가의 고난을 인내하신 예수님을 연결해서 말합니다. 우리가 바라보는 예수님이 동시에 우리가 따라야 할 모델이 되신다는 말입니다. 그렇습니다. 실제로 예수님은 믿음의 선구자이시기도 합니다.

다시 말해, 히브리서 기자가 믿음의 주요 온전하게 하시는 예수를 바라보자고 말한 것은 예수님이 우리의 구원과 믿음의 시작자요, 그 구원과 믿음의 여정 속에서 우리가 따라야 할 모델이시면서, 최종적으로는 이 모든 것의 완성자이심을 말하는 것입니다.

그러므로 예수님 안에서 온전하게 된 그리스도인이 이 땅을 살면서 온전한 데로 나아가기 위해서는 믿음의 순종의 모델이신 예수님을 바라보며 그 뒤를 따라야 합니다. 그분처럼 순종하며 그 뒤를 따르는 것입니다. 배교 위험에 빠지지 않고 계속해서 온전한 데로 나아가기 위해서는 바로 이러한 일이 있어야 합니다. 우리의 영적인 장성함과 성숙은 바로 그런 모습 속에서 갖는 것이라는 말입니다.

그래서 히브리서 기자가 배교 위험을 경고할 때 교훈하고 권고하는 내용이 주로 믿음의 문제입니다. 순종하고 인내할 것을 말하는 것입니다. 그러면서 우리 앞에 상이 있다는 사실도 함께 말합니다. 그렇게 믿음의 순종 속에서 계속 자라서 장성함에 이르러야 한다는 것입니다. 결국 배교 위험과 관련된 이와 같은 교훈적인 내용을 한마디로 요약하면, 그것은 바로 믿음의 순종입니다. 히브리서가 중요하게 강조하는 것이 바로 이것입니다.

영혼을 구원함에 이르는 믿음, 그리고 순종

우리에게 잘 알려진 히브리서 11장에서는 믿음이 계속해서 언급됩니다. 그 내용은 모두 순종으로 이어지는 믿음입니다. 다시 말해, 믿음의 순종을 말합니다. 그런데 믿음으로 행한 선진들을 말하기에 앞서 히브리서 10장 후반부에서부터 히브리서 기자는 믿음과 관련해서 다음과 같은 말을 합니다.

"나의 의인은 믿음으로 말미암아 살리라 또한 뒤로 물러가면 내 마음이 그를 기뻐하지 아니하리라 하셨느니라 우리는 뒤로 물러가 멸망할 자가 아니요 오직 영혼을 구원함에 이르는 믿음을 가진 자니라"(히 10:38-39).

이것은 배교 위험을 경고해야 하는 수신자들에게 더 이상 뒤로 물러가지 말고 그 상태에서 벗어나 자신의 영혼을 구원함에 이르기 위해서는 그들이 믿음으로 행해야 할 자들임을 상기시키는 말씀입니다. 이 말씀을 현실적으로 적용하면 교회 안에 있는 사람들은 둘 중 하나입니다. 뒤로 물러가 멸망하는 자거나 영혼을 구원함에 이르는 믿음을 가진 자입니다.

여기서 뒤로 물러가 멸망하는 자는 이미 6장에서 살펴보았던 배교에 해당하는 자입니다. 히브리서 기자는 그들이 사실 믿음을 가진 자가 아니라고 규정하는 것입니다. 아무리 교회 안에서 무언가를 경험해도 믿음을 가진 자가 아니기에 결국 뒤로 물러나 배교로 나아간다는 것입니다. 그래서 히브리서 기자는 예수 그리스도를 믿어 큰 구원을 얻은 히브리서 수신자들을 '우리'라고 하면서 "우리는 뒤로 물러가 멸망할 자가 아니요 오직 영혼을 구원함에 이르는 믿음을 가진 자"(히 10:39)라고 말한 것입니다.

여기서 믿음을 가진 자는 뒤로 물러나는 것이 아니라 다른 모습을 갖고 있습니다. 바로 믿음으로 나아가는 모습입니다. 이것은 믿음의 순종을 통해 계속해서 온전한 데로 나아가는 자임을 말해 줍니다. 따라서 예수를 믿는다고 하면서도 예수 그리스도를 아는 것에서 후퇴하는 것은 정상적인 모습이 아닙니다. 한때 열심을 가지고 성장했으나 현재 그 상태에 머물러 있다면 그것은 정상적인 모습이 아니라는 것입니다. 여기서 히브리서 기자는 믿음과 뒤로 물러남을 정반대로 말하고 있습니다.

예수 믿는 사람들은 이 부분을 잘 생각하지 않습니다. 외적으로 적당히 신앙생활 하면서 자신은 잘하고 있다고 생각합니다. 그러나 결코 그렇지 않습니다. 히브리서 기자는 지금 믿음의 순종을 말하면서 그것이 아닌 경우를 뒤로 물러가는 것으로 말하고 있다는 사실입니다.

물론 히브리서 수신자들처럼 온전한 데로 나아가지 않고 유혹을 받아 영적으로 나태하여 어린아이와 같은 상태로 머물러 있는 모습을 일시적으로는 가질 수 있습니다. 그러나 그것은 어디까지나 일시적인 것이고, 그것은 또한 분명 시험에 든 것입니다. 그것은 믿음을 가진 자의 본래 모습은 아닙니다. 그래서 히브리서 기자는 그 모습을 굉장히 심각하게 여기면서 자신들은 그 자리에 있다고 생각하지만, 오히려 배교 상태로 점점 나아가는 것이라고 말하는 것입니다. 그래서 믿음을 가진 자는 히브리서 11장의 믿음의 사람들과 12장에서 말한 예수님처럼 뒤로 물러가기보다 순종하며 나아가야 함을 말한 것입니다.

시련과 고난 속 믿음의 순종을 위해

이처럼 우리가 온전한 데로 나아가는 것, 곧 영적인 성숙으로 나아가는 것이 믿음으로 순종하는 것임을 말해 줍니다. 물론 이것은 현실 속에서 쉽지 않을 수 있습니다. 히브리서 수신자들이 온갖 시험과 시련, 고난 속에서 유혹을 받았던 것처럼 우리 역시 믿음의 순종에 있어서 많은 방해를 받습니다. 우리 모두 경험하듯이 믿음을 흔드는 시험 속에서 순종 대신 뒤로 물러나고 싶은 유혹을 받는 것입니다. 교회 안에서 누군가로 인해 실망하거나 또는 어떤 사람을 미워하는 등 우리는 여러 가지 다양한 경험을 통해 순종 대신 뒤로 물러나고 싶은 유혹을 받습니다. 그래서 우리의 신앙 여정을 뒤돌아볼 때 믿음으로 순종하며 가는 것은 결코 쉬운 일이 아님을 알게 됩니다.

편안할 때는 문제가 없습니다. 그러나 다양한 시련과 고난을 겪거나 강력한 유혹을 받을 때 순종하는 것은 큰일입니다. 히브리서 수신자들이 바로 그러한 조건에 있었기 때문에 히브리서 기자는 11장에서 도저히 순종할 수 없을 것처럼 답답해 보이는 조건과 상황에서도 믿음으로 순종한 믿음의 선진들을 열거한 것입니다. 그러면서 예수님의 실례까지도 언급한 것입니다.

이미 살펴보았듯이 히브리서 수신자들이 겪은 고난과 유혹은 결코 가벼운 것이 아니었습니다. 10장에서 언급한 것처럼 그들은 많은 조롱과 반대와 환난을 겪었습니다. 고난의 큰 싸움을 겪어야 했고, 심지어 자신의 소유도 빼앗겼습니다. 그래서 더 낫고 영구한 소유를 소망했다고 말한 것입니다. 이 땅에서는 그런 것을 못 가졌지만 장차 영구한 소유를 얻을 것을 소망하며 살았다는 것입니다(히 10:32-34 참조). 우리가 그런 경험을 한두 달 정도 한다면 견딜 수 있을지도 모릅니다. 그러나 그들은 아예 그런 적대적인 환경 속에서 살아야 했고, 그것이 그들에게는 큰 시험이었습니다. 그런 삶의 조건에서 그들은 점점 지쳐 갔던 것입니다.

상황이 좋을 때는 믿음의 순종은 크게 어렵지 않을 수 있습니다. 그러나 점점 지쳐 갈 때는 문제가 심각해집니다. 실제로 그들에게는 피곤하여 낙심하는 모습이 있었습니다(히 12:3 참조). 그러한 상황이 지속되었기 때문에 그들은 거기서 벗어나고 싶었던 것입니다. 바로 그때 그들에게 강력한 유혹이 되었던 것이 유대교였습니다. 왜냐하면 유대교는 로마 제국 안에서 합법적인 종교였기 때문이었고, 고난의 큰 싸움을 하지 않아도 되었기 때문입니다. 그래서 그들은 유대교로 돌아가고 싶은 유혹을 받은 것입니다.

이에 대해 히브리서 기자는 "우리는 뒤로 물러가 멸망할 자가 아니요 오직 영혼을 구원함에 이르는 믿음을 가진 자"(히 10:39)라고 하면서 그들과 비슷한 경험 속에서 믿음으로 행한 선진들을 언급했던 것입니다. 특히 사람들에게 배척과 조롱, 극단적인 고난을 당하시다가 마침내 십자가로 나아가신 예수님을 언급하면서 그 예수님을 바라보자고 말했습니다. 그렇게 순종하며 나아가는 것이 바로 믿음을 가진 자의 모습이라는 것입니다.

결코 헛되지 않은 믿음의 순종

믿음으로 행하는 것은 히브리서 11장에 언급된 사람들처럼 세상 사람들이 보기에는 터무니없고 현실성도 없어 보이는 조건에서도 하나님과 그분의 말씀을 믿음으로써 그 모든 것을 뛰어넘는 것입니다. 히브리서 11장에 언급된 모든 사람의 경험이 공통적으로 증거하는 것은 믿음이 절대로 헛되지 않다는 것입니다. 지금 당장은 눈에 보이지 않는 것을 믿고 나아가는 것이 헛되어 보일 수 있지만 그것이 절대로 헛되지 않다는 것을 히브리서 기자는 믿음의 선진들을 언급하면서 계속 강조합니다.

예를 들어, 노아 당시 홍수가 땅을 뒤덮을 것이라는 증거가 현실 속에는 보이지 않았습니다. 그럼에도 그는 하나님의 말씀을 믿고 그분의 구원과 상 주심을 바라보면서 순종하며 나아갔습니다. 마찬가지로 하나님이 아브라함에게 약속의 땅을 말씀하시면서 본토를 떠나라고 했을 때 그것은 사실 너무 막막한 이야기였습니다. 특히 후손을 약속하셨으면서도 독자 이삭을 바치라는 말씀은 현실적으로 받아들이기 너무 어려운 것이었습니다. 그러나 그것은 하나님의 말씀이었습니다. 그래서 그는 '하나님이 이렇게 하시는 가운데 이삭을 다시 살려서라도 후손에 대한 약속을 지키지 않으시겠는가?'라고 생각하며 순종한 것입니다. 이것이 바로 믿음의 순종입니다.

히브리서 수신자들은 자신의 상황이 너무 어려워 유대교로 돌아가려고 했지만, 히브리서 기자는 이렇게 말한 것입니다.

"이 믿음의 사람들을 보라. 그들은 현실이 어려웠지만 그것을 넘어섰다. 어려워 보이는 현실이 그들에게는 끝이 아니었다. 그리고 그들의 믿음은 결코 헛되지 않았다. 애굽이 주는 쾌락을 거부하고 이스라엘과 함께 고통받는 것을 택함으로써 모든 고난과 유혹 속에서도 믿음으로 순종했던 모세를 보라. 결국 하나님의 말씀대로 되지 않았는가?"

히브리서 기자가 11장에서 믿음의 사람들을 통해 강조하는 것 중 하나는 그들 모두가 한 가지 공통점을 가지고 있었다는 것입니다. 그것은 믿음을 가진 자 앞에 펼쳐지는 다양한 고난과 시련, 유혹이 있는 조건에서도 하나님과 그분의 약속을 믿고 순종했다는 것입니다. 예수님이 십자가로 나아가신 것도 똑같은 맥락입니다. 하나님이 높이실 것에 대한 믿음, 곧 그 앞에 있는 기쁨을 바라보며 십자가로 나아가신 것입니다. 그렇게 하심으로 온전하게 되셨고, 자신의 사역을 완수하셨습니다.

따라서 히브리서 수신자들도 믿음의 선진들과 예수님처럼 믿음의 순종 속에서 나아가야 했습니다. 이것은 또한 예수 믿는 모든 사람이 가져야 할 모습입니다. 뒤로 물러가거나 어린아이 상태에 계속 머물러 있지 않고, 또 과거의 경험만 운운하면서 적당히 머물러 있지 않고 주님이 부르실 때까지 온전한 데로 나아가야 합니다. 바울이 "우리의 겉사람은 낡아지나 우리의 속사람은 날로 새로워지도다"(고후 4:16)라고 말한 것처럼 우리는 계속해서 성장해야 합니다. 그러기 위해서는 그 어떤 시험과 고난과 유혹이 있든지 믿음의 순종을 하면서 나아가야 한다는 것입니다. 믿음의 시작과 끝이신 예수님을 바라보고 복음에 순종하면서 말입니다.

믿지 아니함으로 순종하지 않은 자들을 반면교사 삼으라

혹시 믿음으로 행하는 것이나 믿음의 순종이 너무 추상적이고 막연하다고 생각하는 사람이 있을지 모르겠습니다. 예수 믿은 지 얼마 되지 않은 사람은 그럴 수 있습니다. 그러나 믿음을 가진 자는 사실 그것을 모르지 않습니다. 현실 속에 어렵고 힘든 일이 있기 때문에 모른다고 말하고 싶은 것입니다.

우리는 믿음의 순종을 통해 온전한 데로 나아가는 것이 구체적으로 무엇인지 히브리서 3-4장에서 말하는 대조적인 설명을 통해 더 명확하게 이해할 수 있습니다. 히브리서 기자는 히브리서 3장과 4장에서 안식에 들어가는 자와 안식에 들어가지 못하는 자를 대조해서 말합니다. 여기서 우리는 믿음의 순종과 반대되는 모습을 봄으로써 믿음의 순종이 무엇인지 더 명확하게 알게 됩니다. 사실 우리는 바른 것의 반대되는 모습을 통해 바른 것이 맞다는 것을 깨닫습니다. 이러한 경험은 우리에게 상당한 유익을 줍니다.

먼저 히브리서 기자는 히브리서 3장 18-19절에서 안식에 들어가지 못한 자들을 순종하지 아니하는 자들이라고 말합니다. 그러면서 그들이 순종하지 아니한 것은 '믿지 아니하므로'라고 말합니다. 그들이 안식에 들어가지 못한 결정적인 문제점은 바로 자신들이 들은 하나님의 말씀을 믿지 아니함으로 순종하지 않았기 때문이라는 것입니다. 그러나 그들과 달리 안식에 들어가는 자들은 4장 3절 말씀대로 "이미 믿는 우리들은 저 안식에 들어가는도다"라고 말합니다.

여기서 '이미 믿는 우리'와 연관 지어 4장 6절은 "복음 전함을 먼저 받은 자들은 순종하지 아니함으로 말미암아 들어가지 못하였으므로"라고 말한 뒤에 이미 믿는 자들과 연결해서 "오늘 너희가 그의 음성을 듣거든 너희 마음을 완고하게 하지 말라"(히 4:7)라고 말합니다. 그러면서 "그러므로 우리가 저 안식에 들어가기를 힘쓸지니"(히 4:11)라고 합니다.

그렇다면 무엇이 믿음의 순종이며, 무엇이 믿음의 순종이 아니라고 말하는 것일까요? 그것은 안식에 들어가느냐, 못 들어가느냐는 결론에 앞서 하나님의 음성, 곧 하나님의 말씀에 대한 반응을 말합니다. 한쪽은 들은 말씀을 믿고 순종했으나, 다른 한쪽은 믿지 아니함으로 순종하지 아니하였습니다. 그러므로 믿음의 순종은 다른 것이 아닙니다. 지금 당장 눈에 안 보이고 현실성이 떨어지는 것처럼 보여도 하나님의 음성, 곧 하나님의 말씀에 완고해지지 않고 믿고 나아가는 것입니다. 그 말씀대로 행하는 것입니다.

그리스도를 바라보며 믿음의 순종을 계속하라

결국 온전한 데로 나아가는 것은 이러한 믿음의 순종을 꾸준히 하는 것을 말합니다. 영적인 성숙과 장성함은 결국 이런 방식을 통해 이루어집니다. 들은 말씀을 머리에만 저장하는 것이 아니라 어떤 현실 속에서도 그 말씀을 그대로 믿고 순종으로 나아가는 것입니다. 이것을 지속적으로 행하는 것이 바로 온전한 데로 나아가는 영적 성숙의 길입니다. 히브리서 기자는 안식에 들어가는 사람들이 바로 그런 사람들이라고 말한 것입니다.

그러므로 우리가 온전한 데로 나아가기 위해 먼저 확인해야 할 것은 하나님의 음성, 곧 그분의 말씀에 대한 반응입니다. 들은 말씀에 마음을 완고하게 하는지, 아니면 아무리 힘들어도 믿고 순종하는지를 생각해 보아야 합니다. 히브리서 수신자들에게는 마음을 완고하게 하는 문제가 있었습니다. 그래서 히브리서 기자는 4장에서 안식에 들어가지 못한 자들과 달리 믿는 자들은 안식에 들어갈 때까지 들은 복음에 계속 순종해야 함을 강조한 것입니다.

안타깝게도 교회 안에는 하나님의 말씀에 마음을 완고하게 하는 사람들이 많습니다. 마음을 완고하게 하지 말고 믿고 순종하라는 말씀을 건너뛰고 싶어 합니다. 들은 말씀이 자신에게 아무 효력이 없다고 할 정도로 순종으로 나아가지 않습니다. 자신이 들은 말씀을 하나님의 말씀이라고 생각하지 않고 사람의 말 정도로 듣는 것입니다. 그러면서 들은 말씀을 자기 수준에서 흘려 버립니다. 이것은 모두 마음이 완고하게 되는 것과 관련되어 있습니다.

우리는 하나님의 말씀에 절대로 마음을 완고하게 해서는 안 됩니다. 지금 당장은 복음에 순종하는 것이 현실성이 없는 것처럼 보여도 우리는 하나님의 말씀을 믿고 순종해야 합니다. 우리가 들은 복음이 사실이며, 그 안에 참 생명과 영광이 있음을 믿고 인내하며 가야 합니다. 하나님의 아들의 죽음과 희생이 우리에게 적당히 종교적인 도움을 주는 것이 아니라, 인간에게 가장 치명적인 결론을 주는 죄를 사하는 대속적인 죽음이요 영생을 얻게 하는 죽음임을 알고 다른 데 눈을 돌리지 않아야 합니다. 예수 그리스도의 죽음이 우리의 과거와 현재와 장래의 모든 죄를 속하고 참 생명을 얻게 하여 영원한 운명을 바꾸는 복된 사실을 믿고 순종해야 합니다. 예수 그리스도 안에서 이루어지고 얻게 된 모든 것과 장차 얻게 될 모든 것을 그대로 믿고 흔들림 없이 복음에 순종하며 나아가는 것입니다. 그것이 바로 우리가 온전한 데로 나아가는 길입니다.

그 과정에는 우리의 대제사장이신 예수님이 계십니다. 우리가 온전한 데로 나아가는 데 가장 큰 걸림돌인 죄를 대속하신 그분이 우리의 양심이 짓눌리는 것을 넘어서도록 우리를 위해 간구하며 중보하십니다. 설사 죄로 인해 힘든 일이 있어도 우리가 무너지지 않을 충분한 근거를 가지고 간구하시는 대제사장 예수님이 계신다는 말입니다. 뿐만 아니라 그분은 우리의 구원과 믿음의 시작과 끝과 완성자로 계십니다.

그러므로 우리는 계속 그분을 바라보며 가야 합니다. 믿음의 순종을 하는 가운데 말입니다. 특히 그분이 어떻게 온전하게 되셨는지를 기억해야 합니다. "아들이시면서도 받으신 고난으로 순종함을 배워서 온전하게"(히 5:8-9) 되신 것을 기억하고, 우리도 그분을 바라보며 그 어떤 고난이 있어도 순종하며 가야 합니다. 그러므로 예수 믿는 여러분, 어떤 조건에서도 들은 복음을 믿고 순종하십시오. 배교 위험에 빠지지 않고 온전한 데로 나아가는 길은 오직 그것뿐입니다. 거창한 길은 없습니다.

주님 가신 길을 따르게 하는 하나님 은혜

이처럼 히브리서는 모든 믿음의 선진들의 삶이 구원받은 자로서의 구별됨과 생명을 갖고 살았던 삶이라고 말합니다. 그런데 어느 때부터인가 기독교가 신앙의 여정 속에서 갖는 성숙보다는 특별한 체험을 하는 것을 신앙생활로 여기는 일이 있게 되었습니다. 끝없는 유혹과 시련과 박해가 있어도 모든 것을 이루신 대제사장 예수가 우리 앞에 계신다는 사실과 그분이 구원과 믿음의 완성자로 계시면서 우리를 이끄심으로써 결론을 주신다는 것을 믿는 그러한 신앙의 인격적인 수고 속에서 가야 함에도 불구하고 그것을 기피하고 특별한 체험으로 대신하려는 것입니다.

우리는 속지 말아야 합니다. 기독교의 성숙은 한 번의 체험으로 되는 것이 아닙니다. 예수님도 그렇게 하지 않으셨습니다. 십자가로 가기까지 한 걸음, 한 걸음 고난의 길을 걸으시며 고난으로 순종함을 배워 온전하게 되셨습니다. 그 과정 속에서 예수님은 매 순간 고뇌하셨고, 십자가의 길을 피하고 싶은 유혹도 받으셨습니다. 두려움도 있었습니다. 그러나 이 모든 과정을 순종 속에서 가셨습니다. 이렇게 예수님이 하나님을 의지하면서 가셨듯이 우리도 예수님을 힘입으면서 끝까지 가야 합니다. 이것이 온전한 데로 나아가는 길입니다. 히브리서 수신자들이 이것을 게을리했던 것입니다. 그래서 유대교로 돌아가려는 유혹에 빠지고, 배교 위험 상태로 나아간 것입니다.

여러분, 신앙생활을 너무 드라마틱한 것으로 생각하지 마십시오. 예수 믿고 세상적으로 성공했다는 화려한 이야기에 농락당하지 마십시오. 신앙의 여정은 철저하게 인격적이라는 사실을 기억하십시오. 그러한 여정을 통해 하나님은 우리의 영혼을 바꾸십니다. 주님이 가셨던 길을 따라가게 하심으로써 주님을 닮게 하십니다. 순종함을 배워 온전하게 되신 주님처럼 우리도 순종함 속에서 가기를 원하시는 것입니다. 우리가 어떠한 조건에 있든, 인생에서 무슨 경험을 하든 우리가 온전한 데로 나아가길 원하시는 것입니다.

우리에게는 매일매일 신앙생활 하기 싫어하는 유혹과 수많은 이유들이 찾아옵니다. '이렇게까지 신앙생활 해야 하나? 요즘 현실이 너무 힘들고 몸도 안 좋은데….' 그러나 우리는 이 모든 조건에서도 온전한 데로 나아가야 합니다. 영적으로 자라야 합니다. 믿음의 순종 속에서 말입니다.

부디 자신이 이해하는 방식의 신앙생활이 아닌, 언제나 하나님의 계시의 말씀을 정확히 이해함으로써 신앙생활 하기 바랍니다. 우리가 온전한 데로 나아가는 데에는 강력한 지지자와 반석이 되신 대제사장 예수님이 계신다는 사실을 잊지 마십시오. 우리에게는 구원의 완성을 위한 그분의 이끄심이 있습니다. 심지어 죄로 무너질 때조차 우리를 일으켜 세울 대제사장이 계십니다. 그래서 믿음의 순종은 우리 힘으로 하는 것이 아니라, 하나님이 그분의 성령을 통한 도우심 속에 하게 하시는 것입니다.

그러므로 들은 복음을 믿고 순종하면서 대제사장 되신 예수님을 항상 힘입으십시오. 우리의 구원과 믿음의 처음과 끝이신 예수님을 바라보십시오. 그분이 우리와 같은 길을 가셨고, 완성자로서 우리 앞에 계십니다. 그렇게 하는 우리는 모두 온전함에 이르게 될 것입니다. 결론적으로 우리가 그와 같은 복된 신앙의 여정 속에서 안식에 들어갈 수 있기를 바랍니다.

13장

경주하라
_ 최종 구원에 이르기까지 인내로

너희에게 인내가 필요함은
너희가 하나님의 뜻을 행한 후에 약속하신 것을 받기 위함이라

히 10:36

이러므로 우리에게 구름같이 둘러싼 허다한 증인들이 있으니
모든 무거운 것과 얽매이기 쉬운 죄를 벗어 버리고 인내로써 우리 앞에 당한 경주를 하며
믿음의 주요 또 온전하게 하시는 이인 예수를 바라보자
그는 그 앞에 있는 기쁨을 위하여 십자가를 참으사 부끄러움을 개의치 아니하시더니
하나님 보좌 우편에 앉으셨느니라

히 12:1-2

배교하는 자에게는 없는 믿음의 인내

이 장에서는 우리가 온전한 데로 나아가는 것을 넘어 최종 구원에 이르기까지 필요한 한 가지 내용을 살펴보고자 합니다. 그것은 앞 장에서 살펴본 믿음의 순종과도 밀접하게 관련된 내용으로서 바로 인내입니다. 히브리서 기자는 믿음으로 인내하는 것을 배교와 연결해서 말하고 있습

니다. 믿음으로 인내하지 못하는 것 속에서 교회 안에 있던 사람들이 교회를 떠나는 일이 현실 속에 있기에 우리는 이 문제를 실천적으로 생각해 봐야 합니다.

인내는 히브리서 기자가 배교 위험 경고에서 중요하게 말하는 것 중 하나입니다. 사실 성경에는 인내에 관한 내용이 굉장히 많지만, 히브리서를 중심으로 말하자면 결국 배교자는 인내하지 못한다는 것입니다. 예수를 믿는다고 하면서 교회 안에 들어왔으나 결국 배교하는 사람들의 공통점은 그리스도를 끝까지 인내하면서 믿지 않는다는 것입니다. 참 그리스도인들만 끝까지 인내하게 됩니다. 이러한 이유로 믿음의 순종을 크게 강조하는 히브리서 11장의 전후 문맥 속에서 인내도 함께 크게 강조하고 있습니다.

히브리서 기자는 본문에서 인내의 문제를 말하기에 앞서 10장 26절 이하에서부터 히브리서 수신자들의 배교 위험 상태를 먼저 경고합니다.

"우리가 진리를 아는 지식을 받은 후 짐짓 죄를 범한즉 다시 속죄하는 제사가 없고 오직 무서운 마음으로 심판을 기다리는 것과 대적하는 자를 태울 맹렬한 불만 있으리라"(히 10:26-27).

"전날에 너희가 빛을 받은 후에 고난의 큰 싸움을 견디어 낸 것을 생각하라 혹 비방과 환난으로써 사람에게 구경거리가 되고 혹은 이런 형편에 있는 자들과 사귀는 자가 되었으니 너희가 갇힌 자를 동정하고 너희 소유를 빼앗기는 것도 기쁘게 당한 것은 더 낫고 영구한 소유가 있는 줄 앎이라 그러므로 너희 담대함을 버리지 말라 이것이 큰 상을 얻게 하느니라 너희에게 인내가 필요함은 너희가 하나님의 뜻을 행한 후에 약속하신 것을 받기 위함이라"(히 10:32-36).

이것은 우리가 배교 위험 상태에서 벗어나 온전한 데로 나아가는 것뿐만 아니라 약속하신 것을 받는 것, 결국 최종 구원에 이르기까지 우리에게 필요한 것이 무엇인지를 잘 말해 줍니다. 바로 인내입니다.

물론 우리 중에는 결심한 것을 반드시 행하는 의지력이 강한 사람들이 있습니다. 그러나 본문이 말하는 인내는 단순히 그러한 능력을 발휘해서 의지적으로 참는 것을 말하는 것이 아닙니다. 이것은 믿음으로 인내하는 것을 말합니다. 왜냐하면 본문 뒤에 이어서 "나의 의인은 믿음으로 말미암아 살리라"(히 10:38)라고 말하고, "우리는…영혼을 구원함에 이르는 믿음을 가진 자니라"(히 10:39)라고 말하기 때문입니다. 따라서 세상적 기준으로는 다른 사람과 비교했을 때 의지력이 약했던 사람이라도 신자들은 믿음으로 인내하는 것이라고 말하는 것입니다. 이처럼 성경에서 예수 믿는 자에게 사용된 인내는 모두 다 믿음으로 하는 인내를 말합니다. 여기에 우리의 반응도 있지만, 하나님의 간섭과 성령의 역사가 맞물려 있습니다.

인내하지 않음의 결과

우리는 히브리서 11장에서 믿음의 사람들이 어떠한 과정에서 믿음의 순종을 했는지를 볼 수 있습니다. 그들은 모두 믿음으로 끝까지 인내하면서 순종했습니다. 그런 믿음의 사람들을 쭉 열거한 뒤 12장 1절은 '이러므로'라고 하면서 다음과 같이 말합니다.

"이러므로 우리에게 구름같이 둘러싼 허다한 증인들이 있으니 모든 무거운 것과 얽매이기 쉬운 죄를 벗어 버리고 인내로써 우리 앞에 당한 경주를 하며"(히 12:1).

이것은 앞선 믿음의 사람들처럼 우리도 인내로써 우리 앞에 당한 경주를 하자고 말하는 것입니다. 당시 히브리서 수신자들인 유대 그리스도인들은 계속된 고난 속에서 차별당하면서 많은 시련을 겪었습니다. 그들은 그러한 차별과 시련을 피하기 위해 로마 제국이 정식으로 인정하는 유대교로 돌아가고 싶은 유혹을 받았습니다. 분명 예수를 믿고 큰 구원을 받은 자들이었음에도 그들의 믿음은 시련 앞에서 흔들렸던 것입니다. 그러한 시련 앞에서 그들은 인내하며 나아가기보다는 뒤돌아가려는 유혹을 받은 것입니다. 결국 그들이 가졌던 배교 위험 상태는 믿음으로 인내하지 못한 가운데 갖게 된 것이었습니다.

그래서 히브리서 기자는 앞에서 살펴본 바와 같이 그들이 예수 그리스도께 대한 믿음 안에서 인내하지 못하고 유대교로 돌아가는 것은 십자가를 거부하고 복음을 부정하는 것이라고, 그것의 최종 결론은 버림당하고 저주함에 가까워서 그 마지막은 불사름이 될 것이라고 말한 것입니다(히 6장 참조). 또 10장 29절에서도 예수 그리스도께 대한 믿음 안에서 인내하지 못하고 "하나님의 아들을 짓밟고 자기를 거룩하게 한 언약의 피를 부정한 것으로 여기고 은혜의 성령을 욕되게 하는 자"가 당연히 받을 형벌을 언급했습니다.

그러면서 믿음으로 인내하지 않는 것이 배교 위험에 빠지는 중대한 원인임을 기억하고, 최종 구원에 이르는 자가 되기 위해서는 끝까지 인내하는 것이 필요하다고 강조합니다. 그래서 히브리서 기자는 그들이 처음에 고난 속에서 인내했던 것을 상기시켜 줍니다.

"전날에 너희가 빛을 받은 후에 고난의 큰 싸움을 견디어 낸 것을 생각하라"(히 10:32).

여기서 '견디다'는 본문의 인내와 같은 어근을 가진 말입니다. 그들은 처음 복음을 듣고 큰 구원을 얻은 뒤에 고난의 큰 싸움도 견뎌 냈습니다. 예수 믿고 나서 하나님의 은혜를 경험하는 감격 속에서 큰 고난을 견뎌 내었던 것입니다. "비방과 환난으로써 사람에게 구경거리가 되고"(히 10:33), 소유를 빼앗기는 경험(히 10:34)을 했음에도 불구하고 그들은 처음에 잘 인내했습니다. 그러나 그들의 믿음은 거기서 계속 나아가지 못했습니다. 고난이 계속되고 상황이 달라지지 않자 그들은 지쳤고 그 가운데 믿음이 흔들렸던 것입니다. 계속 인내하면서 믿음으로 나아가는 대신 뒤를 돌아보게 되었습니다.

이것은 우리에게도 있는 일입니다. 처음에 예수 믿고 구원의 감격과 넘치는 은혜를 경험하면서 열심을 가졌다가 가정 안에 시련이 계속되고 문제가 좀처럼 해결되지 않는 시간이 지속되면서 인내하지 못하고 뒤를 돌아보게 되는 것과 마찬가지입니다. '내가 예수를 잘못 믿었나?', '이것이 진짜 예수 믿는 게 맞나?', '하나님은 진짜 살아 계신 것이 맞나?', '이것이 진짜 구원받은 신자의 삶인가?' 우리는 이러한 의문을 가지며 뒤를 돌아보는 것입니다. 히브리서 수신자들이 바로 그러했던 것입니다. 그래서 히브리서 기자는 곧바로 "너희에게 인내가 필요함은"(히 10:36)이라고 말한 것입니다.

"너희에게 인내가 필요함은"

여기서 주목할 사실은 히브리서 기자가 인내의 필요를 배교 위험에서 벗어나는 것 정도가 아닌 최종 구원을 얻기까지로 말했다는 사실입니다. 이 땅을 사는 동안 하나님의 뜻을 행한 후에, 즉 믿음의 삶을 살다가 마침내 약속하신 것을 받기까지 인내가 필요하다는 것입니다. 우리의 믿음을 흔들고 뒤로 물러가고 싶은 유혹이 일어나는 다양한 조건 속에서 하나님이 약속하신 것을 결론적으로 받기까지는 계속 인내해야 한다는 것입니다. 처음 예수 믿고 구원받았을 때 고난을 잘 견디면서 보였던 인내의 정도가 아니라 최종 구원에 이르기까지 계속 인내해야 한다는 것입니다.

그런 점에서 인내는 그리스도인의 삶과 최종 구원에서 필수적입니다. 참 신자에게 인내는 필연적으로 있고, 또한 참 신자는 인내를 갖습니다.

한마디로, 인내 없는 그리스도인의 삶은 없습니다. 결국 인내 없는 구원은 없습니다. 그래서 조나단 에드워즈(Jonathan Edwards)는 이렇게 말했습니다.

"인내는 구원에 필수적이다. 영원한 생명의 실제적인 소유를 위해서 없어서는 안 되는 것으로서 그것은 필수적이다. 인내하는 것은 영광을 향한 유일한 방법이다. 즉 우리가 인내하지 않고 영광을 향하여 가지 않는다면 영광에 도달하는 것은 불가능하다. 우리는 좁은 문과 좁은 길에 대해서 읽는다. 거기에서 누군가 영광의 면류관을 얻기 전 그는 둘 다를 반드시 통과해야 한다는 것을 우리는 분명히 배운다. 중요한 것은 하나님은 영광의 면류관을 인생행로의 끝에 두셨다는 것이다. 그러므로 인생행로의 끝에 이르지 못하고 멈춘다거나 돌아선다면 결코 면류관을 얻지 못할 것이다. 이처럼 모든 그리스도인은 인생의 과정을 반드시 마쳐야 한다. 인내하면서 반드시 마쳐야 한다."[57]

히브리서 기자는 11장의 믿음의 사람들이 모두 그와 같은 인내 속에서 믿음의 순종을 했다고 증거합니다. 그들 중 인내하다가 멈춘 사람은 아무도 없습니다. 그래서 12장 1-2절에서 인내로써 경주를 마치자고 말한 것입니다.

특별히 히브리서 11장 후반부는 그들이 인내할 수 없을 것만 같은 극심한 고난을 겪었다고 말합니다. 그 가운데서 그들은 유혹을 받고 흔들리는 경험도 했을 것입니다. 아브라함부터 그런 경험을 일시적으로 했습니다. 그들은 모두 이 땅에 사는 동안 하나님이 약속하신 것을 현실적으로는 받지 못하는 경험을 많이 했습니다. 그러나 그들은 모두 끝까지 믿음으로 인내했습니다.

"이 사람들은 다 믿음을 따라 죽었으며 약속을 받지 못하였으되 그것들을 멀리서 보고 환영하며 또 땅에서는 외국인과 나그네임을 증언하였으니 그들이 이같이 말하는 것은 자기들이 본향 찾는 자임을 나타냄이라"(히 11:13-14).

또 "이 사람들은 다 믿음으로 말미암아 증거를 받았으나 약속된 것을 받지 못하였으니"(히 11:39)라고 말한 것처럼, 그들은 이 땅에 살면서 약속된 것을 받지 못했습니다. 그럼에도 그들은 끝까지 믿음으로 인내하면서 갔습니다.

이러한 믿음의 사람들을 말하고 난 뒤 히브리서 기자는 그의 수신자들에게 우리도 그들처럼 인내로써 우리 앞에 당한 경주를 하자고 청유형으로 말합니다. 경주 이미지를 사용하여 인내로써 믿음의 경주를 잘 끝내자고 말한 것입니다. 너희만 인내하기 힘들 것 같은 절박한 상황을 겪은 것이 아니라 11장에 열거된 믿음의 앞선 사람들이 모두 너희들보다 먼저 그것을 겪으면서 경주를 마쳤다는 것입니다.

히브리서 기자는 거기서 끝내지 않고 자기 앞에 당한 경주를 인내로써 마치신 최고의 모델로서 예수를 언급합니다(히 12:2). 그분이 자기 앞에 놓여 있는 영광을 위해 십자가의 고난을 참으시며 끝까지 인내로써 믿음의 순종을 하셨다고 말한 것입니다. 그러면서 우리도 예수의 뒤를 따라 인내로써 믿음의 경주를 해야 한다고 덧붙였습니다.

약속하신 것을 받기 위한 믿음의 경주

우리는 히브리서 기자가 그리스도인의 삶을 경주로 말하면서 인내를 말하고 있다는 것에 주목해야 합니다. 경주하는 자들이 목적지에 도달하기까지 인내하며 경주하듯이 예수 믿는 우리 또한 약속하신 것을 받기 위해 인내로써 믿음의 경주를 해야 한다는 것입니다. 아마 교회를 오래 다닌 사람은 '믿음의 경주'라는 말에 익숙할 것입니다. 그러나 자신이 삶 속에서 믿음의 경주를 하고 있다고 생각하면서 신앙생활 하는 사람은 많아 보이지 않습니다. 워낙 현실에 압도되어 있어서 믿음의 경주라는 생각을 하지 못하는 것입니다. 마치 현실이 전부인 양 이 땅에서 모든 것을 얻으려는 경향을 보입니다. 그래서 '오늘' 자신이 믿음의 경주를 하고 있다고 생각하지 않습니다.

성경이 말하는 믿음의 경주는 이 세상에서 잘 먹고 잘 살기 위해 경쟁하듯이 사는 삶의 경주를 말하는 것이 아닙니다. 히브리서가 말하는 믿음의 경주는 영원한 결과를 결정짓는 경주입니다. 약속한 것을 받는 매우 중대한 인생의 경주입니다. 그러하기에 인내로써 믿음의 경주를 잘할 수 있는 길을 본문은 두 가지로 언급합니다. 하나는 소극적인 차원이고, 또 하나는 적극적인 차원입니다. 성경은 언제나 적극적인 것만 잘하면

된다고 말하지 않습니다. 소극적인 것을 행하는 것 속에서 적극적인 것도 함께 해야 한다고 말합니다.

1) 믿음의 경주를 위해 방해거리를 제거하라

이에 따라 먼저 믿음의 경주를 잘하기 위해 소극적인 차원에서 해야 할 일은 믿음의 경주에 방해가 되는 것을 가져서는 안 된다는 것입니다. "모든 무거운 것과 얽매이기 쉬운 죄"(히 12:1)가 믿음의 경주에 방해거리가 됩니다. 이 방해거리를 먼저 제거하는 것이 믿음의 경주를 잘하는 길이라는 것입니다. 바로 이것이 우리가 뒤로 물러나지 않고 오히려 약속하신 것을 받기 위해 잘 인내하며 믿음의 경주를 하기 위해 반드시 해야 할 일입니다.

그렇다면 무거운 것과 얽매이기 쉬운 죄는 구체적으로 무엇을 말할까요? 먼저 '무거운 것'은 브라운(R. Brown)의 말대로 지나친 몸무게나 귀찮은 짐보따리를 의미합니다.[58] 이 말을 경주자에게 사용한 것을 고려하면 경주하기에 불편한 복장과 같은 장애 요인을 생각할 수 있습니다. 경주하는 사람은 경주에 알맞은 복장을 해야 하는데, 이것저것 걸치고 경주하기에 맞지 않은 복장을 한다고 생각해 보십시오. 바로 그런 것을 모두 제거하고 경주를 잘할 수 있는 복장을 갖추어야 한다는 것입니다.

여기서 히브리서 기자는 비유적인 표현으로만 끝내지 않고, 영적인 의미를 덧붙입니다. 즉 얽매이기 쉬운 죄를 벗어 버려야 한다는 것입니다. 많은 주석가는 '무거운 것'이 바로 뒤에 나오는 '얽매이기 쉬운 죄'를 가리킨다고 말하는데, 두 표현의 관계가 어떠하든 그 의미는 분명합니다. 그것은 배교의 유혹이 있는 이 땅을 사는 동안 도저히 경주할 수 없을 것 같은 고난을 겪는다 해도 우리 그리스도인은 인내로써 믿음의 경주를 해야 하고, 만일 그것을 방해하는 것이 있다면 그것이 무엇이든 제거해야 한다는 것입니다. 하나님을 신실하게 믿고 흔들리지 않으며 끝까지 경주를 마치는 일에 있어서 그렇게 먼저 방해되는 것을 제거해야 한다는 것입니다.

믿음의 경주를 함에 있어서 방해되는 것은 다양할 수 있습니다. 하지만 분명한 것은 어떤 것으로 말해도 그것은 죄와 연관되어 있을 것입니다. 왜냐하면 믿음의 경주가 다름 아닌 영적인 경주이기 때문입니다. 그러한 방해가 외적으로는 남편이나 아내, 가족이나 친척, 일 등과 같은 것으로 나타날 수 있지만, 결국 그 방해는 죄와 관련되어 있을 것입니다.

우리 모두 경험하듯이 죄는 우리의 신앙 여정을 가로막는 큰 장애물입니다. 그것은 우리의 걸음을 무겁게 합니다. 죄를 품고 있으면 믿음의 경주에서 힘을 잃고 인내가 꺾이게 됩니다. 예배를 드리고 싶지 않거나 하나님을 찾고 싶은 마음이 들지 않을 정도로 거룩한 욕구가 꺾여 버립니다. 이처럼 죄는 우리 안에서 활성화되어 그와 같은 방향으로 역사합니다.

실제로 히브리서 수신자들은 그러한 상태를 가지고 있었습니다. 그들은 히브리서 5장에서 보았다시피 영적인 게으름과 나태함으로 믿음의 경주를 제대로 하고 있지 않았습니다. 믿음으로 인내하는 것을 멈추고, 오히려 뒤로 물러나려는 유혹을 받고 있었습니다.

결국 히브리서 기자는 인내로써 믿음의 경주를 하는 데 방해가 될 수 있는 구체적인 죄들을 히브리서 12장과 13장에서 언급합니다. 예를 들어, 쓴 뿌리를 드러내는 것(히 12:15), 음행하는 것과 한 그릇 음식을 위하여 장자의 명분을 판 에서처럼 육신의 정욕과 배를 채우는 욕심(히 12:16), 결혼 관계를 깨뜨리는 부정함과 음행과 간음으로 말하는 성적인 죄(히 13:4), 하나님이 허락하신 것을 넘어서는 돈에 대한 사랑과 욕심(히 13:5) 등입니다.

이런 죄들은 믿음의 경주에 확실히 방해가 됩니다. 왜냐하면 우리의 마음을 크게 빼앗는 죄들이기 때문입니다. 그래서 이러한 죄를 품고 있으면 더 이상 믿음의 경주를 하려고 하지 않습니다. 문제는 우리가 이것조차도 잘 분별하지 못한다는 것입니다. 그저 남편이 힘들게 하거나 아내가 힘들게 해서 그렇다고 생각합니다. 자꾸 눈에 보이는 혈과 육으로만 생각하고 환경을 탓하며 영적인 이해를 갖지 못합니다. 이런 죄로 인해 인내에 타격을 받고, 신앙의 경주를 주저하거나 포기하려 하고, 나태해지고 있다고는 생각하지 못합니다.

히브리서 기자는 분명히 말합니다. 얽매이기 쉬운 죄가 믿음의 경주를 방해하고 인내를 꺾는다고 말입니다. 그래서 끝까지 믿음의 경주를 잘하기 위해서는 이러한 죄를 벗어야 한다고 말합니다. 그런 점에서 지금까지 살아온 믿음의 경주를 여러분도 한번 되돌아보십시오. 인내로써 믿음의 경주를 잘하지 못했던 때가 언제였는지 한번 생각해 보십시오. 언제 머뭇거리고 갈등하면서 더 이상 나아가지 않으려는 마음을 품었는지를 생각해 보십시오. 돌아보면 죄가 있었을 때가 아닙니까?

앞에서 언급한 죄만 가지고 있어도 우리는 믿음의 경주를 잘하지 못하고 믿음의 인내가 잘되지 않음을 경험하게 됩니다. 물론 다른 죄들도 그러하지만, 특별히 히브리서에 언급된 죄들은 우리의 마음을 크게 빼앗기 때문에 더더욱 방해가 됩니다. 그러므로 우리가 인내하며 믿음의 경주를 끝내기 위해서는 믿음의 경주에 걸림돌과 무거운 짐이 되고 우리를 얽어매는 죄를 벗어 버려야 합니다. 그러한 죄를 계속 품은 상태로는 신앙의 경주를 할 수 없기 때문입니다. 그러므로 우리는 그런 죄를 품고 있어도 안 되고, 용인해서도 안 됩니다. 히브리서 기자는 이것의 중요성을 강조하기 위해 우리보다 앞서 행하신 예수님과 연결해서 이렇게 말합니다.

"너희가 죄와 싸우되 아직 피 흘리기까지는 대항하지 아니하고"(히 12:4).

이것은 예수님이 죄와 싸우되 십자가에서 피 흘리기까지 싸우면서 경주하셨다는 것을 전제로 말한 것입니다. 어떤 사람은 죄와 싸우는데 피 흘리기까지 싸운다는 말씀이 너무 강하다고 생각할지 모르겠습니다. 그러나 우리가 알아야 할 것은 예수 그리스도가 우리를 구원하시기 위해 먼저 그렇게 하셨다는 사실입니다. 우리 죄를 지시고 그 죄와 싸우되 피 흘리기까지 싸우셨습니다. 그 결과 죄와 싸우는 일은 예수님이 죄와 싸우되 피 흘리기까지 싸우심으로써 구속하신 사람들에게만 있습니다. 다시 말해, 그리스도인만 죄와 싸울 수 있게 된다는 말입니다. 이처럼 죄와 싸우는 일은 아무에게나 되는 것이 아닙니다.

히브리서 11장의 믿음의 사람들과 예수님, 그리고 그 이후의 모든 그리스도인이 그러했습니다. 그들이 모두 피 흘리는 고난을 당한 것은 아니었지만, 그들 중 어떤 사람은 실제로 피 흘리기까지 고난받으면서도 죄에 넘어지지 않았습니다. 그렇게 함으로써 끝까지 인내하며 믿음의 경주를 마쳤습니다.

이런 사실들을 놓고 볼 때 죄와 싸우는 것이 자신에게 있다면, 아니 가능하게 되었다면 그것은 굉장한 일입니다. 그것은 자연적인 조건에서는 결코 생길 수 없는 일이기 때문입니다. 자연인은 죄를 자각하지도 못합니다. 죄와 싸우는 일이 가능하게 되었다면 그는 큰 구원을 얻었기 때문입니다. 예수 그리스도의 피로 죄 사함을 받았기 때문이고, 성령이 거하시기 때문입니다. 이것은 정말 놀라운 일입니다. 그래서 히브리서 기자는 이어지는 12장 5절 이하에서 참 아들에게는 징계가 있다고 말합니다. 그 징계 속에는 죄와 싸우면서 갖는 고난과 시련이 함께 포함되어 있습니다.

분명 그리스도인에게는 죄와 싸우면서 겪는 시련과 힘든 고난이 있습니다. 히브리서 기자는 그것을 징계에 포함시켜 그것이 있는 자가 참 아들이요, 참 그리스도인이라고 말하고 있습니다. 만일 그런 징계가 없다면 그는 참 아들, 참 신자일 수 없다는 것입니다.

따라서 죄와 싸울 수 있는 변화와 특권을 가지고 있다면, 그것을 가지고 믿음의 경주와 인내를 방해하는 죄와 싸우면서 경주해야 합니다. 그것도 모르고 세상에서 경쟁하듯이 신앙생활 하는 사람은 믿음의 경주를 잘 못하는 것이요, 히브리서 수신자들처럼 배교의 위험 속에 있는 것입니다. 신자는 죄와 싸우면서 배교 위험을 넘어 온전한 데로 나아갈 뿐만 아니라 약속하신 것을 받기까지 나아가야 합니다.

2) 앞서가신 예수를 끝까지 바라보라

지금까지 인내로써 믿음의 경주를 잘하기 위해 얽매이기 쉬운 죄를 벗고 또 죄와 싸우는 문제를 말했던 히브리서 기자는 그것으로 끝내지 않습니다. 거기서 더 나아가 적극적인 내용을 12장 2절에서 덧붙이고 있습니다. 바로 경주자가 앞을 바라보듯이 예수를 바라보라는 것입니다. 경주자는 좌우를 보거나 뒤를 보면서 경주하지 않습니다. 그처럼 믿음의 경주를 잘하기 위해서는 우리보다 앞서가신 예수를 바라보아야 합니다. 우리의 믿음의 창시자요 완성자이시며 동시에 믿음의 모범이신 예수를 경주가 끝나기까지 계속적으로 말입니다.

여기서 '예수를 바라본다'라는 말은 기본적으로 믿음의 경주를 하면서 예수를 믿고 의지하는 것을 말합니다. 좀 더 구체적으로 말하면, 그분이 우리의 믿음의 창시자와 모범자로 행하신 것들과 완성자로서 행하시며 이루실 것을 기억하며 믿고 붙드는 것입니다. 우리의 믿음의 시작이 어떻게 있게 되었고, 무엇에 근거해서 있게 되었는지를 말입니다. 곧 하나님의 아들 예수 그리스도가 우리의 죄를 대속하심으로 우리를 죄에서 구원하셨다는 것에서부터 시작해서 그분이 우리의 믿음을 완성하시는 분으로서 경주의 목적지인 최종적인 구원에 이르도록 하신다는 것, 그리고 그분이 우리보다 앞서 인내로써 믿음의 경주를 마치셨다는 사실을 기억하고 예수를 바라보면서 가는 것입니다. 마치 경주자의 눈이 앞을 바라보듯이 믿음의 경주를 하는 동안 우리의 시선과 마음을 쉬지 않고 예수님께 두라는 것입니다.

만일 우리가 신앙생활 하면서 우리의 시선과 마음이 다른 곳을 향하게 된다면 우리의 경주는 방향을 잃고 곁길로 나아가게 될 것입니다. 그리고 나락으로 떨어지게 될 것입니다. 그러므로 경주자가 항상 앞을 보고 뛰듯이 예수 믿는 우리 또한 항상 믿음의 창시자요, 모범자요, 완성자이신 예수님을 바라보면서 신앙의 경주를 해야 합니다.

바로 이 일을 히브리서 수신자들은 잘하지 못했습니다. 예수님을 바라보는 것을 멈추었고, 시선을 다른 데로 돌렸습니다. 예수님이 십자가에서 이루신 것 안에서 자신이 어떤 자가 되었고, 그것이 얼마나 강력한 효력을 가졌는지, 그리고 그것이 현재의 구원만이 아니라 영원한 구원까지 포함된 희생 제사라는 것을 계속 보면서 가야 했는데, 그것을 보지 않고 오히려 유대교의 희생 제사를 다시 보았습니다. 예수님이 그들의 믿음의 창시자이시고 그들의 죄 사함이 예수님의 대속함으로 있게 된 것이었지만, 그들은 더 이상 예수님의 대속적 죽음을 믿고 의지하려고 하지 않았던 것입니다. 오랜 고난과 시련 속에서 그들은 그런 유혹을 받았던 것입니다.

오늘날 교회 안에도 예수님의 대속적 죽음의 가치를 지속적으로 붙들지 않는 사람들이 많습니다. 예수님이 십자가에서 죽으심으로 내 죄를 사하셨다는 것에 대한 감격이 처음 예수 믿을 때로 끝나 버리고 맙니다. 예수님의 대속에 대한 지식이 자신의 소유가 되었기 때문에 이제 그것으로 끝났다고 생각하는 것입니다.

그러나 여기서 히브리서 기자가 죄를 벗는 것과 함께 예수를 바라보라고 한 것은 단순히 예수를 잘 믿자는 말이 아닙니다. 그 어떤 시련과 어려움이 있어도 인내하며 믿음의 창시자와 완성자이신 예수님을 믿고 붙

들어야 한다고 말하는 것입니다. 물론 배교하지 않는 참 그리스도인들도 일시적으로는 문제가 있을 수 있습니다. 그러나 그들은 결국 끝까지 인내하며 그렇게 할 것입니다.

토마스 R. 슈라이너(Thomas R. Schreiner)는 히브리서 기자가 인내하라고 한 것과 관련해서 이런 말을 했습니다.

> "마지막까지 인내하는 자들은 죄 사함을 위해 예수 그리스도의 죽음을 믿는다. 인내하는 자들은 심판의 날 자신의 유일한 소망은 멜기세덱적 제사장으로서 그리스도가 이루신 정결뿐이라고 고백한다. …인내하는 자들은 오직 교회 안에 남아 있음으로써…계속해서 하나님을 믿는 자들만이…예수 그리스도 안에서 최종적인 죄 용서를 장래에 드러낸다."[59]

이처럼 끝까지 인내하는 자들은 배교자들과는 달리 그런 모습을 결론적으로 갖습니다.

시작할 때 확신한 것을 끝까지 견고히 붙잡는 인내

여러분은 지금 믿음의 경주를 잘하고 있습니까? 교회만 왔다 갔다 하면서 예배드리는 것으로 신앙의 경주를 잘하고 있다고 생각하지는 않습니까? 본문은 얽매이기 쉬운 죄를 벗어 버리고 예수님을 지속적으로 바라보는 것이 구원받은 신자의 삶이라고 말합니다.

예수 믿는 우리에게는 이 땅에서 먹고 사는 것이 전부가 아닙니다. 히브리서 11장의 믿음의 사람들을 위시해서 예수님과 그 이후의 모든 그리스도인이 그랬듯이 우리는 하나님의 약속을 바라며 사는 사람들입니다. 최종적인 구원과 영광으로 나아가기까지 인내하며 믿음으로 살아가야 하는 사람들인 것입니다. 따라서 우리에게 필요하고 중요한 것은 끝까지 믿음으로 인내하는 것입니다. 코로나 전염병이 돌 때든, 그 어느 때든, 또 우리 앞에 어떤 고난과 유혹이 있든 우리에게 필요한 것은 인내입니다. "우리가 시작할 때에 확신한 것을 끝까지 견고히 잡고 있으면"(히 3:14)이라고 말한 것처럼 말입니다. 바로 그 사람들이 최종적인 영광의 결론을 맛보게 됩니다.

여기서 예수 믿는 우리가 시작할 때 확신한 것은 예수 믿을 때 처음 가졌던 믿음을 가리킵니다. 다시 말해, 예수 그리스도를 믿음으로 말미암아 죄 사함 받고 최종 구원에 이르게 될 것이라는 믿음입니다. 이것이 바로 예수를 처음 믿을 때 알게 되고 확신한 것입니다. 결국 이 믿음을 끝까지 견고하게 붙잡고 사는 것이 믿음의 경주요, 그것을 끝까지 지속하는 것이 인내입니다.

하지만 이것이 현실적으로 쉬운 일은 아닙니다. 얼마나 많은 사람이 이 부분에서 흔들리고 머뭇거리며 변덕을 부리면서 뒤를 돌아보는지 모릅니다. 물론 일시적으로 그런 일이 있을 수는 있습니다. 그러나 성경은 그것을 그대로 용인하면서 살라고 말하지 않습니다. 그런 모습과 상태에서 돌이켜 계속 믿음의 경주를 해야 한다고 말합니다.

일시적인 실패에 굴하지 말라

그러므로 인내하며 믿음의 경주를 잘하기 위해 본문에서 말한 두 가지 사실을 잘 기억하십시오. 아니, 그 사실을 자신의 것으로 가지십시오. 얽매이기 쉬운 죄를 벗어 버리고 죄와 싸우는 것 없이는 신앙의 경주를 잘할 수 없다는 사실을 기억하십시오. 여기서 실패하면 머뭇거리며 뒤를 돌아보게 됩니다. 죄는 그렇게 강력한 영향력으로 우리의 신앙 경주를 방해합니다. 사탄은 그러한 죄를 가지고 우리가 계속해서 더 넘어지도록 방해하기 때문에 죄는 그 자체로 끝나지 않음을 기억해야 합니다.

또한 우리는 항상 예수를 바라보아야 합니다. 우리를 죄에서 구원하신 예수, 죄인인 우리에게 의를 전가해 주심으로 하나님 앞에 설 수 있게 해주신 예수, 우리 구원의 유일한 기초가 되신 예수를 삶의 매 순간 바라봐야 합니다. 삶에 지치고 마음이 우울할 때나 죄의 유혹이 거셀 때, 심지어 죄의 유혹에 넘어졌을 때도 우리는 예수를 바라봐야 합니다. 인내로써 믿음의 경주를 할 때 우리는 우리 자신을 바라보는 것이 아닙니다. 우리는 믿음의 창시자요, 모델이요, 완성자이신 예수를 바라봐야만 합니다.

그리하면 우리는 믿음의 경주 끝에 그리스도가 이루실 것 안에 있는 참 생명과 영광을 얻게 될 것입니다. 우리는 예수 안에 있는 그것을 바라보고, 최종적인 결론을 얻게 하실 예수님을 바라봐야 합니다. 모든 조건, 모든 상황에서 그분을 바라보십시오. 우리를 흔드는 감정에 동요되지 말고, 그것보다 더 강력하신 예수를 바라보십시오. 설사 죄를 범한 상태라

할지라도 말입니다. 그분이 우리를 위해 무엇을 하셨는지, 무엇을 이루셨는지, 어떤 결론을 주시는지, 그리고 우리를 위해 지금도 무슨 일을 하고 계시는지를 믿으면서 우리의 중보자요 대제사장 되신 예수를 바라보십시오.

믿음의 경주에서 인내는 내가 어디까지 왔는지를 뒤돌아보는 것이 아니라, 어떤 조건에 있든 지금 이 순간 예수를 바라보는 것입니다. 따라서 현재 예수를 바라보지 않는 사람은 인내하지 않고 있음을 알아야 합니다. 인내는 '현재' 예수를 바라보는 것이고, 그것을 지속하는 것입니다.

혹시 믿음의 경주에서 일시적으로 실패했다고 생각하는 사람이 있다면 그것으로 다 무너졌다고 생각하지 마십시오. 자신에 대해 깨끗하다고 생각하며 자기 의로 채워진 사람들은 믿음의 경주에서 일시적으로 실패했을 때 쉽게 무너지는 모습을 보입니다. 그러나 중요한 것은 일시적으로 실패한 베드로처럼 회개하고 다시 인내하는 것입니다. 실패한 현장 속에서 다시 회개하며 계속해서 예수를 바라보며 가는 것입니다. 이것이 바로 믿음의 경주요 인내입니다.

실패를 딛고 믿음의 인내를 계속했던 이들 중에는 초기 청교도 시대 토마스 크랜머(Thomas Cranmer)라는 사람도 있었습니다. 당시는 기독교를 상당히 배려했던 영국의 에드워즈 왕이 일찍 죽고, 뒤이어 메리 여왕이 등장한 시기였습니다. 그녀는 개혁교회로 바뀐 영국을 다시 가톨릭으로 바꾸기 위해 개신교를 이단으로 정죄하고 교회 지도자들을 화형시키도록 했습니다. 당시 휴 래티머(Hugh Latimer)와 같은 탁월한 주교들이 화형당했는데 그들 중 한 사람이 바로 크랜머였습니다. 그도 결국 감옥에 간

혀서 다른 주교들이 고통 속에서 화형당하는 끔찍한 광경을 보았습니다. 그러면서 자신도 곧 그렇게 될 것이라고 생각하면서 두려움에 사로잡혔습니다.

그때 당국은 가톨릭으로 돌아서도록 그를 회유하고 협박했습니다. 그러자 그는 극단적인 심리적 압박을 못 이기고 마침내 자신이 가르쳤던 기독교 신앙을 철회한다는 데 서명을 하게 됩니다. 결국 믿음의 경주를 포기하고 더 이상 인내하지 못하는 모습을 일시적으로 드러낸 것입니다.

그런데 중요한 것은 그것이 끝이 아니었다는 것입니다. 그는 베드로처럼 곧바로 감옥에서 자신이 개신교 신앙을 저버리고 철회한 것을 가슴 아파했습니다. 그는 믿음을 철회한 것을 회개했고, 자신의 가르침을 철회하지 않겠다고 말했습니다. 그러면서 그는 화형을 당할 때 자신이 범한 죄에 대한 회개와 슬픔을 표시하기 위해 자신의 믿음을 철회할 때 서명했었던 오른손부터 불 속에 넣겠다고 결심했습니다. 실제로 화형장에서 그는 그렇게 했습니다.

이처럼 믿음의 경주를 포기하고 인내하지 못하는 일이 일시적으로 있을 수 있습니다. 하지만 그는 베드로처럼 다시 회개함으로써 믿음의 경주를 계속했고 끝까지 인내했습니다. 믿음의 경주에서 인내란 바로 그런 것입니다. 우리가 완전한 모습을 가져야 된다는 것이 아니라, 비록 일시적으로 넘어지는 일이 있어도 다시 예수님을 바라보면서 끝까지 신뢰하는 것을 말합니다. 그것이 바로 믿음의 경주에서 말하는 인내입니다.

성령이 계속 하시는 일, 우리가 계속 나아가야 할 길

그러므로 현재의 유혹과 시련에 넘어지지 마십시오. 한동안 코로나로 인해 예배에 제약을 받고 온라인 방식으로 예배드리면서 많은 사람이 적당히 신앙생활 하려는 유혹을 받았습니다. 그리고 그 뒤로 신앙생활을 편하고 쉽게 하려는 사람들이 생겨났습니다. 그것은 믿음의 경주를 인내로써 하는 것과 거리가 먼 것입니다.

우리가 어떤 유혹과 시련을 겪든 우리는 기억해야 합니다. 우리 앞에 주님이 약속하신 것이 있다는 것을 말입니다. 바로 예수 그리스도가 이루셔서 우리에게 주시고자 하는 영구한 것이 있다는 것입니다. 그것은 우리가 시작할 때 확신한 것입니다. 우리는 그것을 끝까지 견고히 붙잡아야 합니다. 그러기 위해서 우리는 매 순간 우리 안에 꿈틀대는 죄의 유혹과 게으름, 여러 가지 죄들과 싸우면서 예수님을 바라보아야 합니다. 우리보다 앞서가시고 끝까지 참으시면서 우리 죄를 대속하기 위해서 피 흘리기까지 싸우신 예수님을 바라보아야 합니다. 매 순간 그렇게 신앙의 여정을 갈 때 우리는 배교 위험에 빠지지 않고, 오히려 믿음의 경주를 끝까지 마칠 수 있습니다.

우리의 신앙 여정은 완벽한 길이 아닙니다. 그것은 수많은 죄의 유혹과 싸우며 가는 길입니다. 우리가 그 길을 가며 주 예수를 바라볼 때, 성령은 우리와 함께하시면서 독려하시고 설사 미끄러져 넘어져도 다시 일으켜 세우시며 그 길을 가도록 이끄십니다. 비록 이 시대가 점점 더 배교적인 모습을 갖는다고 해도 인내하며 믿음의 경주를 하는 자들에게는 그런 은혜의 역사가 있습니다. 그 사실을 기억하고 죄와 싸우며 예수를 바라봅시다. 우리 모두 주의 도우심으로 인내하며 믿음의 경주를 끝까지 잘할 수 있기를 바랍니다.

14장

바라라
_ 하나님이 약속하신 상 주심을

그러므로 너희 담대함을 버리지 말라 이것이 큰 상을 얻게 하느니라

히 10:35

우리 앞에는 하나님이 약속하신 상이 있다

배교 위험이 있는 환경에서 우리가 믿음으로 끝까지 인내하며 항상 기억해야 할 사실이 한 가지 더 있습니다. 그것은 우리 앞에 있는 상, 곧 우리가 장차 받을 상입니다.

성경이 일반적으로 말하는 우리 앞에 있는 상은 구원입니다. 히브리서

기자는 그것을 배교 위험 속에서 유혹을 받는 그리스도인들에게 강조하면서 결국 그 상을 바라며 배교 위험과 유혹을 이기고 계속해서 온전한 데로 나아가라고 말합니다. 다시 말해, 믿음을 갖고 고난을 견뎠던 히브리서 수신자들이 다시 과거로 돌아가는 것은 결코 생각할 수 없는 너무 무서운 일이라면서 상에 대해 말하는 것입니다. "다시 되돌아가고 싶을 정도로 환난과 시험을 받으면서 나태해지고 머뭇거리면서 뒤로 물러가려는 것은 매우 위험한 일이다. 오히려 담대함을 버리지 말고 끝까지 믿음으로 나아가야 한다. 이것이 큰 상을 얻게 하는 것이다"라고 말하는 것입니다. 믿음의 변절 없이 담대히 나아가는 자들에게 큰 상이 있다는 것입니다.

히브리서는 상을 자주 강조합니다. 예를 들어, 11장 6절은 믿음으로 행하며 사는 것, 곧 믿음의 순종을 상과 연결해서 말합니다.

"믿음이 없이는 하나님을 기쁘시게 하지 못하나니 하나님께 나아가는 자는 반드시 그가 계신 것과 또한 그가 자기를 찾는 자들에게 상 주시는 이심을 믿어야 할지니라"(히 11:6).

11장 26절에서는 모세가 "그리스도를 위하여 받는 수모를 애굽의 모든 보화보다 더 큰 재물로 여겼으니 이는 상 주심을 바라봄이라"라고 말합니다. 또 히브리서 기자는 그리스도인들이 믿음으로 행하며 살다가 최종적으로 받을 상을 '약속과 기업', '안식', '더 낫고 영구한 소유', '구원함', '하늘의 도성'과 같은 것으로도 언급합니다.

특히 10장 34절 하반 절은 '더 낫고 영구한 소유'로, 36절은 장차 받을 상을 기억하며 인내해야 한다고 말하면서 그 상을 '약속하신 것'으로, 39절은 믿음을 가진 자가 뒤로 물러가지 않고 믿음으로 행하며 받게 되는 상을 '구원함'으로 말합니다. 또 6장에서는 약속들을 기업으로 받는다고 말하고, 9장에서는 '영원한 기업의 약속'으로 말하면서 약속과 기업을 연결합니다. 요약하면, 히브리서 기자는 이러한 상을 주로 최종적인 것과 관련해서 말합니다.

이처럼 히브리서 전체는 배교 위험을 계속 강조하는 가운데 우리가 받을 상을 다양한 내용으로 말합니다. 그렇다면 히브리서 기자는 히브리서 수신자들에게 왜 그렇게 다양한 내용을 상으로 말했을까요? 그것은 히브리서 수신자들, 곧 모든 그리스도인이 배교적인 모습과 상태에서 돌이키고 우리의 믿음을 흔드는 배교의 유혹에서 눈을 돌이켜 그 상을 바라며 믿음의 인내를 하도록 하기 위함입니다. 그래서 본문은 '큰 상'을 말하면서 곧이어 36절에서 인내가 필요하다고 말한 것입니다. 그리고 이어 11장에서는 자신 앞에 있는 상인 약속하신 것을 받기 위해 끝까지 믿음으로 순종하며 인내한 사람들을 열거합니다.

결국 히브리서 기자가 강조하는 것은 우리에게 인내가 필요한 것은 약속하신 것을 받기 위함이라는 것입니다. 배교의 위험과 유혹이 있는 환경에서 우리가 항상 유념할 것은 우리 앞에 있는 상입니다.

상 주심을 바라며 경주하는 삶과 목표 없이 나태한 삶

오늘날 교회 안에는 자신 앞에 있는 상을 제대로 알지 못하고, 소유하지도 못한 것처럼 보이는 사람들이 많습니다. 그들은 상에 대해서는 아무런 관심과 기대와 갈망도 없습니다. 그래서 그 상을 바라보지 않습니다. 그러나 그 상을 소유한 사람은 그 상을 바라며 고대합니다. 설사 일시적으로는 세상에 마음을 빼앗겨 그것을 잠시 못 누리는 일이 있을지는 몰라도 결국에는 자신 앞에 있는 구원이라는 복된 상을 항상 바라게 될 것입니다. 성령은 배교의 위험과 유혹 속에서도 그 사람 안에서 감화 감동하시고 이끄실 것이기 때문입니다.

이 세상에 사는 모든 사람의 최종적인 결론은 두 가지입니다. 그것은 교회 밖에 있거나 교회 안에 있거나 똑같습니다. 하나는 하나님이 주시는 상이 자기에게 없음을 보면서 영원히 절망하는 것이고, 또 다른 하나는 하나님이 예비하신 상, 그 영원한 구원을 영원히 누리는 것입니다. 모든 인생은 결국 이 둘 중 하나를 경험하게 됩니다. 이것을 히브리서 10장 39절은 '멸망'과 '구원함'으로 표현합니다.

예수 믿는 자는 자기 앞에 영원한 구원이라는 상이 있음을 알고 살아갑니다. 하지만 히브리서 수신자들처럼 영적인 게으름 속에서 배교 위험에 처하게 될 때는 그 상이 보이지 않습니다. 그 상의 절대적이고 영원한 가치와 복을 보지 못하는 것입니다. 그런 큰 혜택의 수혜자요 상속자로서 특권을 가지고 있음에도 자신이 그렇다는 것을 보지 못하면 결국 배교의 유혹을 받으면서 스스로 비참한 사람의 모습으로 사는 것입니다.

만일 자기 앞에 있는 영원한 복이라는 상을 알고 있음에도 영적인 나태함 속에서 별 관심과 기대도 없이 그저 현재 자신에게 편한 것만 구하고 있다면 그것은 히브리서 12장 1절에서 말하는 믿음의 경주자의 모습이 아닙니다. 경주자는 목표를 보고 달립니다. 그 경주 끝에 있을 상을 바라보며 달립니다. 이처럼 우리도 앞에 있는 상을 바라보면서 나아가야 합니다. 그래서 히브리서 기자는 신자를 나태함 속에 머물러 있거나 뒤로 물러가서는 안 되는 경주자로 말하는 것입니다.

이미 구원 얻은 자들이 아직 기다리는 상, 최종적인 구원

히브리서 기자가 상으로 말한 것은 크게 네 가지로 요약할 수 있습니다. '구원', '약속하신 것과 기업', 그리고 히브리서에서 매우 중요하게 말하는 '안식'과 하늘 도성인 '하늘의 예루살렘'입니다. 이 중에 안식은 히브리서가 매우 상세하게 말하기 때문에 다음 장에서 별도로 다루고, 나머지 세 가지에 대해서 먼저 살펴보겠습니다.

먼저 우리가 받을 상으로 말하는 것 중 첫 번째는 '구원'입니다. 이것은 물론 최종적인 구원을 말합니다. 히브리서 기자는 우리가 배교 위험에 빠지지 않고 끝까지 인내함으로써 최종적인 구원을 상으로 받아야 한다고 강조합니다.

성경은 구원을 말할 때 우리가 먼저 받은 것으로 말합니다. 예를 들어, 우리가 믿음으로 의롭다 함을 받았다는 것과 같이 과거 시제로 말합니다다. 그래서 예수 믿는 사람은 구원을 이미 소유한 것으로 말합니다. 또 "믿는 자는 영생을 가졌나니"(요 6:47)라고 한 것과 같이 영생을 현재 시제로 소유하고 있다고 말합니다.

그런 맥락에서 히브리서 기자도 유대 그리스도인들이 이미 구원을 받았을 뿐만 아니라 현재도 구원을 경험하고 있는 것으로 말합니다. 그래서 "우리가 이같이 큰 구원을 등한히 여기면 어찌 그 보응을 피하리요"(히 2:3)라고 말한 것입니다. 또 "자기에게 순종하는 모든 자에게 영원한 구원의 근원이 되시고"(히 5:9)라고 말함으로써 예수 그리스도로 말미암아 영원한 구원을 얻는 일이 있게 되고, "자기를 힘입어 하나님께 나아가는 자들을 온전히 구원하실 수 있으니"(히 7:25)라고 말함으로써 예수님이 항상 하나님께 속한 자들을 구원하신다는 것을 말합니다.

그러나 히브리서뿐만 아니라 성경 전체는 구원을 항상 두 가지로 말합니다. '이미'(already) 구원을 받았다는 것과 '아직'(not yet) 최종적인 구원은 받지 않은 것으로 말입니다. 구원에 대해 히브리서가 말하는 표현도 이와 똑같은 구조로 되어 있습니다. 그래서 예수 믿는 자는 이미 구원을 받았지만, 아직 최종적으로는 받은 것이 아니기 때문에 결론적으로 받아 누리게 될 구원이 남아 있다고 말하면서 그 상을 바라볼 것을 말합니다.

예를 들어, 히브리서는 남아 있는 최종 구원에 대해 "구원받을 상속자"(히 1:14)로 표현하고, 배교 위험 경고를 듣고 경계하는 그리스도인들에게 "이보다 더 좋은 것 곧 구원에 속한 것"(히 6:9)을 장차 얻을 상으로 말합니다. 또 십자가에 달려 죽으셨던 예수님이 재림하실 때 자기를 바라는 자들을 궁극적인 구원에 이르게 하실 것이라고 말하기도 합니다(히

9:28). 이처럼 배교 위험 상태에 있는 그리스도인들에게 그런 최종적인 구원을 상으로 말하면서 그 상을 바라며 신앙에 방해가 되는 것들을 이겨야 한다고 말합니다.

그렇습니다. 이 땅에 사는 예수 믿는 사람에게는 하나님이 예비하신 구원이라는 상을 주시는 날이 앞에 있습니다. 그래서 배교적인 모습과 상태를 허용해서는 안 된다는 것입니다. 어떤 사람들은 장차 받을 구원을 상으로 여기지 않고 예수 믿으면 당연히 받는 것으로 여깁니다. 구원은 당연한 것이고, 거기에 더하여 엄청난 저택이나 보화를 주는 것으로 생각합니다. 그런 식으로 왜곡된 성경 이해를 가진 사람은 구원을 상으로 말한 것에는 별 기대나 갈망이 없습니다. 그러나 그것은 성경이 말하는 구원을 한쪽으로만 생각하는 치우친 태도입니다.

우리 앞에 있는 큰 구원

성경은 하나님의 영광과 복됨을 영원히 누리는 것에 앞서, 마지막 때 모든 인간에게 부어지는 하나님의 진노로부터 건짐 받는 구원을 먼저 말합니다. 이것은 사실 어마어마한 것입니다. 사람들이 이 실체를 몰라서 그럴 뿐이지, 구원은 하나님의 진노를 받아 마땅한 자를 먼저 진노에서 건지시는 것입니다. 마지막 때 부어질 그 진노에서 건짐 받는 구원이 얼마나 복된 것인지는 실제로 그 구원을 확인하는 현장에서 절절하게 깨닫게 될 것입니다. 이것은 우리의 전 존재가 심히 기뻐할 내용입니다. 이것은 지금보다 좀 더 나은 세상이나 극락에 이르는 정도의 구원을 말하는 것이 아닙니다.

물론 다른 종교는 극락에 이르는 것만을 구원으로 생각합니다. 그래서 이 세상에서 부족함이 없이 누리며 살았던 사람은 그러한 구원을 시큰둥하게 여깁니다. 굳이 애써서 천국 가겠다고 신앙생활 하기에는 자신의 인생이 너무 아깝다는 것입니다.

예수님은 "하나님이 세상을 이처럼 사랑하사 독생자를 주셨으니 이는 그를 믿는 자마다 멸망하지 않고 영생을 얻게 하려 하심이라"(요 3:16)라고 하시며 영생보다 멸망을 먼저 말씀하셨습니다. 하나님이 우리를 사랑하셔서 구원하실 때 멸망하지 않는 것부터 말씀하신 것입니다. 이것과 함께 뒤이어 영생의 복을 누리게 하시는 것입니다.

안타깝게도 사람들은 이 사실을 너무 우습게 여깁니다. 마지막 때 부어질 어마어마한 하나님의 진노를 모르기 때문입니다. 단 하나의 죄가 얼마나 무서운지 예수 그리스도가 십자가에 달려 죽으실 때 보이셨습니다. 하나님의 아들이라 해도 그분이 죄를 짊어지셨을 때는 그것이 얼마나 큰 고통과 무게인지를 보여 주신 것입니다. 실로 무시무시한 하나님의 진노를 겪으신 것입니다. 육체적인 고통의 문제가 아니라 자신의 전 존재가 고통을 겪는 경험을 하신 것입니다. 그것도 영원히 겪을 고통을 말입니다. 성경은 바로 그러한 진노에서 건지시는 구원과 함께 영원한 영광과 복으로 나아가는 것을 말합니다.

그러므로 우리 앞에 있는 상은 일단 그 무엇과도 비교할 수 없는 상입니다. 아니, 우리의 존재에 있어서 유일한 상입니다. 그러니 이 복된 상을 하찮게 여겨서는 안 되는 것입니다.

　우리가 이 세상에서 아무리 힘들고 고통스러운 일을 겪어도 그 길이는 몇십 년입니다. 물론 어떤 사람은 자식 문제로 몇십 년을 고생하고, 또 어떤 사람은 삶의 환경으로 인한 어려움으로 평생을 고생하기도 합니다. 실제로 그것은 당사자에게는 매우 힘든 일임에는 분명합니다. 그러나 한 가지 분명한 사실은 우리가 이 땅에서 겪는 그 어떤 고통도 장차 있을 진노의 시작과는 비교되지 않는다는 사실입니다. 또 우리가 이 세상에서 누리는 행복이 아무리 크다고 할지라도 그것은 우리가 장차 누릴 영광의 아주 작은 부분과도 비교되지 않습니다. 바로 그러한 구원이 예수 믿는 우리에게 상으로 예비되어 있다고 히브리서 기자는 말합니다. 그러니 고난과 유혹이 있어도 흔들리지 말고 담대하게 인내하면서 믿음의 경주를 해야 한다고 말하는 것입니다.

영원한 기업의 약속을 가진 자

　히브리서 기자가 우리 앞에 있는 상에 대해 말하는 두 번째 내용은 '약속과 기업' 또는 '기업의 약속'입니다. 6장 12절에서 히브리서 기자는 "게으르지 아니하고 믿음과 오래 참음으로 말미암아 약속들을 기업으로 받는 자들"에 대해 말하면서 이어지는 13절부터 20절에서 그 약속이 아직 온전히 실현되지 않고 있다고 말합니다. 그래서 약속을 기업으로 받는 자들을 "앞에 있는 소망을 얻으려고 피난처를 찾은 우리"(히 6:18)라고 말하면서 결론적으로 약속을 기업으로 받음으로써 큰 안위를 받을 것이라고 말합니다. 그것이 바로 배교하지 않고 끝까지 믿음으로 나아가는 자들에게 주신 약속입니다.

하나님은 아브라함에게 약속을 기업으로 받아 큰 안위를 받을 것이라고 말씀하셨습니다. 그런데 이제 우리 그리스도인들이 그 약속을 기업으로 받게 되었다고 말합니다. 히브리서 기자는 약속을 기업으로 받아 큰 안위를 받을 장래를 소망으로 말하면서 "우리가 이 소망을 가지고 있는 것은"(히 6:19)이라고 말합니다. 그렇습니다. 예수 믿는 사람에게는 아브라함에게 주어진 약속을 기업으로 받는다는 소망이 있습니다. 그것은 장래에 실현될 소망입니다.

그런데 히브리서 기자는 우리가 장차 받을 이 약속을 "영원한 기업의 약속"(히 9:15)이라고 말합니다. 특히 우리를 구약성경에 많이 나오는 기업의 약속에 대한 소망을 가진 자로 말합니다. 따라서 우리는 장차 영원한 기업의 약속이 실현되는 것을 보게 될 것입니다. 그 약속이 구체적으로 실현되어 누리게 될 날이 우리 앞에 있다는 것입니다.

흥미롭게도 히브리서 기자는 "영원한 기업의 약속"(히 9:15)을 예수 믿으면서부터 갖는 것으로 말합니다. 그래서 우리는 이 땅에서부터 그 기업의 약속을 누릴 수 있습니다. 아브라함이 이 땅에 살면서 기업의 약속을 소유한 자로 살아간 것처럼 우리도 지금부터 기업의 약속을 받은 상속자의 삶을 누릴 수 있습니다. 우리는 그렇게 상속자로 구별되었기 때문입니다.

그런데 기업의 약속 앞에 '영원'이라는 수식어가 붙어 있는 것처럼, 우리는 그것을 완전히 성취된 약속으로 누리는 것은 아닙니다. 그 일은 장래에 있을 것이기 때문입니다. 그래서 본문은 "큰 상을 얻게 하느니라"라고 말한 뒤에 이어서 약속하신 큰 상을 받는 것으로 말한 것입니다. 그렇습니다. 예수 믿는 우리는 하나님이 약속하신 모든 것을 상으로 받습니다. 하나님이 기업으로 약속하신 많은 것을 우리는 모두 상으로 받습니다.

영원한 기업의 가치와 확실함

우리의 인생에서 경험하는 좋은 것들에는 한 가지 공통점이 있습니다. 그것은 기다림 끝에 마침내 얻었을 때 약간의 만족은 있지만 그때뿐이라는 것입니다. 그것은 모두 우리에게 잠시 만족을 주고 지나갑니다. 이 세상이 주는 약속의 특징이 바로 그러합니다. 지나가고 쇠하고 사라지고 시든다는 것입니다.

그러나 성경은 우리가 받을 약속, 하나님이 결론적으로 주시는 상은 영원한 기업이라고 말합니다. 하나님이 우리에게 약속하신 것은 결코 소모적이거나 일시적이지 않습니다. 영원하신 하나님과의 관계 속에서 영원히 누리는 것이기 때문입니다. 히브리서 5장 9절에서 '구원'이라는 말 앞에 '영원'이라는 수식어가 붙게 된 것도 바로 영원하신 하나님 때문입니다. 마찬가지로 성경이 '영생'을 말할 때 그것이 영원한 것은 바로 영원하신 하나님 때문입니다.

이처럼 우리가 받을 약속의 기업은 영원하신 하나님과의 관계 속에서 갖는 기업입니다. 예수 그리스도와 함께한 상속자가 되어 하나님이 하신 모든 약속을 영원히 누릴 수 있는 기업이 바로 우리 앞에 있다는 것입니다. 우리 중에는 그것을 곧 확인할 사람도 있을 것입니다. 그는 하나님이 약속하신 그 기업을 곧 확인하게 될 것입니다. 하나님이 하신 기업의 약속을 알고 소유한 자는 이 세상에 온 마음을 빼앗긴 상태로 있지 않습니다. 그는 아브라함과 이삭과 야곱이 그러했던 것처럼 끝까지 그 약속을 소망하며 살 것입니다. 물론 일시적으로는 시험을 받을 수도 있습니다. 그러나 그 기업의 약속을 소유한 자는 하나님이 그 상을 반드시 주실 것을 소망하며 삽니다.

　우리는 살면서 약속을 지키지 못하는 일을 수없이 경험합니다. 그러나 하나님은 성경을 통해 수없이 증명하신 것처럼 반드시 약속을 지키심으로 상을 주십니다. 그러므로 이 복된 상을 바라며 고대하십시오. 이것이 그리스도인의 삶이 복된 이유입니다. 그러한 이유로 그리스도인의 삶은 마지막이 희락입니다. 이 세상의 모든 것은 마지막이 슬프고 어둡습니다. 아무리 좋은 것으로 즐거워하며 살아도 결국 죽기 때문입니다. 그러나 기독교의 마지막은 우리를 벅차게 하는 희락입니다. 그것을 잊지 마십시오.

죄와 악과 고통이 없는 하늘 도성

　그리스도인이 받을 상으로 말하는 세 번째 내용은 다가오는 '하늘 도성'입니다. 히브리서 11장 10절은 이것을 "하나님이 계획하시고 지으실 터가 있는 성"으로 말하면서 아브라함은 이 땅의 장막에 머물면서 바로 그 성을 바랐다고 말합니다. 또 11장 16절은 믿음의 사람들이 이 땅을 나그네로 지나면서 더 나은 본향을 사모한다고 말하면서 그것을 하늘에 있는 것과 하나님이 예비하신 성으로 말합니다. 물론 이 하늘 도성은 이 땅의 도성과는 달리 죄로 오염되지 않고 악과 고통이 없습니다. 그곳은 우리가 더 이상 나그네로 살지 않고 영원히 거할 처소입니다. 그러면서 히브리서는 예수 믿는 자들이 이미 그 성에 이르렀다고 말합니다.

> "너희가 이른 곳은…살아 계신 하나님의 도성인 하늘의 예루살렘과…하늘에 기록된 장자들의 모임과 교회와"(히 12:22-23).

따라서 예수 믿는 우리는 하늘의 도성에 이른 사람이 된 것입니다. 그래서 히브리서 기자는 "우리가 흔들리지 않는 나라를 받았은즉 은혜를 받자"(히 12:28)라고 말하는 것입니다. 이미 받았다는 것입니다. 즉 이 하늘 도성은 이미 하늘의 성과 하늘의 예루살렘으로 존재하고 있을 뿐만 아니라 예수 믿는 우리는 지금 그곳에 속해 있다는 것입니다.

그러나 그 성이 아직 온전히 드러난 것은 아닙니다. "여기에는 영구한 도성이 없으므로 장차 올 것을 찾나니"(히 13:14)라고 말한 것처럼 영구한 도성은 장차 최종적으로 보게 될 것입니다. 아브라함과 이삭과 야곱이 다가올 본향을 사모하면서 하나님이 예비하신 하늘의 성을 바라보았던 것처럼 우리도 그렇게 사모하며 기다려야 한다는 것입니다. 그 성은 이 땅을 나그네처럼 살았던 그들에게는 하나님이 예비하신 선물과 상이었습니다.

또한 사도 요한은 요한계시록에서 장차 드러날 하늘의 예루살렘에 대해 말합니다(계 21:1-22:5 참조). 그곳은 하나님이 친히 자신의 백성들과 영원히 함께 거하시는 도성입니다. 죽음과 죽음의 세력을 잡은 자 마귀가 완전히 패하여 더 이상 그곳에 있지 않습니다. 죄와 죄로 인한 모든 파괴와 고통 등 부정적인 것도 그곳에는 다시 있지 않습니다.

하지만 이것은 우리의 경험 세계에는 없습니다. 새로 구입한 차도 시간이 지나면 녹슬고 쇠하고, 금방 딴 과일도 시간이 지나면 점점 썩습니다. 갓 태어난 아기의 피부도 시간이 지나면 주름져 가듯이 이 세상에 있는 것은 모두 쇠하고 사라집니다. 그래서 사람들은 이러한 현상을 '순환론'이나 '윤회설'로 설명하기도 합니다. 태어나서 쇠하고 다시 돌아간다고 보는 것입니다.

아닙니다. 하늘 도성에는 그런 것이 없습니다! 그곳은 우리가 상상할 수 없는 끝없는 생명력이 있습니다. 쇠함과 파괴와 상함이 전혀 없는 성입니다. 그것이 어떻게 가능할까요? 그것은 바로 영원한 생명이신 하나님으로부터 그러한 생명성을 받고 그것을 풍성히 누리게 되기 때문입니다. 영원하신 하나님 앞에는 쇠하고 파괴적인 악의 기운이 도는 것 자체가 허용되지 않습니다. 하나님은 바로 이러한 도성을 우리를 위해 상으로 예비하고 계십니다.

우리에게 믿음의 경주가 필요한 이유

우리가 알다시피 이 땅의 제국들은 모두 역사 속으로 사라졌습니다. 현재 우리도 어떻게 될지 알지 못합니다. 우리도 그러면서 이 땅을 살아갑니다. 더욱이 우리는 언젠가 이 땅을 떠나야 하는 존재로 삽니다. 그러한 우리 앞에 하나님은 우리가 더 이상 나그네와 같은 삶을 살지 않고 하나님의 생명과 복을 영원히 누리며 사는 도성을 예비하셨습니다. 죄와 악과 고통의 기운조차 느낄 수 없는 완전한 도성을 상으로 주시고자 하는 것입니다. 이것은 죄로 인한 온갖 고통으로 시달리며 사는 우리에게는 말할 수 없는 소망입니다. 따라서 배교의 위험과 유혹을 받을 때마다 우리는 하나님이 예비하신 이 상을 바라봐야 합니다.

그런데 주목해야 할 것은, 이 상은 우리가 그저 예수 믿으면 받는 것으로 말하지 않는다는 사실입니다. 이 상은 배교의 위험이 있는 세상 속에서 믿음으로 행하며 끝까지 인내하며 순종하는 그리스도인이 받는다는 것을 강조합니다. 예수님이 자기 앞에 있는 기쁨을 위해 십자가를 참고 부끄러움을 개의치 않고 나아가셨듯이 그렇게 인내하며 믿음의 경주를 하는 자들에게 그 상을 예비하여 얻게 하신다고 말합니다.

그러므로 아무리 죄의 유혹이 거세고 고난이 심해도, 또 영적으로 나태하고 싶은 육체의 소욕이 일어난다 해도 우리는 하나님이 예비하여 주시고자 하는 상을 바라보아야 합니다. 그 복되고 값진 구원, 영원한 기업의 약속, 하나님과 영원히 함께할 하늘 도성이라는 상을 바라보면서 유혹을 물리쳐야 합니다. 이러한 상에서 눈을 돌이켜 이 세상에 있는 것이나 자신의 어떠함에 시선이 향하여 흔들리지 않도록 해야 합니다. 오히려 이 세상의 힘든 문제와 복잡한 감정 속에서도 우리는 하나님이 예비하신 이 상을 바라보아야 합니다. 특히 이 상을 주시는 하나님을 생각하면서 말입니다.

하나님은 이 땅을 살면서 믿음으로 인내하며 신앙의 여정을 간 신자들에게 기꺼이 상 주시길 원하는 분입니다. 그래서 이 상을 예비하고 계십니다. 그러므로 이 상을 바라보면서 초보에 머물거나 영적인 나태함에 빠지지 말고 온전한 데로 나아가십시오. 그리고 이 말씀을 잘 기억하십시오.

"그러므로 우리가 흔들리지 않는 나라를 받았은즉 은혜를 받자 이로 말미암아 경건함과 두려움으로 하나님을 기쁘시게 섬길지니"(히 12:28).

우리에게는 많은 어려움과 유혹과 시련이 있습니다. 이것은 1세기부터 모든 신자가 겪었던 것이고, 앞으로도 모든 신자가 겪을 것입니다. 그러나 우리에게는 이것과는 비교할 수 없는 상이 있습니다. 우리는 하나님이 예비하신 상, 흔들리지 않는 나라를 받았습니다. 우리는 그 궁극적 실체를 보고 그것을 영원히 누릴 것입니다.

그리스도인은 은혜를 받아 경건함과 두려움으로 하나님을 기쁘게 섬기며 온전한 데로 나아가는 자입니다. 끝까지 인내하면서 성숙한 데로 나아가는 자가 그리스도인입니다. 오늘날 세상이 어떻다느니, 또는 예수 믿는 사람들의 분위기가 어떻다느니 말하지 마십시오. 대신 하나님의 말씀에 귀 기울이십시오. 우리는 말할 수 없는 복된 은혜를 입은 자로서 경건함과 두려움으로 하나님을 기쁘게 섬기며 온전한 데로 나아가야 합니다. 적당히 믿으면서 게으르게 신앙생활 하려는 태도를 뿌리치고 끝까지 믿음으로 인내하며 성숙함으로 나아가야 합니다. 히브리서 기자는 바로 이러한 모습과 연관 지어 상을 말하는 것입니다. 우리 모두 그러한 모습으로 이 땅을 살면서 하나님이 예비하신 상을 확인하고 누릴 수 있기를 바랍니다.

15장

소망하라
_ 영원한 하나님의 안식을

그러므로 너희 담대함을 버리지 말라 이것이 큰 상을 얻게 하느니라
너희에게 인내가 필요함은
너희가 하나님의 뜻을 행한 후에 약속하신 것을 받기 위함이라

히 10:35-36

그러므로 성령이 이르신 바와 같이 오늘 너희가 그의 음성을 듣거든
광야에서 시험하던 날에 거역하던 것같이 너희 마음을 완고하게 하지 말라
거기서 너희 열조가 나를 시험하여 증험하고 사십 년 동안 나의 행사를 보았느니라
그러므로 내가 이 세대에게 노하여 이르기를
그들이 항상 마음이 미혹되어 내 길을 알지 못하는도다 하였고
내가 노하여 맹세한 바와 같이 그들은 내 안식에 들어오지 못하리라 하였다 하였느니라
형제들아 너희는 삼가 혹 너희 중에 누가 믿지 아니하는 악한 마음을 품고
살아 계신 하나님에게서 떨어질까 조심할 것이요 오직 오늘이라 일컫는 동안에
매일 피차 권면하여 너희 중에 누구든지 죄의 유혹으로 완고하게 되지 않도록 하라
우리가 시작할 때에 확신한 것을 끝까지 견고히 잡고 있으면
그리스도와 함께 참여한 자가 되리라 성경에 일렀으되
오늘 너희가 그의 음성을 듣거든 격노하시게 하던 것같이
너희 마음을 완고하게 하지 말라 하였으니
듣고 격노하시게 하던 자가 누구냐 모세를 따라 애굽에서 나온 모든 사람이 아니냐
또 하나님이 사십 년 동안 누구에게 노하셨느냐
그들의 시체가 광야에 엎드러진 범죄한 자들에게가 아니냐
또 하나님이 누구에게 맹세하사 그의 안식에 들어오지 못하리라 하셨느냐
곧 순종하지 아니하던 자들에게가 아니냐 이로 보건대

그들이 믿지 아니하므로 능히 들어가지 못한 것이라

그러므로 우리는 두려워할지니 그의 안식에 들어갈 약속이 남아 있을지라도 너희 중에는 혹 이르지 못할 자가 있을까 함이라 그들과 같이 우리도 복음 전함을 받은 자이나 들은 바 그 말씀이 그들에게 유익하지 못한 것은 듣는 자가 믿음과 결부시키지 아니함이라 이미 믿는 우리들은 저 안식에 들어가는도다 그가 말씀하신 바와 같으니

내가 노하여 맹세한 바와 같이 그들이 내 안식에 들어오지 못하리라 하셨다 하였으나

세상을 창조할 때부터 그 일이 이루어졌느니라

제칠일에 관하여는 어딘가에 이렇게 일렀으되

하나님은 제칠일에 그의 모든 일을 쉬셨다 하였으며

또다시 거기에 그들이 내 안식에 들어오지 못하리라 하였으니

그러면 거기에 들어갈 자들이 남아 있거니와

복음 전함을 먼저 받은 자들은 순종하지 아니함으로 말미암아 들어가지 못하였으므로 오랜 후에 다윗의 글에 다시 어느 날을 정하여 오늘이라고 미리 이같이 일렀으되

오늘 너희가 그의 음성을 듣거든 너희 마음을 완고하게 하지 말라 하였나니

만일 여호수아가 그들에게 안식을 주었더라면 그 후에 다른 날을 말씀하지 아니하셨으리라

그런즉 안식할 때가 하나님의 백성에게 남아 있도다

이미 그의 안식에 들어간 자는 하나님이 자기의 일을 쉬심과 같이 그도 자기의 일을 쉬느니라

그러므로 우리가 저 안식에 들어가기를 힘쓸지니

이는 누구든지 저 순종하지 아니하는 본에 빠지지 않게 하려 함이라

히 3:7-4:11

궁극적인 안식

앞에서 우리는 예수 믿는 자 앞에 있는 상에 대해 살펴보았습니다. 이 장에서는 앞 장에서 미처 다루지 못했던 안식에 대해 살펴보고자 합니다.

본문은 고난을 겪고 배교의 유혹을 받는 조건에서도 하나님이 예비하신 큰 상이 있으니 담대함을 버리지 말고 믿음으로 나아가야 할 것을 권면합니다. 그리고 이 '큰 상'을 히브리서 3장과 4장은 특별히 안식으로 말하고 있습니다. 물론 안식은 본문이 말하는 하나님이 약속하신 것 속에 포함되어 있습니다. 그러나 히브리서 기자는 특별히 안식을 구분해서 강조합니다. 하나님이 자기 백성들에게 상으로 주시고자 하는 안식은 마치 안락의자에 누워서 쉬는 것과 같이 물리적으로 편안한 삶 같은 것을 말하는 것이 아닙니다. 히브리서 기자는 이것을 하나님의 창조 사역으로 거슬러 올라가 말할 정도로 하나님이 오랫동안 예비하여 궁극적으로 주시고자 하는 것으로 말합니다.

특별히 히브리서 3-4장은 안식을 그리스도인이 받을 미래의 복으로 말합니다. "내가 노하여 맹세한 바와 같이 그들은 내 안식에 들어오지 못하리라"(히 3:11)라고 말하고, 3장 18절과 4장 5절에서도 이 내용을 반복합니다. 4장 1절 "그러므로 우리는 두려워할지니 그의 안식에 들어갈 약속이 남아 있을지라도 너희 중에는 혹 이르지 못할 자가 있을까 함이라"라고 말함으로써 안식을 장차 얻게 될 복으로 말합니다. 또 4장 3절은 안식을 "이미 믿는 우리들은 저 안식에 들어가는도다"라고 하면서 미래에 들어갈 안식으로 말하고, 4장 8-11절은 광야에 있던 이스라엘이 안식의 땅으로 생각했던 가나안 땅에 들어간 것과 연결해서 1세기 그리스도인들, 곧 우리가 이르게 될 그 안식이 아직 남아 있다고 말함으로써 안식을 미래의 복으로 말합니다.

사실 우리는 성경이 말하는 안식을 안식일과 관련해서 많이 듣습니다.

하나님이 천지를 창조하신 후 7일째 되는 안식일로부터 시작해서 십계명에서도 안식일을 언급함으로써 성경은 창조 이후부터 안식에 대해 말합니다. 그런데 히브리서 기자는 이러한 안식을 우리가 궁극적으로 이르게 될 상으로 말하고 있습니다. 이러한 종말론적인 안식과 관련해서 히브리서 기자는 11장에서 믿음의 조상들이 바라본 본향, 곧 하늘의 성과 연결해서 안식을 소망했다고 말합니다. 그런 점에서 하나님의 도성에 이르는 것을 안식에 이르는 것으로 말할 수도 있습니다.

히브리서 기자는 이스라엘 백성이 40년이라는 오랜 광야 생활을 지나서 마침내 약속의 땅인 가나안에 들어가는 것도 안식으로 말했습니다. 그래서 광야와 같은 삶 이후에 가나안과 같은 하늘나라에 이르는 것도 안식이라고 말할 수 있습니다. 다시 말해, 안식은 나그네와 같은 삶을 종식하고 하나님이 예비하신 영원한 하늘 도성에 이르는 것으로 말할 수 있습니다. 이처럼 안식은 장소적인 개념과 연결해서 말할 수도 있습니다.

'하나님의 안식'

그러나 우리는 히브리서 기자가 강조한 바와 같이 하나님이 '내 안식'이라고 말씀하신 것에 더 주목해야 합니다. 특별히 히브리서 3-4장은 "내 안식"(히 3:11, 4:5) 또는 "그의 안식"(히 3:18, 4:1)과 같이 하나님의 안식을 반복해서 말합니다. 이러한 표현은 단순히 어떠한 장소에 이르는 것을 말하는 것이 아니라 어떤 상태에 비중을 두고 있음을 시사합니다.

이러한 하나님의 안식에 대해서는 하늘나라로 묘사하는 것과 완성될 하나님 나라의 모든 것으로 설명해야 할 만큼 많은 내용을 담고 있습니다. 이에 대한 설명을 요한복음 17장 3절은 '영생'이라는 단어로 응축하고 있습니다. 그러나 저는 히브리서 기자가 하나님의 안식을 창조부터 연결해서 말한 것에 초점을 두고자 합니다. 왜냐하면 이것만으로도 우리는 하나님의 안식의 복됨을 어느 정도 유추할 수 있기 때문입니다.

우선 히브리서 3-4장은 안식을 삼중적으로 말합니다. 그중 첫 번째 안식은 창세기 2장 2절을 축약해서 말한 내용입니다.

"제칠일에 관하여는 어딘가에 이렇게 일렀으되 하나님은 제칠일에 그의 모든 일을 쉬셨다 하였으며"(히 4:4).

이것은 하나님이 만물을 창조하시고 마지막, 곧 제칠일에 안식하셨다는 것을 안식과 연결해서 말하는 내용입니다. 히브리서 기자가 안식에 대해 말할 때 최초의 근거는 하나님이 자신의 창조 사역을 마치시고, 그 끝에 안식이라는 복을 두셨다는 사실에 있습니다. 이것은 하나님이 창조 사역 끝에 안식을 두신 이후의 모든 역사가 하나님의 안식을 향해 나아가도록 하셨다는 것을 의미합니다. 더 정확히 말하면, 하나님이 창조 사역 이후 자기 백성들을 그 안식으로 이끄시는 일을 계속하신다는 것입니다.

이것을 통해 우리는 하나님이 자신이 지으신 모든 창조 세계를 그 마지막에 두신 안식에 이르도록 역사를 운행하고 계신다는 사실을 알게 됩니다. 하나님은 바로 여기에 초점을 두고 역사를 진행해 가신다는 것입니다. 따라서 히브리서 기자가 말하는 안식의 원형은 하나님이 창조를 마치신 후 자신의 안식으로 자기 백성들을 이끌고 계신다는 사실에 있습니다. 이것이 바로 안식에 대해 말하는 일차적인 내용입니다.

가나안 땅, 영원한 안식의 예표요 모형

안식에 대해 중요하게 말하는 두 번째 내용은 하나님이 이스라엘 백성에게 약속하신 가나안 땅을 안식의 땅으로 주겠다고 하신 것입니다. 히브리서 3장 11절 이하는 가나안 땅에 안식으로 나아간 이스라엘 백성의 과거 모습을 언급하면서 여호수아와 갈렙 외에 하나님을 거역한 다수는 실제로 그 안식의 땅에 들어가지 못했다는 사실을 말합니다. 특히 그에 대한 역사적 사실을 기록한 민수기 14장을 언급한 시편 95편을 인용해서 이스라엘의 과거 역사를 말합니다.

여기서 히브리서 기자는 가나안에 들어가지 못한 자들을 '내 안식'에 들어가지 못한 것으로 묘사하면서 실제로 그렇게 되었다고 말합니다. 중요한 것은 이스라엘이 가나안 땅에 들어가는 것을 안식에 들어가는 것으로 말하고 있다는 점입니다.

그런데 문제는 가나안에 들어간 이스라엘이 그 땅에서 지속적으로 안식하지 못했다는 것입니다. 안식의 땅에 들어갔음에도 하나님이 '내 안식'이라고 말씀하신 것을 그들이 누렸는지는 의문입니다. 처음 가나안에 들어갔을 때 그들은 비교적 평안했지만, 그 이후로 온갖 전쟁에 시달리다 급기야는 그 땅에서 쫓겨나야 할 정도로 안식과 멀어 보이는 삶을 경험했습니다.

시편 95편을 지은 다윗은 가나안 땅에 살면서 큰 나라를 이루었습니다. 그러면서 그는 하나님의 안식에 들어가지 못한 자기 조상들의 예를 들어, 아직 안식이 남아 있다고 말합니다. 안식의 땅에 들어왔음에도 안식이 아직 남아 있음을 시사하는 것입니다. 이것은 안식의 약속을 여호수아에게만 국한해서 말하는 것이 아님을 시사합니다. 시편 95편은 단순히 가나안 땅이라는 지리적인 영역에 들어온 것으로 하나님의 안식에 들어온 것은 아님을 말해 줍니다. 그래서 시편 95편을 쓴 다윗은 자신이 살고 있던 시대의 사람들에게 바로 이것을 생각하고 마음을 완악하게 하지 말라고 한 것입니다.

그렇다면 과거 이스라엘이 출애굽해서 광야를 지나 안식의 땅으로 말하는 가나안에 들어간 것은 무엇을 의미할까요? 그것은 하나님이 '내 안식'이라고 말씀하신 것, 궁극적으로 있을 영원한 안식의 예표와 모형을 의미합니다. 이스라엘에게 가나안은 애굽이나 광야 생활과 비교했을 때 분명 안식의 땅이 맞습니다. 그러나 그것은 하나님이 창조 이후 일곱째 날에 취하신 안식의 궁극적인 것은 아니었습니다. 그래서 히브리서 기자는 이렇게 말했습니다.

"만일 여호수아가 그들에게 안식을 주었더라면 그 후에 다른 날을 말씀하지 아니하셨으리라 그런즉 안식할 때가 하나님의 백성에게 남아 있도다"(히 4:8-9).

그렇습니다. 가나안은 하나님의 안식의 결론과 실체가 아니라 그저 그림자이고 모형일 뿐입니다. 그래서 히브리서 기자는 세 번째 안식으로서의 궁극적인 안식을 말하는 것입니다. 그것은 시편 기자가 바라본 미래의 안식이요, 우리 그리스도인들이 들어갈 장래의 안식입니다. 결국 예수 그리스도를 통해 들어가게 되는 영원한 안식을 말합니다. 그런 점에서 하나님의 백성을 가나안으로 이끌었던 여호수아는 예수 그리스도의 모형입니다. 사실 여호수아와 똑같은 신약의 이름이 예수입니다. 그래서 히브리서 기자가 유대 그리스도인들에게 말하는 안식은 바로 예수 그리스도를 믿음으로 얻게 되는 영원한 안식입니다.

히브리서 4장 1-3절은 예수 믿는 '우리'에게는 하나님의 안식에 들어갈 약속이 남아 있다고 말합니다. 성경에서 말하는 안식의 궁극적인 것은 결국 예수 그리스도 안에서 영원히 안식하게 되는 것, 하나님이 창조 때 의도하셨던 하나님 자신의 안식에 영원히 참여하는 것입니다. 이것이 성경이 말하는 안식의 실체입니다.

지금 여기서 맛보는 하나님의 안식

하나님이 모든 역사의 끝에 주시고자 하는 하나님의 안식을 생각해 보십시오. 우리는 예수를 믿음으로 그리스도의 몸 된 교회 안에서, 그리고 하나님과 교제하는 것을 통해 이러한 안식을 부분적으로 맛보게 됩니다. 이것은 우리가 궁극적으로 누릴 안식의 맛보기입니다. 어떤 사람은 이런 맛보기를 모르고 그저 천국 가는 것만 생각합니다. 그것은 기독교가 말하는 안식이 아닙니다. 도교나 이슬람과 같은 이방 종교들이 말하는 천국 개념입니다.

우리는 먼저 교회 안에서 이 안식을 맛보고 최종적인 안식을 향해 가는 것입니다. 최종적인 안식은 4장 1절과 10절 말씀대로 장차 우리에게 주어지게 될 것입니다. 비록 그 실체를 다 헤아리지 못하고 표현할 수도 없지만 우리는 그 안식에 들어가기까지 외국인과 나그네처럼 이 땅을 살면서 견뎌야 했던 모든 수고와 고난에 대한 결론으로서 그 안식을 상으로 받게 됩니다. 영원히 위로받고 만족하게 되는 하나님의 안식을 말입니다.

이것은 단순히 악과 고통이 없는 삶이 아니라 하나님의 안식에 참여함으로써 갖게 되는 안식입니다. 이 안식은 하나님의 세계에 속한 것으로서 무한대의 실체를 담고 있기 때문에 인간의 언어로는 표현이 불가능합니다. 영원하신 하나님과 함께하며 그분으로 인한 만족 속에서 갖는 안식이기 때문입니다. 우리는 죄에 시달렸다가 예수를 만남으로써 안식을 알고 맛보게 됩니다. 그러나 최종적인 안식은 아직 우리의 경험 세계에는 없습니다. 그렇기 때문에 성경이 이에 대해 상징적으로 설명해도 우리의 지성과 이해력은 한계에 부딪히게 됩니다. 안식으로 인한 극도의 만족을 알지 못하는 것입니다.

청교도 리처드 백스터(Richard Baxter)는 그리스도인이 장차 누릴 안식을 그리스도인의 가장 행복한 상태라고 간단하게 진술했습니다.[60] 우리는 이 세상에서 아무리 행복하고 만족스러운 경험을 해도 완벽한 조건에서의 행복과 만족에 대해서는 잘 모릅니다. 그러나 분명한 것은 우리가 여기서 맛본 만족과 행복의 완전한 극치를 하나님과의 관계 속에서 갖게 된다는 것입니다. 영원한 행복의 근원이신 하나님으로 인한 즐거움과 기쁨, 가장 행복한 상태를 갖게 될 것입니다.

하나님의 안식에서 가장 중요한 것은 영원한 안식의 근원과 중심에 하나님이 계신다는 사실입니다. 영원하고 자존하신 하나님이 피조물인 우리에게 그것을 예비하여 주시는 것입니다. 이것은 가장 놀라운 선물이요, 경이로운 얘기입니다. 이것은 예수 믿으면 당연하게 받는 것이 아닙니다. 이것을 받는다는 것을 상상할 수조차 없는 조건에 있던 우리가 그 상을 받는 것입니다.

예수 믿고 나서 우리는 그리스도 안에서 하나님을 기뻐하는 것을 통해 하나님의 안식을 조금 맛보지만, 사실 우리 스스로는 이것을 충분히 누리지 못하는 조건에 살고 있습니다. 그래서 이것과는 비교조차 되지 않는 하나님이 주실 영원한 안식에 대해 이해가 짧고 기대치도 충분하지 않을지 모릅니다. 하지만 하나님이 우리의 지평을 열어 주시면 우리는 이 사실만으로도 말할 수 없는 행복과 만족을 이 땅에서 맛볼 수 있습니다. 옛날 믿음의 사람들이 하나님 안에서의 황홀한 기쁨과 즐거움을 묘사한 것은 모두 다 하나님 안에 있는 세계에 대한 이해의 지평이 열렸기 때문입니다.

저 안식에 들어가기를 힘쓰라

바로 이러한 하나님의 안식이 예수 믿는 우리에게는 상으로 예비되어 있습니다. 예수 믿는 자라면 언제나 이 사실을 생각하며 소망 중에 살아야 합니다. 이것을 히브리서 기자는 히브리서 3장과 4장에서 크게 강조하고 있습니다. 우리 앞에 하나님의 안식에 들어갈 약속이 남아 있음을 기억하고 두려워해야 한다고 말입니다.

> "그러므로 우리는 두려워할지니 그의 안식에 들어갈 약속이 남아 있을지라도 너희 중에는 혹 이르지 못할 자가 있을까 함이라"(히 4:1).

이것은 지금과 같이 나태하고 게으르게 신앙생활 하면서 안식을 소망하고 기대하며 살아서는 안 된다는 것을 말합니다.

그런데 히브리서 기자가 "그의 안식에 들어갈 약속이 남아"(히 4:1) 있다고 말하고, "이미 믿는 우리들은 저 안식에 들어가는도다"(히 4:3)라고 말하면서 강조하는 것이 있습니다. 그것은 하나님의 안식에 자동적으로 들어가는 것은 아니라는 사실입니다. 과거 이스라엘의 실패를 상기시키면서 실제로 어떤 자가 안식에 들어갔는지를 잊지 말라고 계속 말합니다. 과거 이스라엘 백성처럼 하나님을 거역하고 신실하지 못한 사람, 믿지 아니함으로 순종하지 않는 사람은 안식에 들어가지 못한다는 것입니다. 시편 95편을 인용하면서 믿지 아니하고 불순종한 이스라엘 백성처럼 마음이 완고하여 하나님을 거역한 사람, 항상 마음이 미혹되어 하나님의 길을 알지 못하는 사람은 안식에 들어가지 못한다는 것입니다. 안타깝게도 모세를 따라 애굽에서 나온 모든 사람이 바로 그런 사람들이었습니다(히 4:6). 여호수아와 갈렙을 제외한 모든 사람이 하나님의 안식에 들어가지 못한 이유는 한마디로, 하나님의 말씀에 순종하지 않았기 때문입니다. 그리고 순종하지 않은 것은 믿지 않았기 때문입니다.

이미 언급한 것처럼 믿음과 순종은 분리되지 않습니다. 믿음이 있는 사람은 순종합니다. 반대로 믿음이 없으면 순종하지 않습니다. 따라서 순종이 없다면 결과적으로 그는 믿음이 없는 사람입니다. 그래서 하나님의 안식에 들어갈 약속이 남아 있을지라도 우리는 두려워하며 들은 바 말씀을 믿음과 결부시켜야 한다고 말하는 것입니다. 그러면서 이렇게 말합니다.

"그러므로 우리가 저 안식에 들어가기를 힘쓸지니 이는 누구든지 저 순종하지 아니하는 본에 빠지지 않게 하려 함이라"(히 4:11).

결국 히브리서 기자가 여기서 강조하는 것은 광야 이스라엘 백성과는 반대로 안식에 들어가기까지 믿음으로 순종해야 한다는 것입니다. "하나님이 자기의 일을 쉬심과 같이"(히 4:10) 우리도 우리의 일을 쉴 것을 생각하고 믿음으로 우리의 일을 충실하게 하라는 것입니다. 여기서 말하는 쉼은 단순히 피곤함을 달래는 쉼이 아닙니다. 만일 그렇게 말한다면 하나님이 창조하시고 난 다음 안식하신 것은 6일 동안 창조하신 일로 인해 피곤해서 쉬셨다는 말이 되기 때문입니다. 여기서 쉼은 자기의 일을 마치고 쉬셨다는 의미입니다.

우리 일을 마치고 쉬기까지

예수님도 우리를 구원하시기 위해 하나님이 자신에게 맡기신 일을 마치고 안식에 들어가셨습니다. 그것은 우리에게도 똑같이 적용됩니다. 그래서 요한계시록 14장은 다음과 같이 말합니다.

"또 내가 들으니 하늘에서 음성이 나서 이르되 기록하라 지금 이후로 주 안에서 죽는 자들은 복이 있도다 하시매 성령이 이르시되 그러하다 그들이 수고를 그치고 쉬리니 이는 그들의 행한 일이 따름이라 하시더라"(계 14:13).

이처럼 예수 믿는 우리도 수고를 그치고 우리에게 맡겨진 일을 쉬는 것입니다. 그러므로 우리는 예수 믿지 않는 사람과 똑같이 이 세상을 사는 것이 아니라 믿음으로 살아야 합니다. 믿음으로 하나님이 말씀하신 바를 따라 수고하는 것입니다. 하나님이 우리 각자의 조건에 맞게 주신 은사를 가지고 믿음으로 맡겨진 일을 하는 것입니다. 우리는 그 일을 마치고 안식에 들어가는 것입니다.

바울은 인생 말년에 그리스도 예수께 잡힌 바 된 그것을 잡으려고 달려간다고 말했습니다. 감옥에 갇혀 언제 죽을지 모르는 상황에서도 자신에게 맡겨진 일을 쉬지 않고 끝까지 한다고 말한 것입니다. 결국 그는 순교하기 직전에 "나는 선한 싸움을 싸우고 나의 달려갈 길을 마치고 믿음을 지켰으니"(딤후 4:7)라고 말한 후에 이어서 다음과 같이 말했습니다.

"이제 후로는 나를 위하여 의의 면류관이 예비되었으므로 주 곧 의로우신 재판장이 그날에 내게 주실 것이며 내게만 아니라 주의 나타나심을 사모하는 모든 자에게도니라"(딤후 4:8).

그는 예수님이 자기 일을 마치고 안식하셨듯이, 또 수고를 그치고 쉬리라고 말씀하신 대로 자기 일을 마치고 들어가게 될 안식을 소망한 것입니다. 이처럼 우리가 이르게 될 안식은 하나님 앞에 설 때까지 우리의 일을 행하는 수고를 마치고 들어가는 안식입니다. 믿음으로 순종하며 사는 삶의 이후에 들어가는 안식인 것입니다. 이것이 없이 안식에 들어간 사람은 없었습니다. 이스라엘 백성도 순종하지 않아서 못 들어간 것입니다. 이 땅에서부터 하나님의 말씀을 따라 믿음으로 순종하는 가운데 안식에 들어가는 것입니다. 여호수아와 갈렙이 그랬던 것처럼 말입니다. 히브리서 기자는 그것을 기억하고 끝까지 믿음으로 행하는 수고를 하면서 안식에 들어가기를 힘써야 한다고 말한 것입니다.

목자의 애절한 권면

우리는 히브리서 기자가 안식을 말하면서 순종하지 아니한 광야 이스라엘 백성의 사례를 크게 강조한 것을 의아해할 수도 있습니다. 그러나 히브리서 기자가 부정적인 사례를 그토록 강조하는 이유는 배교 위험 상태에 있었던 히브리서 수신자들을 향한 목회적인 애절함 때문이었습니다.

실제로 수신자들 중에는 구원을 등한히 여기면서 자꾸 뒤를 돌아보는 사람들이 있었습니다. 안식이 그들 앞에 있었음에도 마치 가나안에 들어가는 안식을 앞둔 광야 이스라엘 백성과 비슷한 모습을 보이는 그들이 안타까웠던 것입니다. 자신이 목양하는 사람에게서 안식에 들어가지 못한 광야 이스라엘 백성과 유사한 모습을 본다는 것은 너무 고통스러운 일입니다. 그래서 히브리서 기자가 시편 95편을 무려 네 차례나 인용하면서 덧붙인 강한 표현 속에는 그러한 애절함이 담겨 있는 것입니다.

그러나 성령과 상관없이 본성대로 반응하는 사람은 히브리서 기자의 진심과 애절함을 공감하지 못합니다. 그것은 성령의 하나 되게 하심과 감동하심이 있어야만 가능합니다. 히브리서 수신자들을 배교 위험에서 일깨우고자 하는 그의 심정이 담긴 내용을 한번 보십시오.

"형제들아 너희는 삼가 혹 너희 중에 누가 믿지 아니하는 악한 마음을 품고 살아 계신 하나님에게서 떨어질까 조심할 것이요 오직 오늘이라 일컫는 동안에 매일 피차 권면하여 너희 중에 누구든지 죄의 유혹으로 완고하게 되지 않도록 하라 우리가 시작할 때에 확신한 것을 끝까지 견고히 잡고 있으면 그리스도와 함께 참여한 자가 되리라…듣고 격노하시게 하던 자가 누구냐 모세를 따라 애굽에서 나온 모든 사람이 아니냐 또 하나님이 사십 년 동안 누구에게 노하셨느냐 그들의 시체가 광야에 엎드러진 범죄한 자들에게가 아니냐 또 하나님이 누구에게 맹세하사 그의 안식에 들어오지 못하리라 하셨느냐 곧 순종하지 아니하던 자들에게가 아니냐 이로 보건대 그들이 믿지 아니하므로 능히 들어가지 못한 것이라 그러므로 우리는 두려워할지니 그의 안식에 들어갈 약속이 남아 있을지라도 너희 중에는 혹 이르지 못할 자가 있을까 함이라 그들과 같이 우리도 복음 전함을 받은 자이나 들은 바 그 말씀이 그들에게 유익하지 못한 것은 듣는 자가 믿음과 결부시키지 아니함이라"(히 3:12-4:2).

여기서 우리는 그들이 믿음 위에 서도록, 또 그들이 하나님의 안식에 이르지 못할까 봐 강하면서도 애절하게 권하는 히브리서 기자의 마음을 읽을 수 있습니다. 또 그는 4장 7절에서는 시편을 다시 인용한 뒤 이어서 다음과 같이 강조합니다.

"만일 여호수아가 그들에게 안식을 주었더라면 그 후에 다른 날을 말씀하지 아니하셨으리라 그런즉 안식할 때가 하나님의 백성에게 남아 있도다 이미 그의 안식에 들어간 자는 하나님이 자기의 일을 쉬심과 같이 그도 자기의 일을 쉬느니라 그러므로 우리가 저 안식에 들어가기를 힘쓸지니 이는 누구든지 저 순종하지 아니하는 본에 빠지지 않게 하려 함이라"(히 4:8-11).

우리는 히브리서 기자가 배교 위험에 빠져 있는 유대 그리스도인들에게 "복된 안식이 남아 있다"고 하면서 강조하는 내용을 놓치지 말아야 합니다. 광야 이스라엘 백성처럼 잠시라도 믿지 아니하는 악한 마음을 품어서는 안 된다고 말하면서 그것을 위해 오늘이라 일컫는 동안에 매일 피차 권면하여 죄의 유혹으로부터 완고하게 되지 않도록 간곡하게 권하는 것입니다. 그러면서 우리가 시작할 때 확신한 것을 끝까지 견고히 잡고 우리 앞에 있는 안식에 들어가기를 힘쓰라고 말합니다.

영원한 안식을 위한 '오늘'의 중요성

여기서 우리로 하여금 주목하게 하는 내용은 '오늘'이라는 단어입니다. 히브리서 기자는 시편 95편을 인용하면서 '오늘'이라는 말을 반복하는데, 여기에는 그의 애절한 마음이 긴장감과 함께 묻어 있습니다. 다윗이 시편 95편에서 당시 사람들에게 '오늘'이라는 기회를 강조했듯이, 히브리서 기자도 배교 위험에 처한 당시 그리스도인들 앞에 안식이 있다는 것을 상기시키면서 '오늘'을 크게 강조합니다. 이러한 히브리서 기자의 애절한 권면은 당시 그리스도인들에게만 한정된 것은 아닙니다. 성령이 이 말씀을 통해 오늘 우리에게도 그 마음을 담아서 말씀하십니다. 그러면서 복되고 영광스러운 안식을 앞에 둔 우리에게 '오늘'을 어떻게 살아야 하는지를 세 가지로 말해 줍니다.

첫째로 '오늘' 죄의 유혹으로 마음이 완고하게 되지 않도록 해야 한다는 것입니다. 본문에서 반복적으로 인용한 것처럼 '오늘' 하나님의 음성에 마음이 완고해지지 않도록 해야 한다고 강조합니다. 하나님의 말씀에 마음이 완고하게 되면 믿지 않고 결국 순종하지 않는 결론을 낳게 됩니다.

둘째로 '오늘'이라는 시간 동안 매일 피차 권면하라는 것입니다. '오늘' 하나님의 말씀을 듣고 그 말씀으로 함께 권하며 세우는 일을 하라는 것입니다. 바꾸어 말하면 교회 됨의 경험 속에서 매일 서로 권하며 세우라는 것입니다. 교회 됨에서 동떨어진 채 개별적으로 그렇게 하라는 것이 결코 아닙니다.

오늘날은 배교를 더욱 조장하는 시대이기 때문에 사람들은 그런 교회 됨이 없이 그저 온라인상으로 또 유튜브를 개인적으로 보는 방식으로 영적 교제와 권면이 가능하다고 생각합니다. 그러나 그것은 대단히 위험한 생각입니다. 그런 방식들은 오히려 배교를 더욱 부추길 수 있는 도구가 될 수 있다고 생각합니다. 성경은 개별적으로 유튜브와 같은 인터넷 영상을 보는 방식이 아닌 교회 됨 속에서 서로 교통하고 권면하는 것을 바로 '오늘'이라는 시간 속에서 하라고 말합니다.

마지막으로는 우리가 시작할 때 확신한 것을 끝까지 견고히 잡고 있어야 한다는 것입니다. 처음 예수를 믿고 세례를 받을 때 알게 된 그리스도 안에서의 복된 구원을 '오늘'도 붙잡아야 한다는 것입니다. 안식에 들어갈 때까지 '오늘'을 그렇게 보내야 한다는 말입니다.

여러분은 자신 앞에 있는 하나님의 안식에 들어가기 위해 본문이 말한 바와 같이 '오늘'을 보내고 있습니까? 죄의 유혹에 '오늘' 어떻게 반응하고 있습니까? '오늘' 하나님의 말씀에 마음이 완고해지지 않도록 하고 있습니까? 교회를 오래 다녔음에도 어느 날 하나님의 말씀을 듣다가 마음이 완고해져 마음을 닫아 버리는 사람도 있습니다. 어떤 이유에서든 그것은 매우 위험합니다. 그렇게 되면 믿음의 순종이 이루어지지 않기 때문입니다. 열매가 나타나지 않는 것입니다.

본문은 하나님의 안식에 들어가지 못한 사람과 들어가는 사람 사이의 한 가지 특징을 '오늘'이라는 말로 표현합니다. 안식에 들어가지 못한 사람들은 '오늘' 죄의 유혹으로 하나님의 말씀에 마음이 완고해졌던 것이고, '오늘' 믿지 않고 악한 마음을 품었던 것입니다.

그러나 하나님의 안식에 들어간 사람들은 '오늘' 하나님의 말씀에 반응했습니다. '오늘' 피차 권면하고, '오늘' 구원의 복됨과 그 은혜를 붙들었습니다. '오늘' 아무리 힘든 일이 있어도 하나님이 그리스도 안에서 나 같은 죄인을 구원하신 이 부인할 수 없는 사실을 붙들었던 것입니다. 어떤 것도 흔들 수 없는 그리스도 안에서 알게 된 참된 구원의 부유함과 그 은혜를 말입니다. 우리는 아무리 심한 고난과 배교의 유혹이 있어도 '오늘' 그리해야 합니다.

주님 안에서, 주님의 말씀 안에서, 주님의 몸 된 교회 안에서 '오늘'을 살아야 합니다. 이것이 이 시대의 만만치 않은 배교의 유혹을 이기면서 하나님이 예비하신 그 안식으로 나아가는 길이라고 성경은 말합니다. 우리 모두 이러한 모습을 갖고 믿음으로 순종하며 하나님이 우리에게 예비하신 하나님의 안식을 향한 여정을 갈 수 있기 바랍니다.

16장

돌아보라
_ 그날이 가까울수록 더욱 서로를

모든 사람과 더불어 화평함과 거룩함을 따르라 이것이 없이는 아무도 주를 보지 못하리라
너희는 하나님의 은혜에 이르지 못하는 자가 없도록 하고
또 쓴 뿌리가 나서 괴롭게 하여 많은 사람이 이로 말미암아 더럽게 되지 않게 하며 음행하는 자와
혹 한 그릇 음식을 위하여 장자의 명분을 판 에서와 같이 망령된 자가 없도록 살피라
너희가 아는 바와 같이 그가 그 후에 축복을 이어받으려고 눈물을 흘리며 구하되
버린 바가 되어 회개할 기회를 얻지 못하였느니라

히 12:14-17

우리가 교회 안에서 겪는 가장 안타까운 일 중 하나는 신앙의 여정을 함께했던 사람이 하나님에게서 멀어지고 더 이상 복음을 복된 것으로 여기지 않는 모습을 보는 것입니다. 그것은 너무 안타깝고 비극적인 일이지만, 성경이 예언한 것이기도 합니다. 1세기부터 지금까지도 그 일은 계속되고 있고, 주님 오실 때까지도 더욱 두드러질 것으로 보입니다.

이러한 배교 문제와 관련해서 우리 안에 나타나는 특이한 현상이 하나 있습니다. 그것은 배교가 교회 안에서 일어난다는 것을 알고, 또 그것을 실제로 보면서도 사람들이 배교의 위험에 빠질 뿐만 아니라 실제로 배교로 나아가기까지 한다는 것입니다. 이에 대해 우리는 지금까지 살펴본 내용에 따라 배교 위험을 분별함으로써 끝까지 진실한 신자로 나아가야 합니다.

공동체를 위한 마지막 권면

히브리서 12장 14-17절은 배교 위험을 경고하기 위한 마지막 권면 가운데 일부분입니다. 히브리서의 마지막 권면의 요점은 하나님께 나아갈 수 있는 길을 내신 대제사장 예수를 힘입어 하나님께 가까이 나아가되, 끝까지 믿음으로 인내하며 나아가라는 것입니다. 이를 위해 히브리서 기자는 10장 26-31절에서 배교 위험을 경고하고, 이어서 믿음으로 끝까지 순종하며 나아간 실례를 구약의 믿음의 사람들로부터 시작해서 예수님에게까지 연결합니다. 그러면서 하나님의 은혜에서 멀어진 사례를 본문에서 말한 뒤에, 우리가 이르러야 할 하늘의 도성을 연결해서 말합니다. 그런 뒤에 마지막 권면의 끝부분인 12장 25절 이하에서는 배교 위험 경고와 권면을 덧붙이고 있습니다.

물론 그 뒤에 이어지는 13장의 내용에도 권면이 간간이 언급되지만, 체계적인 권면은 10장 19절부터 12장 마지막까지로 볼 수 있습니다. 히브리서 기자는 그 권면의 끝자락에서 또다시 경고하면서 권면합니다.

"너희는 삼가 말씀하신 이를 거역하지 말라 땅에서 경고하신 이를 거역한 그들이 피하지 못하였거든 하물며 하늘로부터 경고하신 이를 배반하는 우리일까 보냐"(히 12:25).

히브리서 기자가 마지막으로 당부하는 권면의 요점은 말씀하시는 이를 거역하지 말라는 것입니다. 이것은 사실 히브리서 3장에서 출애굽한 이스라엘 백성의 예를 들어서 이미 권면했던 내용입니다. 그런데 그러한 경고를 담은 마지막 당부를 하기 전에 히브리서 기자는 교회 공동체적으로 힘써 살펴야 할 것을 말합니다.

본문에는 하나님을 거역한 한 사람, 에서의 이야기가 나옵니다. 이것은 단순히 배교의 사례를 말하려는 것은 아닙니다. 이것은 '말씀하신 분'을 거역함으로써 배교로 나아가지 않도록 교회 공동체가 힘써 실천해야 할 사항을 말해 줍니다. 이것은 또한 앞에서 살폈던 내용, 즉 우리 앞에 있는 상을 받기까지 믿음으로 인내하며 나아가야 할 실천적인 모습과 삶에 연결되는 내용이기도 합니다.

어떤 사람은 "모든 사람과 더불어 화평함과 거룩함을 따르라 이것이 없이는 아무도 주를 보지 못하리라"(히 12:14)라는 말씀이 배교 위험 경고의 문맥과 맞지 않다고 생각합니다. 그러나 본문에서 우리가 주목할 내용은 비록 에서와 같은 개인이 언급되고 있을지라도 배교 위험에 대한 해답은 개인적인 적용이 아닌 교회 공동체적으로 적용하라고 한 것입니다. 그야말로 교회 공동체 속에서 모든 사람이 함께 추구하며 씨름해야 할 내용이요, 서로가 살펴서 행할 내용으로 말하고 있다는 것입니다.

우리가 경험하고 있듯이 배교 위험 상태에 빠지지 않고 끝까지 믿음으로 인내하는 것은 교회 공동체와의 관계 속에서만 가능합니다. 이 일은 결코 개인적으로 할 수 있는 것이 아닙니다. 그런 면에서 본문은 배교 위험에 대한 대답으로서 이미 말했던 히브리서 3장의 말씀을 확장해서 구체적으로 말한 내용이라고 할 수 있습니다.

"오직 오늘이라 일컫는 동안에 매일 피차 권면하여 너희 중에 누구든지 죄의 유혹으로 완고하게 되지 않도록 하라"(히 3:13).

또한 배교 위험을 말하는 10장의 내용도 이와 같은 맥락입니다.

"우리가 믿는 도리의 소망을 움직이지 말며 굳게 잡고 서로 돌아보아 사랑과 선행을 격려하며 모이기를 폐하는 어떤 사람들의 습관과 같이 하지 말고 오직 권하여 그날이 가까움을 볼수록 더욱 그리하자"(히 10:23-25).

이처럼 본문은 배교 위험과 연결해서 교회 공동체적인 실천을 구체적으로 말해 줍니다. 어떤 사람은 자신에게 직접적으로 또 개인적으로 연관성이 있는 내용은 수용하면서도, 이와 같은 공동체적인 내용은 크게 와닿지 않는다고 생각합니다. 그러나 그런 태도로 신앙생활 하는 사람은 자신의 신앙 성장이 공동체 속에서 있다는 사실을 잊고 모순되게 반응하는 것입니다. 우리의 교회 공동체적인 실천은 이 책에서 결론적으로 다루어야 할 만큼 매우 중요한 문제입니다.

지속적으로 화평함과 거룩함을 따르라

히브리서 기자는 교회 공동체적인 수고와 섬김 속에서 배교 위험 상태에 빠지지 않을 수 있다고 말합니다. 특히 본문은 배교 위험에 빠지지 않기 위해서, 또는 그 위험에 빠졌다 해도 거기서 벗어나기 위해 교회 공동체적으로 살펴서 가져야 할 네 가지 사실을 말해 줍니다. 그중에서 가장 중요한 내용은 14절의 긍정 명령입니다. 이어서 15-16절의 내용에는 세 개의 부정 권면이 더해지고 있습니다. 먼저, 긍정 권면으로 말하는 14절은 이렇게 말합니다.

"모든 사람과 더불어 화평함과 거룩함을 따르라 이것이 없이는 아무도 주를 보지 못하리라"(히 12:14).

히브리서 기자는 왜 배교 위험과 관련해서 교회 안에서 화평과 거룩을 따르라고 말했을까요? 화평과 거룩은 예수 그리스도를 믿음으로써 알고 갖게 됩니다. 예수 그리스도 안에서 하나님과 화평할 뿐만 아니라 그렇게 화평하게 된 다른 성도들과도 화평하게 됨을 알고 갖습니다. 또 예수 그리스도 안에서 구속함을 받아 거룩하게 됨으로써 거룩함도 알고 갖게 됩니다. 그러나 그것은 시작에 불과합니다. 본문이 말하는 바와 같이 화평함과 거룩함을 지속적으로 추구하며 따르는 것이 있어야 합니다. 그런 의미에서 본문은 그것을 현재 명령어로 표현합니다.

여기서 '따르다'의 의미는 바울이 빌립보서 3장 6절에서 "열심으로는 교회를 박해하고"라고 말했을 때 '박해하다'와 같은 단어입니다. 바울은 자신이 과거에 예수 믿는 자들을 마치 사냥감을 잡으려는 듯 잡으려고 다메섹을 향해 갔던 모습을 '박해하다'라는 말로 표현했습니다. 그가 같은 장 14절에서 "하나님이 위에서 부르신 부름의 상을 위하여 달려가노라"라고 했을 때 '달려가다'도 그와 같은 단어입니다. 이것은 단 하나의 목표를 향해 달려가는 것을 의미합니다. 이처럼 화평과 거룩을 따르라는 것은 집중적이면서 지속적으로 그것을 추구하라는 의미입니다.

물론 우리는 개인적으로 그리해야 합니다. 그러나 본문은 특별히 교회 공동체가 그리해야 한다고 말합니다. 그것을 '모든 사람과 더불어'라는 말로 표현한 것입니다. 여기서 '모든 사람'은 세상 사람 모두를 말하는 것이 아니라, 교회 공동체 안의 모든 사람을 가리킵니다. 결국 교회 안에서 다른 지체들과 더불어 화평하는 것과 하나님과의 관계 속에서 갖는 거룩을 추구하는 일을 서로 돌아봐야 한다고 말하는 것입니다.

슈라이너는 여기 '거룩'이란 말을 뒤에 나오는 '주를 보는 것'을 말한 것에 연결해서 단순히 '죄가 없는 것'을 말하는 것이 아니라 '주를 찾고 구하는 것'이라고 설명합니다.[61] 사실 거룩은 주를 찾고 구할 때 지속적으로 가질 수 있습니다. 항상 하나님을 찾고 구할 때 그분을 닮게 되고 구별된 자로 살아가게 된다는 것입니다.

화평함과 거룩함에서 멀어지지 않도록 서로 살피라

히브리서 기자는 결국 배교 위험을 경고하는 문맥 속에서 거룩과 화평을 적극적인 내용으로 말하고 있습니다. 히브리서 기자가 이렇게 말하는 이유를 우리는 경험 속에서 쉽게 확인할 수 있습니다. 그것은 이 두 가지에 실패할 때 우리는 예외 없이 배교의 위험과 유혹을 크게 받기 때문입니다. 교회 안에서 모든 사람과 화평하고 하나님과의 관계 속에서 거룩함을 갖는 것에서 구멍이 나고 소원해지는 사람들을 한번 보십시오. 그들은 교회 안에서 점점 주변인이 되어 갑니다. 하나님으로부터도 점점 멀어집니다.

이처럼 어떤 이유로든 교회 공동체에서 다른 사람과 화평하지 못한 사람은 배교의 위험과 유혹을 확실히 크게 받습니다. 사탄은 손님처럼 교회를 왔다 갔다 하면서 공동체 안에 깊이 들어오지 않거나 또는 다른 사람과의 관계에 어려움을 가짐으로써 화평을 갖지 못하는 사람을 결코 놓치지 않습니다. 사탄은 그런 사람의 마음을 계속 휘젓습니다. 교회에서 멀어진 사람, 하나님께 대한 신앙에서 멀어진 사람의 상당수는 다른 사람과의 관계에서 시험에 들거나 또는 교회 안에서 화평하지 못한 모습을 보고 시험에 든 사람들입니다. 그런 이유로 교회를 떠나거나, 심지어 다른 종교로 간 사람들도 많습니다. 그렇게 하여 그들은 결국 배교로 나아가게 되는 것입니다.

어떤 이유에서든 항상 하나님을 찾고 구하지 않음으로써 거룩에 문제가 있는 사람도 마찬가지입니다. 그 역시 똑같은 과정을 거치면서 하나님과의 교제로부터 멀어집니다. 그래서 히브리서 기자는 배교 위험을 말하는 문맥 속에서 혹시 그런 자가 있는지 공동체 안에서 서로 살펴서 돌아봐야 한다고 강조하는 것입니다.

우리말 성경에는 '살피라'라는 말이 본문 16절 끝에 언급되어 있지만, 원문에는 14절 이후에 바로 나옵니다. 물론 이 말을 통해 강조하는 내용은 15절과 16절로 연결되지만, 이 말은 14절과 연결됩니다. 그래서 14절의 긍정 명령과 연관 지어 말하면, 모든 사람과 더불어 화평과 거룩을 따르는지 서로 살펴서 돌아봐야 한다는 뜻이 됩니다. 왜냐하면 우리 가운데 주를 보지 못하는 자가 나와서는 안 되기 때문입니다.

오늘날 교회 안에는 각자 예수 잘 믿으면 된다고 생각하는 개인 중심적인 신앙생활이 깊이 뿌리를 내리고 있습니다. 교회 됨을 경험하면서 본문이 말하는 내용을 교회 공동체적으로 적용해야 한다는 사실을 잘 모르는 것입니다. 그래서 영적인 시험이 있을 때는 그것을 정상적으로 회복해서 성장하지 못하고 적당히 마무리하고 지나갈 뿐입니다. 얼마든지 회복해서 다시 성장의 기회로 삼고 성숙하면서 그것으로 오히려 다른 사람을 돕는 삶을 살아야 하는데 안타깝게도 그러지 못하는 것입니다. 주님이 교회 공동체의 한 구성원으로 세우신 삶을 제대로 살지 못하는 것입니다.

우리는 본문이 말하는 것처럼 서로를 위해 살피고 돌아봐야 합니다. 이것이 배교 위험에 빠지지 않기 위해 교회 공동체 안에서 가져야 할 적극적인 내용입니다. 여기서 '살피다'라는 말은 문자적으로 '주시하다', '주의하다', '감독하다', '보살피다'라는 의미입니다. 결국 세심한 주의를 기울여 돌아본다는 말입니다. 우리는 그런 차원에서 공동체 지체들을 서로 살펴야 합니다. 배교 위험에 빠지지 않도록 하기 위해서 말입니다. 또 교회 공동체 안에 화평과 거룩을 따르지 않는 사람은 없는지 살펴서 그런 위험에 처한 자를 이끌어야 합니다.

서로 살펴 은혜에 머물게 하라

한편 히브리서 기자는 15-17절과 같은 부정적인 모습 또한 공동체 안에서 살펴서 다루어야 한다고 말합니다. 그는 부정적인 모습을 세 가지로 말하는데, 첫째로 하나님의 은혜에 이르지 못하는 자가 있는지 살펴서 그런 자가 없도록 해야 한다고 말합니다. 여기서 부정적으로 언급된 내용은 모두 구약의 배경을 가진 것으로 보입니다. 광야 이스라엘 백성을 위시해서 하나님의 언약을 저버린 이스라엘 백성을 한번 보십시오. 그들이 가졌던 공통적인 모습은 하나님의 은혜에 머무는 것을 싫어했다는 것입니다.

하나님의 은혜는 신앙의 시작에서부터 신앙을 지속하는 것, 그리고 궁극적인 구원을 약속하는 것까지 모두 포함합니다. 다시 말해, 구속의 은혜로부터 시작해서 현재 신앙생활을 유지하는 은혜와 궁극적으로 구원하시는 은혜를 모두 다 포함하는 것입니다. 바로 이러한 하나님의 은혜에 이르지 못하는 자가 없도록 해야 한다는 것입니다.

은혜로 구원을 받았다는 사람들 중에는 이에 대해 의문을 가지는 이들이 있습니다. "아니, 은혜로 구원받았다고 하면서 하나님의 은혜에 이르지 못하는 자가 없도록 하라는 것은 도대체 무슨 말인가?" 그러나 여기서 은혜에 이르지 못한다는 것은 앞에서 살펴본 바와 같이 안식에 들어가지 못한 광야 이스라엘 백성을 두고 말한 것과 같은 맥락입니다. 은혜에 계속 머물지 않음으로써 궁극적인 은혜에서 떨어져 나가는 자가 없도록 하라는 경고와 권면입니다. 그래서 '이르지 못하는'이라는 말을 현재 시제로 사용한 것입니다. 지금 현재 그 복된 하나님의 은혜에 머물기를 싫어하는 자가 있는지 살펴서 돌아봐야 한다는 말입니다.

어떤 사람은 신앙생활 하면서 하나님의 은혜에 머물기를 싫어합니다. 그것은 정말 위험합니다. 그는 비록 현재 시제로 그렇게 할 뿐이지만, 그것이 그다음으로 어떻게 연결될지는 아무도 모릅니다. 그 상태에서 발전해서 결국 은혜에서 떨어져 나가는 사람도 있기 때문입니다. 물론 그러다가 돌아오는 사람도 있지만, 그렇지 않은 사람도 있습니다.

구약에는 야곱의 형인 에서를 위시해서 광야 이스라엘 백성과 그 이후 많은 사람이 하나님의 은혜에 머물러 있는 것을 싫어하고 우상에게로 나아갔습니다. 그렇게 배교적인 모습을 보이다가 실제로 배교로 나아가는 사람들이 역사 속에 있었습니다. 그래서 현재 그런 모습을 갖고 있는 자가 교회 안에 있는지 살펴서 그런 자가 없도록 돌아보아야 한다는 것입니다.

따라서 우리 중에도 그런 자가 있는지 지금뿐만 아니라 계속해서 살펴야 합니다. 배교 위험에 빠지는 자가 우리 중에 없도록 말입니다. 앞으로는 이런 내용이 더욱 절절하게 다가오는 현실이 올 수도 있습니다. 은혜

안에 머무는 것을 싫어하는 것은 정말 위험한데, 그 이유는 본인이 거기에 대해 아무 문제의식도 없이 그 상태를 지속하려 하기 때문입니다. 히브리서 기자는 바로 이러한 사람이 없도록 돌아봐야 한다고 말하고 있습니다. 우리는 그러한 자를 교회 안에서 피차 권면하면서 도와야 합니다.

공동체 안에 쓴 뿌리를 방치하지 말라

이어서 히브리서 기자는 두 번째 부정적인 내용을 언급합니다. 우리 안에 쓴 뿌리가 나서 괴롭게 하며 더럽게 만드는 일이 없도록 해야 한다고 말입니다. 일찍이 모세는 하나님 백성 공동체 안에 있는 자들 중 이런 자에 대해 다음과 같이 말했습니다.

> "너희 중에 남자나 여자나 가족이나 지파나 오늘 그 마음이 우리 하나님 여호와를 떠나서 그 모든 민족의 신들에게 가서 섬길까 염려하며 독초와 쑥의 뿌리가 너희 중에 생겨서 이 저주의 말을 듣고도 심중에 스스로 복을 빌어 이르기를 내가 내 마음이 완악하여 젖은 것과 마른 것이 멸망할지라도 내게는 평안이 있으리라 할까 함이라"(신 29:18-19).

히브리서 기자는 바로 이런 모습과 상태를 가진 자가 있음으로써 공동체가 더럽게 되는 일이 없도록 살피라고 말합니다. 여기서 '쓴 뿌리'는 신명기 말씀과 연결해서 설명하면, 하나님에게서 마음이 떠나 하나님 대신 다른 것을 섬기고, 하나님의 말씀을 임의로 이해하고 받아들이며, 심지어 하나님의 저주를 축복으로, 하나님의 심판을 평안으로 해석하여 행하는 사람을 말합니다. 오늘날로 말하면 하나님보다 세상이나 마음의 우상을 더 사랑하면서 그것을 나름의 논리로 정당화하는 사람입니다. 그렇게 하나님으로부터 등을 돌리고 있음에도 자신은 결코 심판받지 않고 안전할 것이라고 생각합니다.

실제로 한국 교회 안에는 하나님보다 다양한 마음의 우상을 두고 더 사랑하면서 그것을 정당화하는 사람들이 많습니다. 성경은 그러한 자를 징계할 것이라고 말하지만 자신은 축복받을 것이라고 하면서 저주를 축복으로 해석합니다. 이런 사람은 자신의 잘못을 지적하면 교회를 옮기겠다는 말도 거리낌 없이 내뱉습니다. 마치 어린아이와 같은 모습을 드러내는 것입니다. 그것은 정상적인 신앙도 아니요, 하나님을 전혀 두려워하지 않는 모습입니다. 아니, 그런 모습과 태도는 이미 배교 위험을 넘어 거의 배교 상태에 있는 것입니다.

만일 그런 사람이 교회 공동체 안에 한 사람이라도 있다면 교회 공동체는 그로 말미암아 오염되며, 결국 교회 공동체에 부정적인 영향을 미칠 것입니다. 히브리서 기자는 바로 이 점을 심각하게 말하는 것입니다. 그런 사람이 생겼으면 그대로 방치해서는 안 되고 돌아보고 피차 권면하여 세워야 한다는 것입니다. 우리는 교회 안에 있는 그런 사람을 정죄하기보다는 주의 깊게 돌아봐야 합니다. 그리하여 그 사람을 구해 줄 뿐만 아니라 그것을 넘어 교회 공동체 전체가 배교 위험에 빠지지 않도록 함께 힘써야 합니다.

공동체 안에 음행하는 자와 망령된 자가 없도록 하라

마지막으로 우리가 배교 위험에 빠지지 않기 위해 서로 살필 것으로 말하는 내용은 우리 안에 음행하는 자와 에서와 같이 망령된 자가 없도록 해야 한다는 것입니다. 여기서 '음행하는 자'와 '에서와 같이 망령된 자'를 구분해서 해석하는 사람도 있고, 이 두 가지가 에서에게 함께 있는 것으로 해석하는 주석가들도 있습니다. 만일 이 둘을 구분해서 말한다면 교회 안에서 음행하는 자는 실제로 성적으로 부도덕한 것을 말할 수 있습니다. 또 영적으로 음행하는 것에 해당하는 우상 숭배를 말할 수도 있습니다. 그리고 음행하는 자를 에서와 연결하면 그가 이방 여인과 음행하며 결혼한 것으로 설명할 수도 있고, 하나님께 신실한 대신 우상을 섬기는 이방인에게 마음을 준 것으로 말할 수도 있습니다.

그런데 여기서 우리가 주목해야 할 내용은 한 그릇 음식을 위하여 장자의 명분을 팔 정도로 망령되이 행했던 에서의 치명적인 행동입니다. 히브리서 기자는 하나님 앞에서 신실하지 못할 뿐만 아니라 육체적인 욕구와 본성을 위해 자신에게 허락된 기업의 약속을 저버리는 그와 같은 망령된 자가 없도록 살펴야 한다고 말한 것입니다. 지금 당장 현실의 문제와 필요, 세상의 유혹과 매력에 마음을 빼앗겨 예수 그리스도 안에서 약속된 영광스럽고 복된 안식과 영원한 기업을 얻게 하는 하늘의 장자권을 가볍게 취급하는 자가 있는지 살피라는 것입니다.

교회 안에는 신앙생활 하면서 구원에 대한 기대감이 없는 사람이 있습니다. 하나님의 독생자가 죽으심으로 우리에게 주신 궁극적인 복을 별것 아닌 것처럼 취급합니다. 영광스럽고 복된 약속의 기업, 하늘의 장자권을 오늘 하루 자신에게 흥미를 주는 것보다도 못한 것처럼 취급하는 사람이 있습니다. 그렇게 한 것에 대한 결과가 무엇인지 본문은 다음과 같이 말해 줍니다.

"너희가 아는 바와 같이 그가 그 후에 축복을 이어받으려고 눈물을 흘리며 구하되 버린 바가 되어 회개할 기회를 얻지 못하였느니라"(히 12:17).

에서는 나중에 후회하면서 스스로 뿌리쳤던 축복을 받겠다고 눈물을 흘리며 구했습니다. 그러나 그는 버린 바 되어 회개할 기회를 얻지 못했습니다. 그의 눈물은 받지 못한 축복에 대한 눈물일 뿐, 하나님의 언약을 저버리고 약속된 기업을 받지 못하게 된 것에 대한 진정한 회개는 아니었습니다. 이러한 에서의 후회는 가치가 없습니다. 이미 모든 것이 결정된 뒤였기 때문에 회개할 기회가 더 이상 주어지지 않았습니다.

히브리서 기자는 바로 이 사실을 들어 배교 위험에서 속히 돌이켜 다시 믿음으로 나아갈 것을 강렬한 어조로 말한 것입니다. 배교 위험에 결코 빠져서는 안 될 뿐만 아니라, 만일 그런 상태에 있다면 주어진 기회를 저버리지 말고 그 상태에서 속히 벗어나야 한다고 말입니다.

성경은 구원과 관련해서 은혜받을 만한 때가 있다고 말합니다(고후 6:2 참조). 이를 다른 말로 하면, 그러한 때가 언젠가는 사라진다는 의미입니다. 우리는 하나님이 주시는 기업의 약속을 저버리고 기회를 잃어버린 에서와 같은 모습을 결코 가져서는 안 됩니다. 어떤 이유에서든 우리 앞에 있는 영광스럽고 복된 구원과 상을 별것 아닌 것처럼 생각하는 것은 이미 배교 위험에 빠진 것입니다. 바로 그러한 사람이 교회 공동체 가운데 있는지 살펴서 그런 자가 한 사람도 없도록 하라는 것이 히브리서 기자의 애절한 마음입니다. 만일 공동체 안에 그런 자가 있다면 그것은 사실 그에게도 영원한 비극입니다.

그날이 가까울수록 더욱 그리하자

우리는 본문이 말하는 교회 공동체적인 해결책 네 가지를 주의해서 따라야 합니다. 서로가 화평함과 거룩함을 따르는지 주의해서 돌아보아야 합니다. 여기서 무너지면 배교 유혹이 찾아온다는 사실을 잊지 마십시오. 화평함과 거룩함이 없는 자는 주를 보지 못합니다. 거룩함이 주를 보지 못하는 것과 더 직접적으로 관련이 있지만, 두 가지 모두 연결해서 말할 수 있습니다. 자신이 모든 사람과 더불어 화평하지 못하다면 배교 유혹이 온다고 생각해야 합니다.

더 나아가 교회 안에 하나님의 은혜에 이르지 못한 자가 있는지 살피고, 하나님을 저버린 마음을 가진 쓴 뿌리와 같은 사람이 공동체를 더럽게 하는 일이 없도록 서로 돌아보아야 합니다. 마지막으로 에서와 같이 음행하거나 하나님의 복을 가볍게 여기는 자가 없도록 살펴서 서로를 세워야 합니다. 히브리서 기자는 바로 이 같은 일을 교회 공동체 안에서 피차 권면하여 서로 돌아보라고 말하는 것입니다. 이것이 배교의 위험과 유혹이 있는 신앙 여정 속에서 우리가 실천적으로 가져야 할 내용입니다. 바로 교회 공동체 안에서 말입니다.

　이 일을 잘하는 것에 대한 또 다른 표현이 히브리서 3장 13절에서 말한 바와 같이 피차 권면하는 것입니다. 그런데 안타깝게도 이 일을 하기 싫어하는 사람이 있습니다. 그것은 내 손을 잡아 주는 어머니의 손을 뿌리치는 것과도 같습니다. 그는 수시로 길을 잃고 다치는 경험을 하게 될 뿐만 아니라 유혹에도 쉽게 빠질 것입니다. 우리는 피차 권면하면서 믿음으로 우리 앞에 있는 상을 바라보며 나아가야 합니다.

> "또 약속하신 이는 미쁘시니 우리가 믿는 도리의 소망을 움직이지 말며 굳게 잡고 서로 돌아보아 사랑과 선행을 격려하며 모이기를 폐하는 어떤 사람들의 습관과 같이 하지 말고 오직 권하여 그날이 가까움을 볼수록 더욱 그리하자"(히 10:23-25).

　이 말씀을 잘 기억하십시오. 이것은 배교 유혹을 받는 히브리서 수신자들뿐만 아니라 우리에게도 말한 것입니다. 우리에게는 약속하신 분이 계십니다. 그분은 변함이 없고 신실하십니다. 그러니 우리가 믿는 도리의 소망에서 흔들리지 말아야 합니다. 오히려 그 소망을 굳게 잡으면서 서로 돌아봐야 합니다. 본문에서 말하는 그런 사람이 우리 안에 있는지 서로 돌아보면서 사랑과 선행으로 격려하고 도와야 합니다. 모이기를 폐하는 어떤 사람들의 습관과 같이 하지 말아야 합니다.

　코로나 기간을 거치면서 한국 교회 안에는 이전보다 더 모이지 않으려는 모습이 두드러지게 나타났습니다. 영상으로 예배드리는 방식을 발전시키면서 모이는 것을 기피하는 일이 지금도 생겼지만, 앞으로도 더욱 생길 것입니다. 그러나 모이기를 폐하고 영상으로 예배드리려는 발상 자체는 자신의 편리를 위해 자기주도적으로 신앙생활 하겠다는 의지의 표현일 뿐입니다.

아닙니다. 우리는 요즘 교회의 유행이 어떻든, 다른 사람들이 어떠하든 모이기를 폐하지 말아야 합니다. 모이기를 폐하는 어떤 사람들의 습관과 같이 하지 말아야 합니다. 만일 우리가 이러한 배교 유혹이 있는 조건에서 그 유혹에 응하게 되면 유혹은 점점 더 거세질 것입니다. 우리는 히브리서 기자의 권면처럼 서로 권해서 주님이 오실 날이 가까움을 볼수록 모이기를 권하고 서로 돌아보며 격려해야 합니다. 교회 안에 그런 자가 없도록 서로 세워 가면서 끝까지 믿음으로 인내하며 가야 합니다. 우리 모두 주님을 대면하는 그날까지 그렇게 할 수 있기를 소망합니다. 신실하신 하나님이 약속하신 상이 우리 앞에 있음을 믿고 나아갈 수 있기를 바랍니다. 세월이 흘러가도 그럴 수 있기를 소망합니다.

앞으로 우리에게 어떤 현실이 다가올지 몰라도, 하나님의 말씀은 거짓이 아님이 분명히 입증될 것입니다. 따라서 히브리서 기자의 경고의 말씀을 따라 끝까지 믿음으로 인내하며 나아가면 우리는 주님이 예비하신 영광스러운 기업을 받게 될 것입니다. 그렇게 되기까지 다시 한 번 이 말씀을 기억합시다.

"또 약속하신 이는 미쁘시니 우리가 믿는 도리의 소망을 움직이지 말며 굳게 잡고 서로 돌아보아 사랑과 선행을 격려하며 모이기를 폐하는 어떤 사람들의 습관과 같이 하지 말고 오직 권하여 그날이 가까움을 볼수록 더욱 그리하자"(히 10:23-25).

결론

이 시대를 분별하며,
영적 어린아이를 벗어 버리자

멜기세덱에 관하여는 우리가 할 말이 많으나 너희가 듣는 것이 둔하므로 설명하기 어려우니라
때가 오래되었으므로 너희가 마땅히 선생이 되었을 터인데
너희가 다시 하나님의 말씀의 초보에 대하여 누구에게서 가르침을 받아야 할 처지이니
단단한 음식은 못 먹고 젖이나 먹어야 할 자가 되었도다
이는 젖을 먹는 자마다 어린아이니
의의 말씀을 경험하지 못한 자요 단단한 음식은 장성한 자의 것이니
그들은 지각을 사용함으로 연단을 받아 선악을 분별하는 자들이니라

히 5:11-14

육에 속한 사람은 하나님의 성령의 일들을 받지 아니하나니
이는 그것들이 그에게는 어리석게 보임이요, 또 그는 그것들을 알 수도 없나니
그러한 일은 영적으로 분별되기 때문이라 신령한 자는 모든 것을 판단하나
자기는 아무에게도 판단을 받지 아니하느니라 누가 주의 마음을 알아서 주를 가르치겠느냐
그러나 우리가 그리스도의 마음을 가졌느니라
형제들아 내가 신령한 자들을 대함과 같이 너희에게 말할 수 없어서
육신에 속한 자 곧 그리스도 안에서 어린아이들을 대함과 같이 하노라
내가 너희를 젖으로 먹이고 밥으로 아니하였노니
이는 너희가 감당하지 못하였음이거니와 지금도 못하리라
너희는 아직도 육신에 속한 자로다 너희 가운데 시기와 분쟁이 있으니
어찌 육신에 속하여 사람을 따라 행함이 아니리요
어떤 이는 말하되 나는 바울에게라 하고 다른 이는 나는 아볼로에게라 하니
너희가 육의 사람이 아니리요

고전 2:14-3:4

이 시대 속의 그리스도인의 사명, 장성함

지금까지 우리는 배교의 위험과 그에 대한 성경의 대답을 살펴보았습니다. 끝으로 배교 위험에 취약한 조건에 있는 우리의 현실적인 유혹과 관련된 내용을 살펴보고자 합니다. 이 내용이 지금까지 살핀 내용을 실천적으로 적용하는 데 구체적인 도움이 될 수 있기를 소망합니다.

우리가 사는 이 시대가 영적으로 어떠한지 정확히 분별하는 일은 생각보다 쉬운 일은 아닙니다. 사람들은 이 시대를 영적으로 어둡다고 말하면서도 그 근원적인 원인에 대해서는 잘 알지 못합니다. 어두운 영적 현실과 문제가 자신에게 영향을 미쳐 그대로 드러나고 있음에도 그것을 간파하지 못하는 것입니다.

사실 이 시대와 이 시대 속에 사는 자신의 영적 실상과 상태를 분별하는 일은 성령의 비추심 속에서만 가능합니다. 신앙생활이 더해질수록 성령이 하나님의 말씀을 통해 알게 하심을 따라서 영적 분별력도 자라는 것이 정상입니다. 그러나 신앙생활의 연수가 제법 됨에도 불구하고 영적 분별력이 없는 사람들이 교회 안에 있습니다. 그들은 시대를 분별하지 못하고, 오히려 시대의 영향을 그대로 받으면서 어린아이 같은 모습과 상태를 가지고 있습니다. 여기서는 바로 그런 상태에서 배교의 유혹과 위험에 쉽게 빠질 수 있는 문제에 대해 덧붙이고자 합니다.

먼저 히브리서와 고린도전서 본문은 공통적으로 젖이나 먹는 어린아이와 같은 대상을 표현하고 있습니다. 히브리서 기자는 히브리서 수신자들의 모습과 상태가 단단한 음식은 못 먹고 젖이나 먹어야 할 자가 되었다고 말합니다(히 5:12하). 바울도 본문에서 고린도교회 성도들을 그리스도 안에서 어린아이들을 대함과 같이 한다고 말하면서 그들이 어린아이의 모습을 가지고 있음을 언급합니다.

"내가 너희를 젖으로 먹이고 밥으로 아니하였노니 이는 너희가 감당하지 못하였음이거니와 지금도 못하리라"(고전 3:2).

고린도교회 안에는 그러한 자들이 한두 명 정도가 아니라 제법 있었던 것으로 보입니다. 오늘날 교회 안에도 하나님의 진리를 좀 더 체계적으로 배우는 것은 싫어하고, 그저 쉽고 재미있는 이야기나 듣고 싶어 하는 사람들이 있습니다. 어떤 사람은 교회를 오래 다니면서 배운 성경 지식으로 자신은 어린아이가 아니라고 생각할지도 모릅니다. 그러나 성경은 그런 의미에서 어린아이로 말하지 않습니다. 또한 배운 성경 지식이 많다 해도 어린아이 같은 모습과 상태를 얼마든지 가질 수 있습니다.

영적 어린아이가 가진 위험성

무엇보다 어린아이의 가장 큰 문제는 스스로 위험성을 가지고 있는 것입니다. 바울은 고린도전서 3장에서 그런 자들이 교회 공동체 안에서 시기와 분쟁을 드러냄으로써 교회를 혼란케 한다고 말합니다. 그로 인해 영적으로 기우는 모습을 불러일으켰다는 것입니다. 히브리서 기자는 그 정도만 말하지 않습니다. 히브리서 수신자들이 어린아이와 같은 모습 속에서 배교 위험의 상태까지 나아갔다고 말합니다.

이러한 말씀은 어린아이와 같은 자가 가진 위험을 분명하게 증거해 줍니다. 그런 사람은 배교로 나아갈 수 있는 커다란 위험성을 가지고 있을 뿐만 아니라 그로 인해 교회 공동체까지 위험한 상태로 나아가게 할 수 있다는 것입니다. 단단한 음식이나 밥을 먹고 장성한 사람, 곧 의의 말씀을 경험하고 영적인 지각을 사용함으로 연단을 받아 선악을 분별하는 자들은 크게 문제 되지 않습니다. 교회 안에서 영적으로 어린아이 같은 모습과 상태를 가진 사람이 배교의 유혹과 위험에 확실히 취약합니다. 바울은 이러한 위험을 염두에 두고 다음과 같이 말했습니다.

"이는 우리가 이제부터 어린아이가 되지 아니하여 사람의 속임수와 간사한 유혹에 빠져 온갖 교훈의 풍조에 밀려 요동하지 않게 하려 함이라"(엡 4:14).

여기서 어린아이가 되어서는 안 된다고 한 이유는, 어린아이는 사람의 속임수와 간사한 유혹에 빠져 온갖 교훈의 풍조에 밀려 요동할 위험성을 갖고 있기 때문입니다. 어린아이는 장성한 어른처럼 많은 경험 속에서 축적한 지식을 갖고 있지 않습니다. 또 성숙하지 못한 지각과 욕구를 가지고 있습니다. 그래서 어린아이와 같은 자들은 장성한 자들과 달리 배교의 유혹과 속임수를 접할 때 거기에 쉽게 요동하고 넘어갑니다. 그런 자들로 인해 히브리서 수신자들처럼 교회가 함께 배교 위험 상태에 빠지게 되는 것입니다. 그러한 점에서 우리는 각자가 어린아이와 같은 자가 되지 말아야 합니다. 뿐만 아니라 교회 공동체적으로도 어린아이와 같은 모습과 상태를 가진 자를 살펴서 성장하도록 이끌어야 합니다. 이 일을 교회가 공동체적으로 잘하는 것은 매우 중요합니다.

신앙의 연륜이 있다고 생각하는 사람은 자신은 어린아이가 아니라고 생각하면서 이러한 내용이 자신에게는 해당되지 않는다고 생각할지 모릅니다. 그러나 본문이 말하는 어린아이는 신앙생활의 햇수가 아니라 그들의 영적 상태를 가지고 말하는 것입니다. 고린도전서 3장은 아무리 교회를 오래 다녀도 육체의 소욕에 쉽게 이끌리고 넘어지는 사람을 어린아이로 말합니다. 그런 조건에 머물면서 신앙생활 하다 보니 젖에 해당하는 말씀 정도로 안주하고 정작 밥은 먹지 못하는 것입니다.

신령한 자, 육에 속한 자

중요한 것은 그런 조건에 있다면 예수를 믿어도 어린아이가 가진 위험을 갖고 있다는 사실입니다. 다시 말해, 히브리서 수신자들처럼 배교의 유혹과 위험에 취약하다는 것입니다. 특히 바울은 그런 모습을 본문에서 '육신에 속한 자'로 말하고 있습니다. '육신에 속한 자'라는 이 표현은 히브리서 5장에서 어린아이에 대해 말한 내용을 보완해서 설명해 줍니다.

히브리서 기자는 어린아이를 듣기에 둔한 상태로 말했습니다. 영적으로 나태해서 멜기세덱의 반차를 따르는 예수 그리스도에 대해 더 깊고 풍성한 이해를 갖지 못하는 상태로 말한 것입니다. 물론 고린도전서 3장에도 영적인 나태함은 포함될 수 있지만, 여기서는 특별히 육신에 속한 자를 영적인 어린아이로 연결해서 말합니다. 즉 어린아이와 같은 모습 속에서 갖는 생활, 곧 육신의 생활을 하는 것으로 말합니다.

여기서 '육신에 속한 자'에 대해 이해하기 위해서는 먼저 고린도전서의 배경과 연결해서 생각해 볼 필요가 있습니다. 본문에서 바울은 사람을 세 부류, 즉 '신령한 사람', '육에 속한 사람', '육신에 속한 자'로 구분합니다. 이들 중에 먼저 '신령한 자'에 대해 생각해 봅시다.

우리는 신령한 자를 흔히 특별한 영적 체험을 말하는 도사와 같은 모습으로 생각합니다. 그러나 여기서 말하는 '신령'은 성령과 연관 지어 사용하는 표현입니다. 한마디로, 하나님의 성령의 일을 알고 성령을 의지하면서 사는 사람을 말합니다. 그분의 말씀과 그분의 진리를 깨닫고 반응하며 성령과 함께 사는 사람을 신령한 자로 말하는 것입니다.

그다음 언급되는 '육에 속한 사람'은 '육신에 속한 자'와 비슷해서 혼동을 일으키는 표현입니다. 그러나 헬라어 원문은 두 개의 단어를 구분해서 말합니다. 먼저 '육에 속한 사람'은 거듭나지 않은 사람을 가리킵니다. 참 그리스도인이 아니기 때문에 하나님의 성령의 일을 받지 아니하고 알지도 못합니다. 그에게는 하나님의 성령의 일이 모두 어리석은 이야기처럼 들립니다. 그는 하나님의 성령이 사람들 안에 역사하여 변화시키시는 일들을 하나의 종교적인 얘기로만 생각합니다.

또 하나님이 성경과 기독교 역사 속에서 행하신 역사적인 것들은 인정하지만, 그 일을 행하신 하나님은 인정하지 않습니다. 성경에 나오는 내용들을 크게 부정하지는 않지만, 그 이상은 인정하지 않는 것입니다. 그 모든 것 속에 계신 하나님과 그분의 역사를 믿음으로 받아들이지도 못합니다. 그들은 영적인 하나님의 역사의 세계에 대해서는 알지 못하고 분별하지도 못하는 것입니다. 그렇게 영적으로 죽은 자를 바울은 '육에 속한 사람'으로 말합니다. 교회 밖에 있는 사람들이 모두 그러합니다. 바울은 그런 자를 고린도교회 성도들에게도 말함으로써 그런 자들이 교회 안에도 있을 수 있음을 시사해 줍니다.

거듭났으나 여전히 자기 소욕을 따라 사는 '육신에 속한 자'

그런데 바울은 '신령한 자'와 상반되는 '육에 속한 사람'에 대해서만 말해도 충분할 것 같은데 '육신에 속한 자'를 추가로 언급합니다. 여기서 '육신에 속한 자'라는 단어는 로마서 7장에서 말하는 '육신'이라는 단어와 동일합니다. '육신에 속한 자'는 고린도전서 3장 1절 하반 절에서 말하는 것처럼 그리스도 안에서 어린아이 같은 사람입니다. 이것은 비그리스도인이 아닌 그리스도인을 가리키는 말입니다. 거듭난 신자임에도 여전히 육신에 속한 생활을 하고 있는 사람을 말합니다.

바울은 이런 자에 대해 "어찌 육신에 속하여 사람을 따라 행함이 아니리요"(고전 3:3하)라고 추가적인 설명을 덧붙입니다. 거듭났다고 하면서도 아직도 육에 속한 사람들이 사는 것과 같은 모습을 보이고 있다는 말입니다. 그래서 그는 이어서 이렇게 말합니다.

"너희가 육의 사람이 아니리요"(고전 3:4하).

이에 대한 한글 번역은 오해의 소지가 있습니다. 헬라어 원문은 '육의 사람'이 아닌 그냥 '사람'으로만 표현했습니다. 원문대로 번역하자면 "너희가 사람이 아니리요"라고 말한 셈입니다. 다시 말해, 너희는 더 이상 이 세상의 모든 사람과 같이 사는 사람이 아니라는 말입니다. "너희는 예수를 믿어 거룩한 하나님의 백성이 되었고 그리스도의 몸 된 교회의 지체가 되었는데, 지금 너희는 사람들이 가진 일반적인 특성을 그대로 드러내면서 살아가고 있구나. 그것은 너희들의 모습이 아니지 않느냐?"라고 말하는 것입니다.

이러한 바울의 진술은 거듭난 뒤에도 그런 모습을 보이는 사람들이 있음을 시사합니다. 바울은 여전히 육신에 속한 생활을 하는 사람을 영적인 어린아이, 또는 육신에 속한 자, 달리 말하면 세속적인 신앙생활을 하는 사람으로 언급합니다. 히브리서에 의하면 그런 자들은 거기서 끝나지 않습니다. 그들은 배교의 유혹에 취약해서 히브리서 수신자들처럼 배교 위험에 쉽게 넘어질 수 있습니다.

우리는 우리 가운데 육신에 속한 자가 있는지, 또는 자신이 그런 모습을 가지고 있지는 않은지 잘 생각해 봐야 합니다. 자신의 상태를 신앙생활의 햇수로만 말할 것이 아니라 배교의 유혹과 관련해서 구체적으로 생각해 봐야 합니다. 예수를 믿으면서도 여전히 육신의 욕망을 따라 행하고 자신의 욕구를 채우는 것에 많은 시간과 열심을 쏟고 있다면 그는 분명 '육신에 속한 자'입니다. 바울은 자신의 욕구가 여전히 자신을 이기는 모습을 갖고 사는 자를 '육신에 속한 자'로 말하고 있기 때문입니다.

그런 면에서 육체의 소욕, 곧 자신의 욕망과 욕구가 자신을 이기는 일이 빈번하게 일어나는지 한번 보십시오. 그것을 용인하면서 은근히 즐기고 있지는 않은지 말입니다. 한때 구원에 감격했고 그 뒤로 오랫동안 신앙생활 했음에도 여전히 그런 모습을 갖고 있다면 그는 비정상적인 상태에 있는 것입니다. 여전히 어린아이 같은 자의 모습을 갖고 육신에 속한 자로 있는 것입니다. 아무리 개혁주의와 청교도에 대한 지식을 많이 갖고 있어도 삶이 그러하다면 그는 육신에 속한 자입니다.

여러분의 마음을 채우고 있는 것은 무엇입니까? 시간과 돈을 어디에 주로 사용하고 있습니까? 그곳에 바로 우리의 마음이 있습니다. 그 모든 것은 우리의 관심과 욕구가 어디에 있는지를 잘 보여 줍니다. 더 중요한 것은 그런 조건에서는 영적인 유혹에도 취약하다는 사실입니다. 육신의 욕망과 세상의 유혹과 사탄의 간계에 너무 취약해서 배교 유혹에 쉽게 넘어질 수 있다는 것입니다.

영적 어린아이의 상태를 가진 사람은 마치 본능처럼 스스로 모든 유혹에 문을 열어 놓습니다. 그는 육체의 소욕과 세상 유혹, 사탄의 간계에 쉽게 요동하고 넘어질 위험을 가지고 있습니다. 특히 자신이 좋아하는 것들에 반응하는 경향을 드러내는데, 그것이 바로 어린아이의 특성입니다.

우리의 '상태'의 중요성

성경이 배교와 관련해서 중요하게 말하는 것은 두 가지입니다. 하나는 배교를 부추기는 외적 환경이나 다양한 도구들을 통한 유혹입니다. 그러나 성경은 그것만 말하지 않습니다. 그와 함께 그러한 유혹에 넘어가는 사람들의 상태에 대해서도 말합니다. 특히 히브리서는 그런 상태를 어린아이의 상태로 말합니다. 고린도전서 3장으로 말하면 육신에 속한 자가 그러한 대상입니다.

이 중에 배교와 관련해서 우리를 유혹하는 환경과 도구는 항상 존재합니다. 문제는 그런 유혹에 넘어가는 상태를 가진 사람입니다. 단단한 음식을 먹고 장성한 자, 선악을 분별하는 자, 신령한 자는 유혹을 분별하기 때문에 유혹에 쉽게 넘어가지 않습니다. 그러나 영적인 어린아이, 육신에 속한 자는 자신의 욕망에 쉽게 반응하고 이 세상의 화려함과 매력에도 쉽게 마음을 엽니다. 사탄의 간계가 담긴 속임수와 잘못된 가르침, 다양한 유혹들을 분별하기보다는 거기에 쉽게 반응합니다. 특히 성경을 가지고 말하면 더욱 분별하지 못하고 쉽게 받아들입니다. 그것은 마치 몸이 약한 자가 건강한 자에 비해 세균에 대응하는 능력이 훨씬 떨어지는 것과 같습니다. 그래서 교회 공동체 안에서 항상 문제가 되는 대상은 장성한 자, 신령한 자, 성령을 따라 행하는 자가 아니라 영적인 어린아이, 육신에 속한 자입니다.

우리는 그러한 모습과 상태에 있어서는 안 됩니다. 만일 그런 상태에 있다면 히브리서 말씀대로 속히 그 상태에서 벗어나 온전한 데로 나아가야 합니다. 그러기 위해 그는 자신을 장성하도록 이끄는 말씀, 단단한 음식을 먹는 데까지 나아가야만 합니다. 그렇게 이끄는 부모와 같은 사람의 인도를 따라 자라나야만 합니다.

그런 점에서 영적인 어린아이, 육신에 속한 자와 같이 모든 유혹에 취약해서 결국 배교의 유혹과 위험에 처할 조건에 있는 사람에게 가장 필요한 것은 바울과 같이 진리를 먹이는 영적 아비입니다. 그러한 자는 바울과 같은 영적 아버지를 따라 인내하면서 단단한 음식을 먹어야 합니다. 젖으로 시작해서 점점 단단한 음식을 먹듯이 계속해서 진리를 먹으면서 자라야만 합니다. 그러한 자들에게는 히브리서 기자와 같은 목양자가 너무나도 필요합니다.

자기 사욕의 만족을 기준 삼는 어린아이

그런데 특이하게도 영적 어린아이는 자신에게 가장 필요한 그런 인도자를 따르는 데에서도 어린아이의 특성을 드러냅니다. 단단한 음식으로 잘 먹이는 부모와 같은 인도자를 싫어하고, 오히려 자신을 만족시켜 주는 사상, 스승을 더 좋아하는 것입니다. 그래서 바울은 이렇게 말합니다.

"때가 이르리니 사람이 바른 교훈을 받지 아니하며 귀가 가려워서 자기의 사욕을 따를 스승을 많이 두고 또 그 귀를 진리에서 돌이켜 허탄한 이야기를 따르리라"(딤후 4:3-4).

이런 일이 교회 안에 있는 사람들에게서 일어난다는 것입니다. 거짓 신자, 아니면 영적 어린아이, 육신에 속한 자가 귀가 가려워서 자기 사욕을 따를 스승을 두려고 하는 것입니다. 신령한 자, 성숙한 자는 그렇게 하지 않습니다. 이러한 이유로 영적인 어린아이에게 가장 필요한 것은 성장으로 이끄는 영적인 부모와 같은 사람, 즉 영적인 목양자입니다.

부모는 아이가 밥을 먹을 때까지 인내하면서 기다리지만, 부모가 아닌 사람은 아이가 밥을 잘 먹지 않으면 아이가 먹고 싶어 하는 달콤한 음식을 쉽게 준다는 면에서 다릅니다. 그래서 어린아이들이 비뚤어진 유모를 더 좋아합니다.

이러한 현실은 오늘날 기독교 안에서 쉽게 볼 수 있습니다. 오늘날 교회에서 영적인 음식을 먹이는 자나 그 음식을 먹는 자들의 실상을 보십시오. 바울이 말한 모습이 더 많이 나타나고 있습니다. 바른 교훈이나 진리를 먹이는 자들보다 듣기 좋은 말을 하는 설교자들이 갈수록 많아지고 있습니다. 사람들이 자기 사욕을 따를 스승과 설교자, 교사를 더 좋아하니까 그들의 필요를 채워 주는 설교자들이 되고 있습니다.

이처럼 오늘날 교회 안에 많은 사람이 귀가 가려워서 자기 사욕을 채워 주는 설교자를 찾고 있습니다. 이것은 나이의 많고 적음과는 상관이 없습니다. 청년들도 인생의 꿈이나 비전을 말하면서 자신의 인생에 도움이 될 내용을 그들만의 언어로 말해 주는 설교자를 더 좋아합니다. 한때 청년들이 많이 모이는 교회로 유명했던 교회의 설교자는 젊은이들의 유행과 언어를 수용하여 그들이 듣고 싶어 하는 성공을 설교하면서 커다란 호응을 일으켰습니다.

또 어떤 사람들은 자신이 편안하게 신앙생활 할 수 있는 교회를 찾습니다. 그런 태도가 어떤 배경에서 나왔든 그것은 결국 자신의 사욕을 채워 줄 스승을 찾는 것과 같습니다. 안타까운 것은 그러한 설교자와 그러한 설교자를 원하는 사람들이 사도 바울의 말대로 갈수록 많아지고 있다는 것입니다.

말씀을 전하는 자와 듣는 자 모두 바른 교훈과 진리를 음식으로 삼아서 함께 자라는 것을 인내하며 신앙생활 하는 풍토가 점점 사라져 가고 있습니다. 그 가운데서 마냥 어린아이와 같은 신자로 머물려는 모습, 젖에 해당하는 초보적인 진리 안에서 만족하려는 모습이 제법 교회 안에 흔하며 계속되고 있습니다. 바로 그런 풍토 속에서 오늘날 우리는 다양한 배교의 유혹을 받고 있습니다. 물론 그런 모습과 상태 속에서는 배교의 위험에 대응할 능력을 가질 수 없습니다.

그러므로 묻고 싶습니다. 여러분은 진리를 양식으로 삼아서 신앙생활 하고 있습니까? 혹시 진리보다는 교회 분위기나 다양한 프로그램, 또는 사람을 만족시켜 주는 설교를 기준으로 신앙생활 하고 싶은 마음은 없습니까? 앞으로 우리는 진리보다는 자기 사욕을 채워 줄 스승이나 설교자를 찾아서 신앙생활 하는 사람들을 더 많이 보게 될 것입니다. 특히 예배당과 같은 물리적인 환경에서뿐만 아니라 유튜브와 같은 온라인상에서도 그런 식으로 신앙생활 하는 사람은 더욱 많아질 것입니다. 물론 그것은 모두 어린아이, 육신에 속한 자, 자신의 사욕을 좇는 자의 모습입니다.

그런 사람들에게 가장 필요한 것은 젖이나 먹으면서 신앙생활 하는 것에 머물러서는 안 된다는 것을 일깨우고 진리의 양식으로 자라도록 도우며 이끄는 영적 부모와 목양자입니다. 그 영혼의 상태에 적절한 말씀을 먹이는 스승과 같은 사람이 필요한 것입니다. 그런데 안타깝게도 그런 필요를 가진 사람들은 자신에게 가장 필요한 그것을 피합니다. 대신 자기의 사욕을 채워 줄 스승을 찾으려고만 합니다. 만일 유튜브와 같은 온라인 영상을 통해 영적인 만족을 구하고 있다면 그것은 교회 됨 속에서 갖는 정상적인 성장보다 기형적인 신앙과 치우침으로 이끌 수 있어서 결국 유익하기보다 해가 될 것입니다. 영적인 만족은 그런 방식으로 얻는 것이 아닙니다.

물론 인터넷의 유용함은 분명 있습니다. 그러나 유튜브와 같은 인터넷을 통한 가르침에는 몇 가지 문제와 위험이 있습니다. 우선 거기에는 인격적인 교통 속에서의 앎이 없습니다. 그저 일방적으로 하는 말만 듣고, 배움으로써 말의 진정성은 뒤로하고 지식으로 듣게 됩니다. 말하는 사람의 인격과 삶도 모르고, 인격적인 교감도 없이 말입니다.

그런 식의 가르침과 지식을 전하는 사람은 아무리 좋은 말을 하고, 심지어 바른 가르침을 준다고 할지라도 선생 이상을 넘어서지 못합니다. 어린아이 상태의 필요를 살피면서 적절한 음식으로 성장을 돕는 과정에서 있는 관계적인 앎과 인격적 교감을 갖지 못하는 것입니다. 그래서 그런 방식은 뭔가 긍정적인 것이 있어도 영적인 성장에 실제적인 도움이 되기는 어렵습니다.

우리 영혼을 건강한 토양 위에 두라

바울이 말했듯이 기독교 신앙은 선생의 가르침보다는 아비나 목자와 같은 존재를 필요로 합니다. 선생과 자녀를 낳아서 키우는 부모는 분명 다릅니다. 기독교 신앙은 부모와 같은 돌봄과 교감 속에서 자라게 됩니다. 이것이 바로 기독교의 영적 세계입니다. 그런 면에서 유명 설교자의 설교를 화면에서 들으면서 신앙생활 하는 것은 결코 정상적인 신앙생활이라 할 수 없습니다. 그것은 자신의 사욕을 채워 줄 스승을 따라 자기 주도적으로 신앙생활 하는 것입니다. 특히 화면을 통해 설교를 듣는 것은 일방적이고 수동적이고 주관적일 수 있어서 정상적이라고 할 수 없습니다.

게다가 유튜브와 같은 인터넷을 통한 영적 가르침은 자신의 취향, 곧 사욕을 따라 취사선택할 수 있는 유혹이 큽니다. 그래서 아무리 탁월한 사람의 가르침이라 해도 자신이 듣고 싶은 것만 골라서 듣는 영적 어린아이의 수준을 못 벗어나는 것입니다. 더군다나 듣기 싫으면 그만 듣는 방식을 취함으로써 말씀에 대한 잘못된 태도와 이해를 갖게 됩니다. 문제는 그런 태도가 굳어지면 매우 위선적이고 형식적인 신앙생활을 하게 된다는 것입니다.

한 사람의 신앙은 교회의 지체로서 서로 연결하고 결합하여 각 지체의 분량대로 역사하는 것 속에서 자라납니다. 참된 신자라면 힘든 일과 상처받는 일이 있어도 인격적인 교제와 성령이 역사하시는 것 속에서 피차 권면하면서 신앙생활 하게 되어 있습니다. 그런데 그것을 피하고 자신의 상처를 자신의 기준에서 싸매어 줄 스승을 찾거나 자신의 불만을 해소해 줄 말씀과 가르침만 찾아서 듣는 것은 자기 사욕을 채워 줄 스승을 좇아 신앙생활 하는 것입니다.

특별히 유튜브와 같은 온라인상에서의 영적 가르침들 속에는 성경을 자의적으로 해석하는 치우치고 왜곡된 가르침들이 널려 있습니다. 심지어 바른 가르침을 준다고 주장하는 사람들, 특히 개혁주의나 청교도 신앙을 운운하는 사람들 중에도 극단적인 말과 가르침이 있습니다. 마치 자신만 옳은 것처럼 주장하면서 말입니다. 그들은 교회 역사 속에서 존중할 만한 사람들, 예를 들면 마르틴 루터나 존 칼빈, 청교도, 조나단 에드워즈나 마틴 로이드 존스, 존 맥아더와 같은 사람들이 말한 표현을 난도질하면서 자신의 가치를 부각시킵니다. 얼마나 어리석고 교만한 모습입니까. 더 심각한 것은 많은 사람이 그들의 말을 들으면서 마치 신세계가 열린 것처럼 생각한다는 것입니다. 지금까지 자신이 믿었던 사람들이 모두 틀렸다고 생각하면서 마치 굉장한 것을 안 것처럼 여깁니다. 그러나 그러한 영적 우월감은 죄입니다.

우리는 자신과 신학적 견해가 다른 사람에게서도 배울 것이 있음을 겸손히 인정해야 합니다. 물론 우리는 그들이 가진 장점을 잘 분별해야 합니다. 그러나 존 웨슬리와 같은 사람이 아르미니우스주의를 수용하여 따른다고 해서 그가 모든 면에서 잘못되었다고 생각하는 것은 극단적인 태도입니다. 그는 정말로 탁월하고 귀한 사역을 감당했으며, 우리는 그에게서 많은 것을 배울 수 있습니다. 안타깝게도 이런 부분에서 극단적이고 편협한 태도를 취하는 사람들 중에는 목회를 잘하지 못하는 사람이 많습니다. 그들은 자꾸 선생 노릇만 하려고 하기 때문입니다. 그런 가르침에는 귀 기울이지 마십시오. 그런 가르침에 영향을 받으면 특이하게도 영적인 교만과 피폐함이 뒤따르게 됩니다. 예외가 없습니다.

우리는 영적인 성장을 갖게 하는 교회와 목양 관계 속에서 정상적인 신앙생활을 해야 합니다. 그것이 바로 성경이 말하는 신앙생활입니다. 영적 어린아이나 육신에 속한 자에게는 영적인 부모와 같은 목회자가 필요합니다. 그의 영적 상태를 잘 알고 바르게 교훈하며 적절한 진리로 양육하는 목자가 그에게 가장 중요합니다.

혹시 자신이 육신에 속한 자의 모습을 갖고 있다고 여겨진다면, 그러한 상태에 머물지 말고 단단한 음식을 먹으면서 장성한 데로 나아가고자 하십시오. 자신의 사욕을 채워 줄 스승이 아닌, 진리를 양식으로 제공하는 아비와 같은 양육자 아래서 힘써 자라고자 하십시오.

우리의 욕구보다 진리를 따르라

끝으로 영적인 어린아이가 자신의 상태에서 벗어나기 위해서는 반드시 고쳐야 할 한 가지 사실이 있습니다. 그것은 자신의 욕구를 기준으로 하나님의 말씀을 듣고 판단하려는 본성입니다. 물론 이것은 모든 신자에게도 있을 수 있는 유혹이지만, 특히 영적인 어린아이는 이 부분을 자각하지 못하고 유혹에 쉽게 넘어갑니다. 이것은 하나님의 진리를 듣고 반응함에 있어서 치명적인 문제가 되기 때문에 이것을 고치지 않으면 그다음 단계도 막히게 됩니다. 그래서 그런 식으로 하나님의 말씀을 들으면서 신앙생활을 하게 되면 교회를 아무리 오래 다녀도 그 시간만큼은 자라지 않게 됩니다.

저는 지금까지 하나님의 말씀을 듣는 문제에 있어서 다른 모습을 드러내는 사람들을 많이 보았습니다. 그중에 바른 말씀을 듣고 그 말씀을 따라 살고자 힘쓰며 함께 신앙생활 했던 사람이 기억납니다. 그는 그때 영적으로 상당히 건강한 상태에 있었습니다. 항상 하나님의 말씀을 통해 하나님을 바라는 모습이 있었고, 그의 영혼은 말씀을 통해 위로와 평안과 안식을 누리고 있었습니다. 죄를 거스르고 하나님의 말씀을 따라 행함으로써 그의 성품과 삶은 분명히 달라졌습니다.

그랬던 그는 대중적인 말씀을 전하는 교회에서 신앙생활 하면서부터는 말씀을 체계적으로 배우지 않았습니다. 몇 년 뒤 그에게서 이전에 있었던 거룩한 고민과 주님을 더 알고자 하는 갈망 대신 자신의 신앙적인 활동에만 만족하는 모습을 보았습니다. 심지어 그는 육신에 속한 생활까지 하고 있었습니다. 그는 그것을 크게 의식하지 않았지만, 그는 완전히 다른 사람이 되어 있었습니다.

진리를 양식으로 먹는 세월은 그냥 흐르는 세월이 아닙니다. 우리는 무엇을 먹든지 그 먹은 것에 따른 결과를 갖게 됩니다. 지난 교회 역사 속에서 흔히 있었고 증거된 사실은 하나님의 진리를 듣는 세월은 반드시 우리의 신앙과 삶에 어떤 식으로든 영향을 미친다는 것입니다. 물론 사람들은 그런 식으로 말씀을 먹으면서 세월을 보낸 자신이 어떻게 달라졌는지에 대해서는 잘 알지 못합니다.

우리가 어느 교회에서 신앙생활을 하든 모든 하나님의 말씀은 우리에게 은혜의 방편입니다. 그래서 어떤 식으로든 은혜를 받았다고 말하면서 신앙생활을 할 수도 있습니다. 그러나 진리를 양식으로 먹으며 보낸 세월과 자신의 사욕을 채우는 방식으로 말씀을 들으며 보낸 세월은 크게 다릅니다.

여기서 문제가 되는 것은 교회 안에서 상처를 받았든, 교회에 대해 실망했든, 또는 관계에 어려움이 있어서든 다른 교회로 가게 될 때 사람들은 자기 사욕을 채워 줄 말씀이나 교회 환경을 찾을 가능성이 매우 높다는 사실입니다. 또 영적인 성장을 위해서는 지체로서 교회 됨을 경험해야 함에도 많은 사람이 그렇게 되기까지 많은 시간을 흘려보낸다는 사실입니다. 몇 년이 지나서야 교회 됨을 경험하는 사람도 있습니다. 어떤 사람은 상처를 받지 않기 위해 오랜 세월 대형 교회에 숨어서 신앙생활 하기도 합니다. 그렇게 하는 동안 그 사람은 이전에 가졌던 영혼의 예민함과 거룩한 갈망을 잃어버립니다. 진리가 기준이 되기보다는 자기주도적인 신앙생활로 굳어짐으로써 육신에 속한 자의 모습을 유지하면서 결국 배교의 유혹과 위험에 빠지게 되는 것입니다.

세월은 그냥 지나가지 않습니다. 그러는 사이 우리에게는 하나님의 은혜와 복을 누리지 못하는 일이 있게 됩니다. 그 기간에는 하나님께 사용되는 특권도 누리지 못하고 세월을 흘려보내게 됩니다. 결국 중요한 것은 하나님의 진리의 말씀을 듣는 세월이 있느냐 없느냐 하는 것입니다. 만일 자신의 사욕을 채우는 말씀을 들으면서 세월을 보낸다면, 결론은 큰 차이를 가져오게 될 것입니다. 비록 신앙의 외형은 같아 보일지 몰라도 그의 내면은 분명 다를 것입니다. 하나님께 사용되면서 하나님의 영광을 드러내는 세월이 그에게는 거의 없었기 때문입니다. 또한 그렇게 보낸 세월은 장차 하나님 앞에 서게 될 때 판단을 받게 될 내용이기도 합니다.

그리스도의 몸인 교회 안에서 자라 가라

하나님의 진리를 들으며 그 진리 안에서 보낸 세월은 우리를 다른 사람으로 만들어 갑니다. 다시 말해, 진리 안에서 양식을 삼고 자라게 되면 성숙한 신자가 되는 것입니다. 그렇게 성장하는 것이 정상적인 신앙생활입니다. 결국 어떤 말씀을 듣고 세월을 보냈는가 하는 것은 우리 각자에게 큰 차이를 가져옵니다.

이러한 사실은 모든 사람에게 기계적으로 적용되는 것은 아니지만, 거듭난 자의 조건에서 이 차이는 분명하게 나타날 것입니다. 따라서 우리와 우리 자녀들은 영적인 어린아이, 육신에 속한 자, 자기 사욕을 채우는 말씀으로 만족하는 자가 되지 말아야 합니다. 오히려 자신을 자라게 하는 진리의 말씀을 듣고, 그것과 함께 꾸준히 자라야 합니다. 이것이 히브리서 기자가 배교의 유혹과 위험에서 벗어날 뿐만 아니라 거기에 빠지지 않는 대답으로서 말해 주는 것입니다.

본서의 결론에서 이러한 실제적인 내용을 덧붙이는 것은 앞으로 이런 일이 더욱 농후하게 일어날 것이기 때문입니다. 너무나도 많은 사람이 유튜브와 같은 인터넷 영상에서 그릇된 내용을 듣습니다. 거듭 말하지만 이러한 방식으로 신앙생활 해서는 안 됩니다. 우리는 그리스도의 몸 된 교회 안에서 자라야 합니다. 상처받고 아무리 힘든 경험을 하더라도 그것을 극복해 가면서 진리의 말씀을 먹고 자라야 합니다. 그것이 참 신자요 정상적인 신자의 모습입니다.

우리가 살아갈 시대와 다음 세대가 살아갈 시대에는 자신이 배교를 했는지조차 모른 채 배교하는 사람이 더욱 많아질지도 모릅니다. 그렇게 육신에 속한 자로 만족하면서 대충 신앙생활 하게 되면 결국 부끄러운 신자가 될 수밖에 없습니다.

우리에게 다른 길은 없습니다. 우리는 온전한 데로 나아가야 합니다. 진리를 먹으면서 성숙한 데로 나아가야 합니다. 그리스도의 몸 된 교회 안에서 말입니다. 우리 모두 그런 신앙의 여정을 갈 수 있기를 바랍니다. 그렇게 성숙해지는 사람에게는 배교의 위험과 유혹이 힘을 발휘하지 못할 것입니다.

주

1) 본서는 이미 출간된 『이 세대를 아는 지식』의 후속편입니다.
2) '그 배교'는 데살로니가후서 2장 3절에서 말하는 종말론적 배교를 말합니다.
3) 마틴 로이드 존스, 서문강 역, 『로마서 강해 6』(CLC, 2005), p. 436.
4) 존 칼빈, 문병호 역, 『기독교 강요 3권 2장 11』(생명의말씀사, 2020), p. 60-61.; D. 거쓰리, 김병모 역, 『틴데일 신약 주석 시리즈 15 히브리서』(CLC, 2015), p. 212.
5) 토머스 R. 슈라이너, 『구원의 확신과 경주』(CLC, 2013), p. 70-72.
6) 마틴 로이드 존스, 앞의 책, p. 439.
7) 톰 라이트, 이철민 역, 『모든 사람을 위한 히브리서』(IVP, 2015), p. 87.
8) 아더 핑크, 서문강 역, 『히브리서 강해 1』(청교도신앙사, 1990), p. 387.
9) 본문과 같이 해석하기 어려운 성경 본문을 대할 때 일반적으로 세 가지 정도의 시도를 합니다. 먼저는 본문이 무엇을 말하는지 충실히 이해하고, 그다음에 본문 전후에 있는 인접 구절을 통해 문맥을 파악하며, 마지막으로 그 내용이 성경 전체의 가르침과 일치하는지 확인하는 것입니다. 그런데 그 내용이 성경 전체의 가르침을 벗어나면 아무리 인접 문맥을 통해 해석한 내용이라 할지라도 그것은 틀린 것이 됩니다. 이러한 점에서 우리는 히브리서 수신자들의 배교 위험을 경고하는 본문을 앞서 살핀 배경과 연결해서 보는 것이 중요합니다. 그렇지 않으면 잘못된 해석 속에서 본문이 말하는 바를 오해할 수 있기 때문입니다.
10) 토머스 R. 슈라이너, 장호준 역, 『히브리서 주석』(복있는사람, 2016), p. 287.
11) 존 오웬, 박홍규 역, 『존 오웬 전집 6 배교의 본질과 원인』(부흥과개혁사, 2018), p. 63-64.; 존 오웬, 안보헌 역, 『왜 그들은 복음을 배반하는가』(생명의말씀사, 1997), p. 22.

12) 마태복음 26장 22절은 "그들이 몹시 근심하여 각각 여짜오되 주여 나는 아니지요"라고 표현하고 있는 반면, 이어서 25절은 "예수를 파는 유다가 대답하여 이르되 랍비여 나는 아니지요"라고 말한 것을 볼 때, 이 둘 사이에는 마음의 근심과 민감함에 있어서 차이가 있음을 시사한다.
13) 토머스 R. 슈라이너, 『히브리서 주석』, p. 288.
14) 같은 책, p. 441.
15) 마틴 로이드 존스, 앞의 책, p. 441.
16) 존 오웬, 지상우 역, 『히브리서 주석』(엠마오, 1977), p. 152.
17) 마틴 로이드 존스, 앞의 책, p. 442.
18) 같은 책, p. 443.
19) D. 거쓰리, 앞의 책, p. 211.
20) 토머스 R. 슈라이너, 『히브리서 주석』, p. 292 재인용.
21) 아더 핑크, 앞의 책, p. 395.
22) 존 오웬, 『히브리서 주석』, p. 153-154.
23) 존 오웬, 『왜 그들은 복음을 배반하는가』, p. 37.; 참조. 배교의 본질과 원인(p. 80-81)
24) 같은 책, p. 38.
25) 같은 책.
26) D. 거쓰리, 앞의 책, p. 213.
27) 존 오웬, 『왜 그들은 복음을 배반하는가』, p. 52.
28) 과거 시제를 사용함

29) 현재 시제를 사용함
30) 존 오웬, 『왜 그들은 복음을 배반하는가』, p. 67.
31) 같은 책, p. 73-74.
32) 같은 책, p. 69.
33) 같은 책, p. 79-80.
34) 같은 책, p. 80.
35) 에드워드 피셔, 황준호 편역, 『개혁 신앙의 정수』(부흥과개혁사, 2018), p. 124-129 참조
36) 존 오웬, 『왜 그들은 복음을 배반하는가』, p. 97.
37) 같은 책, p. 99.
38) 같은 책, p. 114.
39) 같은 책, p. 115.
40) 같은 책, p. 54.
41) 김남준, 『염려에 대하여』(생명의말씀사, 2020), p. 37.
42) 같은 책.
43) 존 오웬, 『왜 그들은 복음을 배반하는가』, p. 198.
44) 같은 책.
45) 같은 책.
46) 같은 책, p. 199.
47) 같은 책.

48) 같은 책, p. 199-200.
49) 같은 책, p. 200.
50) 같은 책, p. 201.
51) 같은 책, p. 201-202.
52) 같은 책, p. 202-203.
53) 같은 책, p. 203-204.
54) 같은 책, p. 204-205.
55) 브라이언 헤지스, 『깨어 있음』(개혁된실천사, 2021), p. 9.
56) 히 2:10, 7:11, 11:22, 12:2, 10 참조
57) 토마스 R. 슈라이너, 『구원의 확신과 경주』, p. 192-193 재인용.
58) R. 브라운, 임건택 역, 『유일한 구원자 그리스도』(기독지혜사, 1986), p. 292.
59) 토마스 R. 슈라이너, 임범진 역, 『신약신학』(부흥과개혁사, 2015), p. 566.
60) 리처드 백스터, 김기찬 역, 『성도의 영원한 안식』(CH북스, 1997), p. 21.
61) 토마스 R. 슈라이너, 『히브리서 주석』, p. 573.

사명선언문

너희가 흠이 없고 순전하여……세상에서 그들 가운데 빛들로
나타내며 생명의 말씀을 밝혀 _ 빌 2:15-16

1. 생명을 담겠습니다
만드는 책에 주님 주신 생명을 담겠습니다.
그 책으로 복음을 선포하겠습니다.

2. 말씀을 밝히겠습니다
생명의 근본은 말씀입니다.
말씀을 밝혀 성도와 교회의 성장을 돕겠습니다.

3. 빛이 되겠습니다
시대와 영혼의 어두움을 밝혀 주님 앞으로 이끄는
빛이 되는 책을 만들겠습니다.

4. 순전히 행하겠습니다
책을 만들고 전하는 일과 경영하는 일에 부끄러움이 없는
정직함으로 행하겠습니다.

5. 끝까지 전파하겠습니다
모든 사람에게, 땅 끝까지, 주님 오시는 그날까지
복음을 전하는 사명을 다하겠습니다.

서점 안내

광화문점 서울시 종로구 새문안로 69 구세군회관 1층
02)737-2288 / 02)737-4623(F)

강남점 서울시 서초구 신반포로 177 반포쇼핑타운 3동 2층
02)595-1211 / 02)595-3549(F)

구로점 서울시 동작구 시흥대로 602, 3층 302호
02)858-8744 / 02)838-0653(F)

노원점 서울시 노원구 동일로 1366 삼봉빌딩 지하 1층
02)938-7979 / 02)3391-6169(F)

일산점 경기도 고양시 일산서구 중앙로 1391 레이크타운 지하 1층
031)916-8787 / 031)916-8788(F)

의정부점 경기도 의정부시 청사로47번길 12 성산타워 3층
031)845-0400 / 031)852-6930(F)

인터넷서점 www.lifebook.co.kr